交通运输类专业课程思政系列教学案例

U0747863

交通运输专业

设备规划类

课程思政教学案例

主编 ◎ 叶峻青　张云丽　张英贵　唐进君

JIAOTONG YUNSHU ZHUANYE SHEBEI GUIHUA LEI
KECHENG SIZHENG JIAOXUE ANLI

中南大学出版社
www.csupress.com.cn
·长沙·

交通运输类专业课程思政系列教学案例

编委会

◇ **主　任**

贺志军　高广军

◇ **副主任**（按姓氏拼音排序）

陈维亚　韩　锟　刘　辉　鲁寨军

彭　勇　宋晓东　叶峻青　张英贵

◇ **执行主编**

陈维亚　叶峻青

◇ **委　员**（按姓氏拼音排序）

李　蔚　汪　旭　伍　钒　伍国华

张得志　章易程　周文梁　邹杨华

前言
FOREWORD

习近平总书记在全国高校思想政治工作会议上指出，要用好课堂教学这个主渠道，思想政治理论课要坚持在改进中加强，提升思想政治教育亲和力和针对性，满足学生成长发展需求和期待，其他各门课都要守好一段渠、种好责任田，使各类课程与思想政治理论课同向同行，形成协同效应。2020年6月，教育部印发了《高等学校课程思政建设指导纲要》(以下简称《纲要》)，明确提出全面推进课程思政建设是落实立德树人根本任务的战略举措，课程思政建设是全面提高人才培养质量的重要任务。《纲要》中明确要求各高校要紧紧围绕国家和区域发展需求，结合学校发展定位和人才培养目标，构建全面覆盖、类型丰富、层次递进、相互支撑的课程思政体系；要切实把教育教学作为最基础最根本的工作，深入挖掘各类课程和教学方式中蕴含的思想政治教育资源，让学生通过学习，掌握事物发展规律，通晓天下道理，丰富学识，增长见识，塑造品格，努力成为德智体美劳全面发展的社会主义建设者和接班人。

中南大学交通运输工程学院在学校开展课程思政建设顶层设计的指导下，2020年成立学院课程思政教学研究中心，全面启动课程思政建设工作。学院课程思政教学研究中心负责顶层规划和指导，组织各系结合专业特色抓落实，课程团队充分挖掘蕴藏在课程知识体系中的思政元素，落实到课程目标设计、教学大纲修订、教材编审选用、教案课件编写各方面，并贯穿于课堂授课、教学研讨、实验实训、作业论文各环节。为了巩固建设成效和加强示范引领，经过多次课堂实践和持续改进，学院组织80多名任课教师提炼课程思政内容，编写形成"交通运输类专业课程思政系列教学案例"丛书。该丛书共5册，覆盖学院交通运输、交通设备与控制工程、轨道交通信号与控制3个专业的课堂和实践教学各环节。

  本分册由交通运输专业全体教师参与编写，深度挖掘了专业知识体系中所蕴含的思想价值和精神内涵，科学合理拓展了专业课程的广度、深度和温度，从专业、行业、国家、国际、文化、历史等角度，增加了课程的知识性、人文性，提升了引领性、时代性和开放性。在19门课程的100多个课程思政教学案例中注重把马克思主义立场、观点、方法的教育与科学精神的培养结合起来，提高学生正确认识问题、分析问题和解决问题的能力；注重强化学生工程伦理教育，培养学生精益求精的大国工匠精神，激发学生科技报国的家国情怀和使命担当，并且在课程思政案例的编写上体现了教学设计，是课堂教学育人的良好实践。

  本书的出版，感谢编写案例的每一位一线专业课教师，感谢编审老师的辛苦付出。因时间和水平有限，书中不足之处恳请广大读者批评指正！

编者

2023 年 5 月

目录
CONTENTS

1

铁路运输设备

教学内容和思政融合设计

序号	教学内容	思政映射与融入点	编者
1	知识点：我国铁路的发展	案例1：百年京张铁路——见证复兴新征程	叶峻青
2	知识点：我国铁路的发展	案例2：青藏铁路——挑战极限、勇创一流	张云丽
3	知识点：铁路选线设计	案例3：铁路选线设计——青藏铁路，助力区域协调发展战略	张英贵
4	知识点：铁路车站及枢纽概述	案例4：从铁路和城市的关系谈铁路车站及枢纽的发展——对立统一规律	叶峻青
5	知识点：轨道组成中的道岔	案例5：道岔——道岔融雪设备，科技是第一生产力	张英贵
6	知识点：铁路机车概述	案例6：牵引动力的发展——积极探索，勇于创新	张云丽
7	知识点：空气制动机的工作原理	案例7：空气制动机的工作原理——故障导向安全原则	叶峻青
8	知识点：行车调度指挥及列车运行控制系统	案例8：调度集中——安全就是生命	张云丽
9	知识点：铁路限界	案例9：铁路限界——超限货物运输，安全的极端重要性	张英贵

案例1 百年京张铁路
——见证复兴新征程

【课程名称】铁路运输设备。

【教学内容】我国铁路的发展。

【案例意义】1909 年，京张铁路建成；2019 年，京张高铁通车。从自主设计修建零的突破到世界最先进水平，从时速 35 km 到 350 km，京张线见证了中国铁路的发展，也见证了中国综合国力的飞跃。

教学过程

1. 问题导入

中南大学铁道校区东门的那座雕像是我国第一条自主主持、设计、施工的铁路干线——京张铁路的设计者,中国铁路之父——詹天佑。京张铁路是条什么样的铁路呢?

2. 讲授正文

1905 年 9 月,第一条完全由中国工程技术人员主持设计施工的铁路干线——京张铁路正式动工。京张铁路是在我国杰出的爱国工程师詹天佑主持下,全部用中国人民自己的智慧和才能建成的,南起北京丰台,北至张家口,全长 201 km,采用 1435 mm 标准轨距。铁路建设工程相当艰巨,自丰台至南口有 50 km 的平原,但自南口进入燕山山脉的军都山后,岭高坡陡,需要开 4 座隧道,其中最长的八达岭隧道长达 1091 m,完全由人工修筑而成。而且这一带地势最陡,坡度最大,为了保证列车能安全地越过山岭,在詹天佑主持下,铁路设计成"人"字形爬坡线路,解决了这一难题。京张铁路的修建历时 4 年,比原计划提前 2 年完工,不仅工程造价比关内外铁路低,而且为中国培养出了首批我们自己的铁路工程师,为以后修建铁路打下了基础,打破了中国人不能自建铁路的断言,令国人扬眉吐气。

1909 年,京张铁路建成;2019 年 12 月 30 日,世界首条时速 350 km 的智能高铁——京张高铁开通运营。时隔 110 年,京张高铁在青龙桥站地下中心位置 4 m 处穿过,与京张铁路的"人"字形线路构成一个"大"字,引领世界智能高铁之先,令国人备感自豪。

京张高速铁路正线全长 174 km,设 10 个车站,是 2022 年北京冬奥会的重要交通保障设施,是中国第一条采用自主研发的北斗卫星导航系统的高速铁路,也是世界上第一条最高设计速度达 350 km/h 的高寒、大风沙高速铁路。2021 年,京张高铁实现 5G 信号覆盖。

京张高速铁路主要运行复兴号 CR400BF 型电力动车组,其具有较好的空气动力学性能,引入了自动驾驶技术,能够实现车站自动发车、区间自动运行、车站自动停车、车门自动打开等功能。CR400BF-C 型动车组列车新增了智能环境感知调节技术,能够实现对温度、灯光、车窗颜色等的调节,同时全车覆盖 Wi-Fi,配置多语种旅客信息系统,能够满足国际旅客的需求。座椅采用滑道式安装,允许增加更多轮椅。

信号系统是控制高速铁路列车安全行车的"中枢神经系统",满足列车高速度、高密度及不同速度等级列车跨线运行要求。京张高速铁路采用世界领先水平的 CTCS-3 级列车运行控制系统,基于 GSM-R 网络实现地面与动车组控车信息的双向实时传输。

基于北斗卫星和地理信息系统技术,京张高速铁路为建设、运营、调度、维护、应急全流程提供智能化服务。线路实时"体检"系统,可以将全线每一个桥梁、每一座车站、每一处钢轨通过传感器连接至电脑。零件是否老化,路基是否沉降,照明是否损坏,都能一目了然。此外,高速铁路周界入侵报警系统、地震预警系统、自然灾害监测系统等组成动车组的智能调度指挥系统。

3. 分析总结

从自主设计修建零的突破到世界最先进水平,从时速 35 km 到 350 km,京张线见证了中国铁路的发展,也见证了中国综合国力的飞跃。回望百年历史,更觉京张高铁意义重大。京张高铁的建成,是实现中华民族伟大复兴中国梦新征程上的一个鲜明注脚。

案例 2　青藏铁路
——挑战极限、勇创一流

【课程名称】铁路运输设备。

【教学内容】我国铁路的发展。

【案例意义】从社会主义核心价值观出发，通过分析青藏铁路的建设，了解我国西部铁路发展的艰辛及使命，了解党带领下的我国人民是如何艰苦奋斗、不屈不挠将铁路运输业发展到世界领先的，增强民族自豪感和自信心，使年轻一代增强斗志，明白幸福都是奋斗出来的，引导学生树立更远大的志向，真正担负起新的历史使命。

教学过程

1. 问题导入

谁能回答中国新世纪四大工程是什么？（第一问）青藏铁路、西气东输、西电东送、南水北调四大工程。2006 年 7 月 1 日，作为西部大开发战略的标志性工程，青藏铁路全线通车。青藏铁路全长 1956 km，是我国新世纪四大工程之一，是当今世界海拔最高、线路最长、穿越冻土里程最长的高原铁路。

建设青藏铁路是几代中国人梦寐以求的愿望，是党和政府做出的关乎经济社会发展全局的重大决策。青藏铁路是藏族同胞与全国各族人民的连心路，是雪域高原迈向现代化的腾飞路，也是勤劳智慧的中国人民不断创造非凡业绩的奋斗路。一条青藏线，穿越历史和未来；一条通天路，寄托梦想与期待。

2. 讲授正文

中华人民共和国成立不久，国家有关部门就着手研究进藏铁路问题。1958 年，青藏铁路一期工程西宁至格尔木段开工，1984 年交付运营。但是，限于当时国家的经济实力和高原、冻土等筑路技术难题尚未解决，格尔木至拉萨段被迫停建。1994 年 7 月，中共中央、国务院召开第三次西藏工作座谈会后，铁道部对进藏铁路进行多方案选线，提出首选青藏铁路建设的建议。

2001 年 2 月，中共中央、国务院批准建设青藏铁路二期工程格尔木至拉萨段。青藏铁路格尔木至拉萨段全长 1142 km，海拔 4000 m 以上的地段达 960 km，最高点海拔 5072 m，经过连续多年冻土地段 550 km，是世界铁路建设史上最具挑战性的工程项目。6 月，青藏铁路格尔木至拉萨段正式开工建设。各参建单位和广大铁路建设者顽强拼搏、勇克难关，破解了"多年冻土、高寒缺氧、生态脆弱"三大世界性工程技术难题，创造了多项世界铁路之最。大家能列举青藏铁路创造了哪些世界之最？（第二问）

总之，青藏铁路是条具有划时代意义的经济线、文化线，10 多万建设大军冒严寒、顶风雪、战缺氧攻克了"高寒缺氧、多年冻土、生态脆弱"三大世界性难题，建成了世界上海拔最高、线路最长的高原铁路，铸就了"挑战极限、勇创一流"的青藏铁路精神。青藏铁路全线通车，结束了西藏不通铁路的历史，有力推动了雪域高原的跨越式发展和各族人民生活的改善。青藏铁路成为西藏经济社会发展的"输氧线"。西部大开发战略的深入实施，使西部经济社会发展不断呈现新的局面。

胡锦涛在青藏铁路通车庆祝大会上的讲话中指出："号召全党全国各族人民学习和弘扬挑战极限、勇创一流的青藏铁路精神，为全面建设小康社会、把中国特色社会主义伟大事业继续推向前进而团结奋斗。"青藏铁路精神是广大青藏铁路建设者崇高爱国情怀和勇于奉献品格的体现，是中国共产党人精神谱系的重要内容之一。

3. 分析总结

本案例通过第一问让学生深刻理解我国在共产党的领导下，在"十五"期间，重点进行开发建设的"中国新世纪四大工程"是造福人民的超级工程，体现出让世界惊叹的中国力量，培养学生民族自豪感。通过青藏铁路的学习和第二问，培养学生挑战极限、坚韧不拔的顽强毅力，培育遵循规律、勇创一流的科学态度。

案例3　铁路选线设计
——青藏铁路，助力区域协调发展战略

【课程名称】铁路运输设备。

【教学内容】铁路选线设计。

【案例意义】以青藏铁路选线设计为背景，根据铁路选线设计步骤、基本任务和线网规划等内容，结合国家区域发展总体战略，引导学生把握和理解国家区域协调发展战略。

教学过程

1. 问题导入

以青藏铁路为背景，简要分析沿线地质地貌特征、人文环境和经济特征，重点介绍存在的不良地质条件、我国路网建设情况。基于上述实际情况，明确青藏铁路在选线设计阶段需重点考虑哪些要素，遵循哪些原则(第一问)。这即是铁路选线设计要解决的问题。

2. 讲授正文

首先和学生讨论铁路选线设计的重要性及其意义所在。铁路选线设计也叫铁路定线，是严格按照国家铁路技术管理规定、铁路线路设计规范等有关规定，在地形图或地面上选定线路的方向，确定线路的空间位置，并布置各种建筑物，在铁路勘测设计中起决定全局的重要作用。

结合青藏铁路选线设计过程中需要考虑的主要因素，引出提问：铁路在勘测设计过程中需要经历哪些阶段？有些步骤能否省掉？(第二问)以铁路选线设计各阶段的主要工作为参考内容，统筹考虑青藏铁路选线中生态环境敏感、气候条件恶劣、基础设施薄弱等主要工程环境特征，和学生一起分析铁路选线设计的基本任务有哪些(第三问)。与学生共同讨论总结青藏铁路在选线设计中需要遵循的主要原则(第四问)。

3. 分析总结

本案例通过第一问首先让学生对案例背景有一定的初步了解，以此引出第二、三问中关

于铁路选线设计的主要步骤阶段、基本工作任务等铁路选线设计内容学习的核心知识点，并通过对铁路选线设计以及青藏铁路实际工程环境特征的关联分析讨论，总结青藏铁路选线设计应遵循的主要原则(第四问)。区域协调发展战略旨在根据资源环境承载能力、发展基础和潜力，按照发挥比较优势、加强薄弱环节、享受均等化基本公共服务的要求，逐步形成主体功能定位清晰、东中西良性互动、公共服务和人民生活水平差距趋向缩小的区域协调发展格局；加大力度支持革命老区、民族地区、边疆地区、贫困地区加快发展，科学规划铁路线路，强化举措推进西部大开发形成新格局，深化改革加快东北等老工业基地振兴，发挥优势推动中部地区崛起，创新引领率先实现东部地区优化发展，建立更加有效的区域协调发展新机制。在进行铁路选线设计时，需充分考虑当地实际情况，发掘其中的重点难点，设计符合实际的工作原则及工作方法来解决问题，助力区域协调发展战略。

案例 4 从铁路和城市的关系谈铁路车站及枢纽的发展
——对立统一规律

【课程名称】铁路运输设备。

【教学内容】铁路车站及枢纽概述。

【案例意义】铁路车站及枢纽的发展离不开城市，城市对铁路"爱恨交加"，铁路虽带来城市的发展和繁荣，但也对城市造成了不少的负面影响。从本案例中可以窥见事物发展的一般规律——事物矛盾的法则，即对立统一规律。

教学过程

1. 问题导入

同学们，当你们决定坐火车出行时，肯定是希望火车站位于交通方便的城市中心位置，这样能便利出行，这是我们作为旅客的需求。但如果你从事城市规划工作，可能就不这么想了，大家有没有想过铁路对城市的负面影响呢？铁路和城市之间又是怎样的关系呢？

2. 讲授正文

总的来说，铁路与城市是相互依存但又彼此干扰的矛盾统一体。

(1)铁路对城市发展具有极强的吸附作用

从城市方面讲，由于铁路运输能力大，运价低廉，城市要维持居民的正常生活，其所需的粮食、燃料等多依靠铁路运输，要发展工业就更离不开铁路了，所以不通铁路的城市迫切要求修建铁路，已有铁路的城市也要求及时加强运力，甚至希望引入新线。城市中的工业企业布局和仓储基地的设置，考虑到运输条件，也往往向铁路靠近发展，这就充分表明铁路对城市发展具有极强的吸附作用。

(2)铁路和城市的矛盾

铁路运输是依靠轨道进行的，各种设施、站点都需要通过铁路线路联系起来。由于铁路特有的构造，其占地面积较大，城市车辆不易跨越。铁路机车车辆撞击钢轨的噪声以及排放的气体、粉尘和造成的振动等，都和城市的宁静、完整、舒适、整洁等以人为本的要求背道而驰。这令城市规划部门深感苦恼。概括来讲，城市对铁路的要求是一方面希望铁路能安全、迅速、周到地服务城市，另一方面也要求铁路占地少，减轻对城市环保的不利影响，减少对城市的分割和对城市交通的交叉干扰。

从铁路方面讲，为了提高运输效率，铁路车站要尽量靠近客货流产生、消失和中转地点——城市，铁路企业已成为城市中第三产业的重要组成部分。由于铁路车站周围货流密集，人员往来频繁，具有无限商机，所以一些商店、交通站点甚至仓储设施等都纷纷建在车站周围，使车站无发展余地。如果市区交通配合不够，大批到站旅客和货物不能迅速集散，会大大增加车站负担。

(3) 铁路车站在与城市的矛盾中发展

当一条新建铁路在城市经过时，双方考虑的主要问题是铁路的走向和车站的位置。早期的铁路车站一般为客货站，如果站址距市区较远，居民会感到很大不便，也给城市交通带来较重负担，但站址距市区太近又会影响城市的环境及其他发展——关键是既要满足城市近期需要，又要考虑远期发展。车站建成后，在车站附近形成新市区，并与老城区连接，城市工业企业也开始增多，铁路对城市发展的促进作用凸显，这时矛盾的主要方面在城市，它需建立通畅的道路系统和增加足够的运力，来满足客货流迅速集散的问题。当城市进一步发展，铁路两侧建立了工厂、仓储基地和居民小区后，铁路两侧的联系增多，道路与铁路的交叉矛盾突出，需修建立交桥解决矛盾，但车站本身的发展又受到用地限制，矛盾日趋严重。当城市规模进一步扩大后，众多开发区的建立、铁路新线的引入、铁路枢纽站的形成使得双方在用地、交叉干扰方面的矛盾激化。这时铁路首先将与客货业务无关的设备迁至郊外，建立专门办理货物列车运转作业的编组站，完成铁路枢纽内车站的第一次布局调整。随着货运量的增加，货主取送货物对城市交通造成很大的影响，不少城市在若干年后也搬迁了货运站，仅在市区范围内保留客运站，完成了铁路车站的第二次布局调整。随着城市规模的越来越大，原来铁路客运站所在的位置已经是市中心，寸土寸金，进站线路一般都居城市内环线以内的黄金地段，占地矛盾更为突出。在轨道交通发展较好的城市，具备将铁路客运站搬迁至城市外围的条件，或者将新站建到城市外围，利用城市轨道交通来完成客运的集疏任务，较好地解决铁路和城市的三大矛盾：用地比例大、公铁交叉干扰严重、对城市环保造成不良影响。

3. 分析总结

铁路车站和城市是矛盾的对立统一体，既相互依存，又相互制约。按照辩证唯物论的观点，矛盾存在于一切客观事物和主观思维的过程中，矛盾贯穿于一切过程的始终，这是矛盾的普遍性和绝对性。铁路车站和城市的发展就是不断解决矛盾的过程，事物的内部矛盾是事物发展的根本动力，这就是对立统一规律(事物矛盾法则)。

案例 5   道岔
——道岔融雪设备，科技是第一生产力

【课程名称】铁路运输设备。

【教学内容】轨道组成中的道岔。

【案例意义】通过介绍铁路道岔的基本组成和功能，以及冰雪环境下铁路部门除去铁路

道岔积雪的做法，凸显道岔融雪设备的作用及意义，在国内外道岔融雪设备的对比下，使学生明确"科技是第一生产力"在铁路运营管理中的客观体现。

教学过程

1. 问题导入

首先向学生介绍铁路道岔的基本概念以及单开道岔、双开道岔、三开道岔和交分道岔、渡线等铁路道岔分类，并以普通单开道岔为例，介绍铁路道岔的基本组成部分，结合普通单开道岔的示意图，让学生讨论分析列车在经过道岔时可能存在哪些安全隐患（第一问）。

2. 讲授正文

在学生讨论分析的基础上，指出在铁路道岔的组成结构中，从两翼轨最窄处到辙叉心实际尖端之间，存在着一段轨线中断的空隙，叫作辙叉的有害空间，其危害是当机车车辆通过辙叉有害空间时，轮缘有走错辙叉槽而引起脱轨的可能，因此需要采取设置护轨，对车轮的运行方向实行强制性的引导等相应保护措施；说明道岔上的有害空间是限制列车过岔速度的一个重要因素，因此必须消灭有害空间，并通过向学生展示活动心轨辙叉这一消灭有害空间的方法的示意图，让学生分析活动心轨辙叉能够有效消灭有害空间的工作原理（第二问）；随后向学生说明随着铁路客运列车的运行速度不断提高，列车密度不断增加，正点率要求越来越高，要求道岔在雪天能正常转换，保证接发列车作业正常。目前我国北方冬季道岔清雪工作采用人工清扫的方法，费工、费时、效率低且有人身安全隐患，因此，急需研制适合我国铁路环境的道岔融雪系统，满足现代铁路列车高速、正点和高密度运行的要求。同时，根据中国国家铁路集团有限公司的总体要求，我国长江以北的客运专线道岔上都将配套道岔融雪设备，以确保客运专线的正常使用，条件成熟时在北方干线上也将逐步上道安装道岔融雪设备。最后，向学生介绍人工清扫道岔积雪、使用压缩空气清除积雪、使用森林灭火器清除积雪以及各类道岔融雪系统等道岔积雪清除方法，并请学生分析各种方法的优缺点（第三问）。

重点针对各种道岔融雪设备进行介绍，结合美国、日本等国的铁路道岔融雪现状，与我国发展现状进行对比，重点介绍 RD1 型道岔融雪设备系统的设计原则和体系结构等相关内容，请学生总结现阶段我国道岔融雪设备系统的发展优势及未来发展趋势（第四问）。

3. 分析总结

本案例首先通过第一问让学生明确铁路道岔的基本相关知识，了解其在列车运行过程中可能导致安全问题的隐患所在，进一步学习关于活动心轨辙叉的相关内容（第二问），再介绍国内外道岔融雪设备系统的发展，让学生总结提炼各类融雪方法的优缺点（第三问）以及我国道岔融雪设备系统的发展优势及未来发展趋势（第四问）。在对国内外道岔融雪设备系统的对比学习中，让学生明白科技是第一生产力，明确只有提高科技自主研发水平，才能拥有更加牢固的发展先导性和主动性，在铁路建设科技含量日益增加的当代，发展好铁路建设科技自立自强能力，才能提高铁路运输效率，引导学生强化对科学知识的理解和掌握。

案例 6　牵引动力的发展
——积极探索，勇于创新

【课程名称】铁路运输设备。

【教学内容】铁路机车概述。

【案例意义】通过介绍铁路机车牵引动力的发展历程，对比分析不同牵引动力形式及各自优缺点，总结其中的经验规律和发展方向，培养学生分析问题的能力，帮助学生树立科学发展观，让学生用辩证的思维看待问题，激发学生积极探索、勇于创新的精神。

教学过程

1. 问题导入

2021 年，中共中央、国务院印发了《国家综合立体交通网规划纲要》，纲要中指出我国运输装备技术水平大幅提升。俗话说"火车跑得快，全靠车头带"，作为铁路运输的关键装备，机车(俗称"火车头")有哪些技术变革？为适应《国家综合立体交通网规划纲要》提出的形势要求，机车牵引动力又应如何发展？

2. 讲授正文

机车是铁路运输的牵引动力。目前，我国已经成为全球铁路里程第二，世界高速铁路里程最长，占世界里程 2/3 以上的国家，如此规模的铁路线，要保证安全高效运营，必须提供足够数量及牵引性能良好的机车。截至 2021 年底，全国铁路机车拥有量为 2.17 万台，其中，内燃机车 0.78 万台，电力机车 1.39 万台。我国最初的铁路机车是"龙号"蒸汽机车。20 世纪 50 年代，我国从无到有、从小到大建立和发展起自己的机车车辆制造工业，1952 年青岛四方机车车辆工厂制造出我国第一台干线国产蒸汽机车，结束了我国不能独立制造机车的历史，此后我国制造了各型不同工况下的蒸汽机车。虽然蒸汽机车在早期的铁路运输业中发挥了积极的作用，但在历史长河中已被淘汰。在 1958 年和 1959 年，我国先后自行设计、制造了第一台内燃机车和第一台电力机车，相较于蒸汽机车，它们具有效率高、体积小，不需要配备大容量水箱及整体美观等优点。内燃机车结构复杂，随着各项关键技术的日趋完善，我国牵引动力的装备水平大大提高。我国内燃机车的发展可粗略分为试制阶段、第一代机车的仿制阶段、第二代机车的开发阶段、第三代机车的发展阶段和第四代机车的研发阶段五个阶段。随着社会经济的发展，电力机车也进入了我们的生活，其发展也经历了四个阶段，在我国诸多技术人员的努力下，我们学习世界先进技术，解决了诸多技术难题，电力机车功率大幅度提高。

随着科学技术的进步与发展，我国还发展了不同型号的内燃动车组和电动车组。动车组的出现使牵引制动功率、速度和舒适性进一步提高，从 2004 年起，我国与日本、法国、德国等国家先后合资研制生产了"和谐号"CRH 系列动车组，并于 2010 年自行开发出时速 350 km以上的高铁专用列车——独有知识产权的"CRH380A"，短短十几年时间，中国制造动车组运行在了世界第一条高寒地区高铁哈大高铁、世界等级最高的高铁京沪高铁、世界单条运营里程最长的高铁京广高铁上，并创造了世界最快运营时速 486.1 km 的纪录，同时我国也制造了创造纪录的 CRH380AL 动车组。至此，我国现代高铁终于突破技术壁垒，拥有在全世界各个国家竞标的能力。现在，我们拥有了新一代标准动车组"复兴号"，它是中国自主研发、具有完全知识产权的新一代高速列车，它集成了大量现代国产高新技术，牵引、制动、网络、转向架、轮轴等关键技术实现重要突破，它是中国科技创新的又一重大成果。纵观我国机车发展史，"复兴号"动车组的成功研制和运营，标志着中国已全面掌握高铁关键核心技术，建立了基于自主知识产权的高速动车组技术平台和技术标准体系，迈出了从追赶到领跑的关键一步。

3. 分析总结

从仿制蒸汽机车到中国标准占主导的"复兴号"动车组，从"万国机车博物馆"到中车产品走向世界、造福全球（全球 83% 拥有铁路的国家运行着中车的产品），经历百年风雨，中国机车经历了一穷二白、依赖进口、艰难仿制、自主研发、吸收创新、引领世界等阶段，实现了"从普载到重载、从普速到高速、从引进到出口、从直流到交流"的四大跨越，在国际上行业领先。由此，使学生正确认识我国国情，培养学生的国际视野，激发他们的民族自豪感。

案例 7　空气制动机的工作原理
——故障导向安全原则

【课程名称】铁路运输设备。
【教学内容】空气制动机的工作原理。
【案例意义】故障导向安全原则，是铁路设备设计的最根本的安全原则。通过本案例的讲解，树立学生的基本安全观。

教学过程

1. 问题导入

同学们你们看过电影《生死时速》吗？电影中的巴士速度失控，一路狂飙，最后通过撞击其他建筑物来制停。你们有没有想过，列车速度失控会怎样？列车速度快、质量大，列车速度失控肯定比巴士速度失控更恐怖。有没有办法杜绝列车刹车失灵、列车失控的情况发生呢？有的，我们的空气制动机的工作原理就是减压制动、增加缓解，也就是说设备在发生故障后，风管的空气压力会减小，最后使列车制停。

2. 讲授正文

我国机车车辆上安装的制动机主要有空气制动机和人力制动机。空气制动机又叫作自动制动机，是通过压缩空气产生制动力的，一般作为列车制动用。人力制动机是用人力进行制动，一般只在调车时对个别车辆或车组实行制动用。

（1）空气制动机的组成

空气制动机的部件，一部分装在机车上，另一部分装在车辆上。装在机车上的有空气压缩机、总风缸、制动阀等。由空气压缩机产生的压缩空气贮存在总风缸内。列车中车辆的制动与缓解作用，由机车司机操纵制动阀来实现。以 GK 型制动机为例，其组成部分包括制动主管、截断塞门、三通阀、远心集尘器、副风缸、制动缸、降压风缸、空重车调整装置等。

（2）空气制动机的工作原理

①缓解作用。当司机将制动阀放在缓解位置时，总风缸内的压缩空气进入制动主管，经制动支管进入三通阀，推动主活塞向右移动，打开充气沟，使压缩空气经充气沟进入副风缸，直到副风缸内的空气压力和制动主管内的压力相等时为止。在三通阀主活塞移动的同时，和它连在一起的滑阀也跟着向右移动，使得制动缸内的压缩空气经过滑阀下的排气口排出，于是制动缸活塞被弹簧的弹力推回原位，使闸瓦离开车轮而缓解。

②制动作用。当司机将制动阀移到制动位时，制动主管内的压缩空气向大气排出一部分，这时副风缸内的空气压力相对地大于制动主管内的压力，因而推动三通阀的主活塞向左移动，截断充气沟的通路，使副风缸内的压缩空气不能回流。在三通阀主活塞移动的同时带动滑阀也向左移动，截断了通向大气的出口，使副风缸内的压缩空气进入制动缸，推动制动活塞向右移动，通过制动杆的传动，使闸瓦压紧车轮而制动。

由上可知，空气制动机向制动主管充气（增压）时缓解，将制动主管内的压缩空气排出（减压）时制动，所以称为"减压制动"。当列车分离或拉动车长阀时，由于制动主管内的压缩空气向大气排出，压力突然降低，就可以自动地产生紧急制动作用使列车立即停车，以防事故的发生或扩大。

3.分析总结

不管是设备老化还是人为破坏导致压缩空气泄漏，制动主管内压力降低，副风缸压缩空气进入制动缸，从而列车制停。这就是故障导向安全原则的典型应用。设备故障不能百分百避免，但只要我们在进行设备设计时遵循故障导向安全原则，就能避免事故的发生或者扩大。故障导向安全原则，即设备发生故障时，能自动导向安全，有减轻以至避免损失的功能，以确保行车安全。这是铁路设计的最根本的安全原则。

案例 8　调度集中
——安全就是生命

【课程名称】铁路运输设备。

【教学内容】行车调度指挥及列车运行控制系统。

【案例意义】以"7·23"甬温线列车追尾事故为背景，结合我国铁路行车调度指挥系统的功能、基本构成等内容，讲述调度指挥的重要性，培养学生树立职业道德和职业素养的意识，培养严谨细致、精益求精、团结协作的敬业精神。

教学过程

1.问题导入

【视频导入——"7·23"甬温线特别重大铁路交通事故】以"7·23"甬温线特别重大铁路交通事故为背景，简要分析事故发生的原因，介绍"7·23"事故中环境、设备、人员等各自存在的问题，并明确调度指挥系统的重要性。

2. 讲授正文

首先介绍行车调度指挥系统是行车调度员(或车站值班员)对其管辖范围内的区段和车站联锁道岔、信号状态进行控制监督，并指挥列车运行的设备。列车调度控制系统有两种设备，调度集中和调度监督，讲述调度监督和调度集中各自的任务、功能及系统构成，分析两者的区别。结合"7·23"事故，提问"7·23"事故中的调度控制系统属于调度集中还是调度监督，并分析为何采用调度集中(第一问)。结合"7·23"事故讲述调度集中系统正常时的状态及操作办法，讲述事故中出现该种情况时设备应该有的状态和实际出现的状态，引出提问，为什么会出现不同的状态(第二问)，引出设计时的考虑理念及历史渊源、未考虑的因素等，和学生讨论今后如何预防。继续提问："7·23"事故中设备被雷击后出现故障，如何预防故障，怎么知道设备故障？(第三问)引出预防此类设备故障的办法，譬如，修改规范、增加防雷设备和监测系统等，并进一步引导学生了解我们对于故障出现认知的局限性，让学生明白有些故障是出现后才知道会出现该类故障，让学生理解系统升级、规范修订的意义所在。继续提问：历史上，设备故障哪怕是万分之一、千万分之一的概率，总是有可能会出现的，设备故障情况下，是继续运输生产还是停止运输，继续运输如何保证，停止运输会带来哪些后果，等等。(第四问)由此引出后续分析各类作业人员尤其是调度员在此类事故中的错误及故障情况下的操作规范。

基于上述学习及实际情况分析，讨论了铁路行车调度指挥系统在设计阶段、设备应用阶段、非正常状态下各自需重点考虑的要素。这即是系统设计要解决的问题。

3. 分析总结

本案例通过第一问首先让学生对于"7·23"事故背景有一定的初步了解，并以此引出第二问中关于行车调度指挥系统中组成设备及各项设备应具备的功能等行车调度指挥内容学习的核心知识点，并通过第三、第四问对"7·23"事故中设备故障情况下的关联分析讨论，总结并提炼出设备改进、系统设计的主要遵循原则，使学生理解调度的重要性及严谨性，理解安全就是生命的意义。

案例9　铁路限界
——超限货物运输，安全的极端重要性

【课程名称】铁路运输设备。

【教学内容】铁路限界。

【案例意义】通过对铁路限界的定义和分类的介绍，明确铁路货物超限等级判定方法，以铁路超限货物运输为背景，引导学生认识到超限货物运输在国民经济与国防建设中的重要性，明确铁路限界管理及超限超重货物运输安全的极端重要性。

教学过程

1. 问题导入

向学生介绍铁路限界的定义，讲解何为机车车辆限界、建筑限界，结合铁路限界轮廓尺

寸示意图,让学生思考设置机车车辆限界、建筑限界的必要性及其相互关系(第一问)。

2.讲授正文

首先,向学生阐明铁路承运超限货物时需重点关注铁路限界,介绍铁路限界的内涵及特征;在此基础上,向学生讲解铁路超限货物的基本定义,明确超限货物特点及其在铁路运输过程中对线路有着较为严格的条件要求。为了保证运输安全,常需要针对超限列车采取限速、禁会、绕行等措施,在我国铁路既有线客货混跑的运输组织模式下,装载超限货物的列车运行速度往往受到极大的限制,对铁路正常的运输秩序产生较大的干扰,在一定程度上制约了铁路通过能力的提高。虽然铁路超限货物运输在铁路总运量中所占比重较小,但超限货物在种类上多为国防军事、工农业生产、国家或地方重点项目的大型设备,如发电机、变压器等,具有外形尺寸大、质量大、价值高等特点,对于国家经济、科技、国防、军事的发展以及提高铁路在运输市场中的竞争力有着极其重要的意义。

其次,向学生介绍根据货物装车后超出铁道机车车辆限界的程度,将铁路超限货物划分为一级超限、二级超限、超级超限三个不同的超限等级,并通过举例的方式让学生学会根据已知轮廓数据去判定超限等级(第二问);结合铁路曲线路段外轨超高、轨距加宽等知识点,引导学生思考在铁路曲线路段,相较于铁路直线路段,铁路限界的尺寸是否会有相应的变化,如有,是怎样变化的。(第三问)

在铁路曲线路段,线路中心线至建筑限界的水平距离均按曲线半径大小,根据铁路技术管理规程规定的曲线上建筑限界加宽公式计算,在讲授这一知识点后,请学生思考:鉴于铁路超限货物对于国家经济、科技、国防、军事的发展以及提高铁路在运输市场中的竞争力有着极其重要的意义,在铁路超限货物运输过程中,当沿线的铁路限界无法满足超限货物运输需求时,可以采取哪些应对措施来确保安全?(第四问)

3.分析总结

本案例通过第一问首先让学生了解铁路限界的定义及其在运输任务中的作业用途;结合铁路超限货物分类,使学生明确超限货物等级的判断方法(第二问)以及曲线路段铁路限界的变化情况(第三问),了解解决铁路限界尺寸不足问题的方法(第四问)。铁路超限货物往往是国民经济和国防建设所需的大型设备,要深刻分析超限货物运输在国民经济与国防建设中的重要性,掌握限界管理及超限货物运输的重要作用,进一步强化动态管理铁路限界的重要性,守住铁路超限货物运输安全底线,助力国民经济和国防建设。

2

铁路站场及枢纽

教学内容和思政融合设计

序号	教学内容	思政映射与融入点	编者
1	知识点：车场的定义及分类	案例1：车场的定义及分类——培养安全与效率两者平衡的思维	李 烨
2	知识点：中间站布置图设计	案例2：中间站布置图设计——培养集约型设计观念	李 烨
3	知识点：区段站货场配置	案例3：区段站货场配置——培养发展观开展铁路车站设计	李 烨
4	知识点：驼峰峰高设计	案例4：驼峰峰高设计——培养因地制宜的设计观念	李 烨
5	知识点：双向编组站折角车流的处理	案例5：折角车流的处理——透过现象看本质，换位思考	陈维亚
6	知识点：咽喉区道岔分组原理及方法	案例6：咽喉区道岔分组——化繁为简的辩证思维	陈维亚
7	知识点：编组站中轴线的确定	案例7：编组站中轴线的确定——抓问题主要矛盾和抓矛盾主要方面	陈维亚
8	知识点：铁路车站及枢纽的设计原则	案例8：铁路车站及枢纽的设计原则——坚持科学发展观	陈维亚
9	知识点：区段站通过能力的计算	案例9：区段站通过能力的计算——部分和整体的辩证关系	叶峻青
10	知识点：单向三级三场纵列式编组站机务段的布设	案例10：编组站机务段的布设——坚持系统思维方式的整体性	叶峻青
11	知识点：铁路枢纽内编组站的配置	案例11：郑州铁路枢纽的前世今生——抓住事物的主要矛盾	叶峻青
12	知识点：城市综合客运枢纽的发展	案例12：城市综合客运枢纽1.0~4.0时代——坚持科学发展观	叶峻青

案例1　车场的定义及分类
——培养安全与效率两者平衡的思维

【课程名称】铁路站场及枢纽。

【教学内容】车场的定义及分类。

【案例意义】通过介绍不同类型车场的设计，帮助学生认识车场设计中需保持安全与效率两个目标的平衡，培养学生的平衡思维。

教学过程

1.问题导入

回顾梯线的定义——"将几条平行线连接在一条公共线上，这条公共线就叫梯线"，基于前序梯线内容的介绍，设问"请同学们思考一下，梯线将平行的线路连接起来，就形成了一个大的场地，那么这个场地是什么呢？"（第一问）

2.讲授正文

通过第一问的引导，引入车场的定义——"将办理同一作业的线路两端用梯线连接起来便形成车场"，设问的引入，使学生将车场与上节课介绍的梯线这个已知概念联系起来，帮助学生更好地接受新概念。引入车场的定义之后，介绍车场的两种分类方法：一是按照用途分类，可以划分为到发场、到达场、出发场、调车场、其他车场等类型；二是按照形状分类，可以划分为梯形车场、异腰梯形车场、平行四边形车场、梭形车场等类型。

接下来，介绍不同形状的车场。首先，给出梯形车场-直线梯线连接形式，设问"请同学们仔细观察这个车场，分析一下它有什么特点、有哪些优缺点。"（第二问）此处可以请同学回答，也可以在雨课堂等软件上布置问题。待学生完成回答后，通过总结大家的观点的方式，点出梯形车场-直线梯线连接形式的特点：具有直线梯线的优点，当线路数量较多时，道岔区较长，各个线路有效长不均匀，进入不同线路经过的道岔数量不均匀。总结该车场的优缺点之后，进而启发式地设问"请同学们思考一下，梯形车场-直线梯线连接形式具有这些特点，那么它适用于哪些地方呢？"（第三问），可以请学生回答；然后总结：适用于线路数量较少的车场，其原因是当线路数量较多时各个线路有效长过于不均匀。

详细介绍了第一种基本车场类型梯形车场-直线梯线连接形式之后，接下来开始举一反三地介绍和对比其他类型的车场。首先介绍梯形车场-复式梯线连接形式，设问"请同学们分析该类型车场有哪些优缺点？"总结出其主要优点为道岔区长度大大缩短、各条线路有效长较均匀、车辆进入各个股道所受的阻力大致相等；但具有缺陷，即部分线路在曲线上，对运转作业不利。接着设问"请同学们对比梯形车场-复式梯线连接形式、梯形车场-直线梯线连接形式，能得出什么规律？"（第四问），可以请学生回答；然后总结：曲线车场占地越少，相同空间车站的通过能力就越大，但对安全的影响也越大，因此在进行车场设计的时候，需要时刻把握安全与效率这两大目标之间的平衡，培养平衡思维。同样的，学生在以后的生活和工作中，会经常遇到需要平衡多个目标的任务，带有多个约束度的任务才是具有挑战性的，能更好地体现大家的能力。

3.分析总结

本案例通过第一问引入车场的概念，通过详细介绍梯形车场-直线梯线连接形式的特点，总结其优缺点与适用条件(第二、三问)，并通过对比梯形车场-复式梯线连接形式、梯形车场-直线梯线连接形式两者的区别(第四问)，帮助学生更好地掌握车场的概念与功能。同时，通过该案例的介绍，使学生深刻认识车场设计中需要平衡安全与效率两大目标。不仅是车场，车站其他设备的设计也会需要保持两者的平衡。此外，学生在学习和生活中也会常常遇到需要平衡多个目标的情况，需要培养这种思维与能力。

案例 2 中间站布置图设计
——培养集约型设计观念

【课程名称】铁路站场及枢纽。
【教学内容】中间站布置图设计。
【案例意义】通过中间站布置图设计的介绍，培养学生集约型思维，并开展铁路车站设计。

教学过程

1.问题导入

回顾会让站、越行站、中间站的概念，复习三者之间的联系与区别，设问引入三种中间站布置图的设计："请同学们思考一下，要让大家来设计一个最简单的单线会让站，需要哪些设备呢?"(第一问)

2.讲授正文

通过第一问的引导，引发学生对最简单的中间站类型(会让站)布置图设计的思考，首先，会让站可以分成横列式和纵列式两种类型；接下来给出两组典型布置图，设问引发学生的思考："请同学们仔细观察这两幅布置图，有什么共同点和不同点?"(第二问)，可以请学生回答，也可以在雨课堂等软件上布置问题；待学生完成回答后，通过总结大家的观点的方式，给出答案：两者都有正线、到发线等设备，但是横列式会让站两条到发线平行布设，纵列式会让站的两条到发线纵向排列，并逆运转方向错移一个货物列车到发线的有效长度。

接着，基于横列式会让站与纵列式会让站布置图的差异，设问引导学生思考两者的优缺点："请同学们根据横列式与纵列式布置图的不同，对比分析两种布置图各有什么优缺点。"(第三问)，可以请学生回答，也可以在雨课堂等软件上布置问题；待学生完成回答后，通过总结大家的观点的方式，给出答案：横列式的优点在于站坪长度短、工程费用少、在紧迫导线地段可缩短线路、车站值班员对两端咽喉有较好的瞭望条件、便于管理、无中部咽喉、可减少扳道人员、到发线使用灵活、站场布置紧凑等；纵列式的优点在于在山区地形陡峻狭窄的情况下，可以减少工程量，但会导致较长的站坪等一系列问题。

然后，基于会让站布置图的详细分析，举一反三推进越行站与中间站布置图的对比；介绍横列式越行站、横列式中间站的布置图设计，分析单线与双线时到发线数量、位置的设计等内容；最后，介绍完越行站与中间站的横列式布置图之后，自问自答引发学生的思考："同学们观察一下，刚才我们介绍会让站的时候提到了横列式与纵列式两种形式，那么在介绍越行站和中间站的时候，我们是不是只提到了横列式呀，为什么不提纵列式呢？""没错，是因为一般情况下，越行站和中间站都采用横列式的布置图，不采用纵列式的。那么请同学们思考一下，这是为什么呢？"（第四问）此处可以请学生回答，也可以在雨课堂等软件上布置问题；待学生完成回答后，通过总结大家的观点的方式，给出答案：因为横列式布置图具有上述所说的站坪长度短、占地少、工程费用少等一系列优点，是一种集约型的布置图类型。当满足车站运输能力需求的时候，车站设计首先要采用集约型的设计方式，集约型发展也是我国科学发展观的重要内涵之一。

3. 分析总结

本案例通过第一问中间站布置图设计的问题，通过对比横列式与纵列式布置图的区别（第二、三问），帮助学生更好地掌握不同类型布置图的优缺点。同时，通过第四问的讲解，使学生深刻认识到不仅仅是中间站的布置图设计，铁路车站经常需要从集约型的角度来开展设计，集约型发展也是我国科学发展观的重要内涵之一。集约型设计涉及更多的约束条件，使得设计更具有挑战度，但也会更加出彩。

案例 3　区段站货场配置
——培养发展观开展铁路车站设计

【课程名称】铁路站场及枢纽。
【教学内容】区段站货场配置。
【案例意义】通过单线横列式区段站中货场位置的配置介绍，帮助学生掌握发展观，并开展铁路车站设计。

教学过程

1. 问题导入

回顾单线横列式区段站中机务段位置的配置，复习"站同左、站同右、站对左、站对右、站对并"五个概念；基于五个位置的回顾，设问引入货场位置的配置："请同学们思考一下，如果在单线横列式区段站中设置货场，是不是也可以设置在这五个位置呢？"（第一问）

2. 讲授正文

通过第一问的引导，引发学生对货场位置设置的思考。机务段有站同左、站同右、站对左、站对右、站对并五个位置可以设置，货场按理来说也可以在这些位置中进行选择，接下来设问引发学生的思考："是不是参照机务段的设置位置来设计货场的位置就行了呢？"（第二问）此处可以请学生回答，也可以在雨课堂等软件上布置问题。待学生完成回答后，通过总结大家的观点的方式，给出答案：当然不是，因为货场的功能和机务段的功能不同。机务段是为机车整备、换挂、更换乘务组提供服务的，而货场主要是服务于货物的装卸作业，因此功能不同，需要衔接的其他设备也就不同。

接着，以站同左与站同右两个位置为例，详细说明该不同之处。在机务段的布设中，曾经介绍过，站同左与站同右两个位置一般不会设置机务段，原因是机车进出段和正线频繁产生交叉，有安全问题。但是在布设货场的时候，货场在站房同侧时便于货物集散，货主搬运车辆无需跨越正线，站同左与站同右两个位置此时反而可以布设。同时，进一步结合系统观来考量，当机务段已经布设在站对左或者站对右位置的时候，为了避免车站一端咽喉过于复杂，也应该将货场布设在与机务段相对的一侧的站房同侧，保障车站系统的均衡与高效。

最后，设问"请同学们接着思考一下，为什么在货场布设的时候，一般不考虑站对并这个位置？"(第三问)此处可以请学生回答，也可以在雨课堂等软件上布置问题。待学生完成回答后，通过总结大家的观点的方式，给出答案：站对并这个位置对于货场来说，一方面，在站房一侧取送货物作业需要跨越正线，取送不方便；另一方面更为重要的是，货场位置的布设不能仅从当前车站的状况来考虑问题，对于一个单线横列式区段站来说，未来很可能发展成双线，或者变更区段站布置图形式，因此站对并的位置如果设置货场，未来对车站的发展会带来巨大限制，容易造成货场重复拆建与搬迁等问题，因此一般不在这个位置布设。货场的位置布设与机务段一样，需要从发展观的角度来看待问题。铁路车站内某设备的布置不能仅考虑设备本身，需要结合车站、路网的未来规划来进行设计。

3.分析总结

本案例通过第一问引入货场位置布设的问题，通过与机务段位置布设进行类比(第二、三问)，帮助学生更好地掌握单线横列式区段站货场的配置。同时，通过该案例的介绍，使学生深刻认识到如机务段一样，货场的配置也需要从发展观的角度来看待问题。铁路车站内某设备的布设很多时候需要结合车站、城市规划甚至路网的未来规划进行设计，发展观是铁路设计者需时刻牢记的。此外，在学生的学习和生活中也需要培养发展观，对自己的人生做好规划与设计。

案例4　驼峰峰高设计
——培养因地制宜的设计观念

【课程名称】铁路站场及枢纽。
【教学内容】驼峰峰高设计。
【案例意义】通过驼峰峰高设计内容的介绍，帮助学生掌握因地制宜观念，并开展铁路车站设计。

教学过程

1.问题导入

回顾驼峰、峰顶平台、推送线、溜放线等基本概念，设问引出峰高的概念："请同学们思考一下，驼峰设计的时候要保障溜放解体功能的实现，设计的第一要素是什么？"(第一问)

2.讲授正文

通过第一问的引导，引入驼峰峰高这个概念：峰顶平台到计算点之间的高度差。首先，这个高度差是为了保障车辆能够顺利溜放与解体的,因此需要分析一下在这个过程中车辆受到哪些力。设问引发学生的思考:"车辆在驼峰上溜放的过程中会受到哪些力呢?"(第二问)此处可以请学生回答,也可以在雨课堂等软件上布置问题。待学生完成回答后,通过总结大家的观点的方式,给出答案:推力(车辆自峰顶脱离车列自由溜放时,由于机车的推力而得到溜放的初速度)、车辆自身重力、车辆溜放阻力、制动力。

接着,引导学生分析思考在这四种力中,哪几种是我们人为可以控制的,哪些是人为控制不了的?设置选择题让学生进行选择,待学生完成回答后,通过总结大家的观点的方式,给出答案:初始的推力、制动力、车辆自身重力是可以控制的或者已知的,但车辆溜放阻力有部分是无法控制。进而设问"那么同学们思考一下,溜放阻力由哪些部分组成呢?"(第三问)答案是:基本阻力、风和空气阻力、道岔冲击阻力和曲线附加阻力。

接下来,设问引导学生进行思考:"请同学们思考一下,根据上面提到的几种阻力,我们在进行驼峰峰高设计的时候,如果在广州设计一个驼峰和在哈尔滨设计一个驼峰,或者是在新疆设计一个驼峰,它们的阻力会不会一样?"(第四问)答案是:当然不同。因为不同地区的气象等条件都不一样,因此我们在设计驼峰峰高的时候,一定要因地制宜根据当地的实际情况来开展设计。为此,站场设计中专门考虑到这个问题,峰高的设计需要专门考虑难行线与溜车不利条件,其中溜车不利条件是指车辆的基本阻力与风阻力之和最大时的溜放条件,这个阻力条件会随地区的不同而不同,因此需要根据实际情况因地制宜开展设计。最后,引导学生归纳总结:"在前序的课程学习中我们介绍了很多车站设计的内容,例如不同布置图的比选,没有十全十美的方案,都各有优缺点与适用条件。"与驼峰峰高设计一样,最优车站设计方案一定是需要因地制宜考虑车站当地实际情况的。

3. 分析总结

本案例通过第一问引入驼峰峰高的概念,通过分析驼峰溜放过程中受到的各种力对峰高的影响(第二、三问),帮助学生更好地掌握开展驼峰设计的时候需要考虑当地的气象等实际情况(第四问)。通过案例的介绍,使学生深刻认识到不仅仅是驼峰的设计,铁路车站的各种方案没有十全十美的,都各有优缺点与适用条件,需要大家通过因地制宜的思维观念来开展铁路车站设计。

案例5　折角车流的处理
——透过现象看本质,换位思考

【课程名称】铁路站场及枢纽。

【教学内容】双向编组站折角车流的处理。

【案例意义】折角车流数量的增加会增加解编能力的消耗和造成更大的效能损失。引入透过现象看本质和换位思考的辩证思想让学生学习和理解减少折角车流的有效措施和处理不可避免的折角车流的有效途径,领悟透过现象看本质和换位思考的哲学美。

教学过程

1.问题导入

双向编组站只要有三个及以上衔接方向，由于各衔接方向分别固定使用两个调车系统，就必然会产生两系统间的折角车流。对车站解编能力的消耗及造成的影响和损失随着折角车流数量的增加而增大。因此，当采用双向编组站布置时，必须考虑减少折角车流的措施。如何减少折角车流呢？对不可避免的折角车流又如何处理呢？

2.讲授正文

折角车流，即从一条线路转至另一条线路的车流，运行方向发生变更，需要在站内折返。折角车流的存在既增加车站的调车作业，又延长中转列车在站停留时间。

通过上述定义可知，折角车流本质上是需要在车站内折返改变运行方向的车流，那么是否将车流换个方向或换个引入位置就不需要在站内折返和改变方向呢？这种换"位"的想法很自然，似乎也很符合逻辑。事实上，透过现象看本质、换位思考确实是有效减少折角车流的方法。

（1）换方向——正确选择进站线路的引入方向。折角车流是因衔接方向引入不同的调车系统而引起的，所以在各衔接方向之间交流的车流量一定时，减少折角车流的方法主要就是寻求两系统间交换车流最少的进站线路布置方案。举例说明换方向——正确选择进站线路的引入方向减少折角车流的实际效果。

（2）换位置——合理选择编组站的位置。在多方向衔接的枢纽内新建或改建编组站时，应做多方案站址选择，使折角车流量最少。举例说明换位置——合理选择编组站的位置减少折角车流的实际效果。

（3）换线路——设置第二进站线路。使折角车流多的衔接方向具有分别引入两个系统到达场的进站通路，变部分折角车流为顺向车流。举例说明换线路——设置第二进站线路减少折角车流的实际效果。

对于不可避免的折角车流，也可通过换位思考的方法进行处理。

对于折角直通车流，可以通过换方向的换位方法进行处理：在进站线路上增设渡线，并把通过车场部分线路设为双进路，用于反接；在到达场与出发场间设置环线，用于反接转场。

对于折角改变车流，可以通过换线路和换车场的换位方法进行处理：换线路——在两系统的到达场和调车场间铺设联络线，把折角改编车辆直接从一系统的调车场送到另一系统到达场，避免重复解体；换车场——在两系统调车场中间设置共用的交换车场，供两系统间折角车流集结使用。

3.分析总结

透过现象看本质的意思就是透过事物外在表现出来的现象特征，去抓住它的内在本质特征。透过现象看本质的哲学道理：本质和现象二者存在着明显的差别和矛盾，本质是事物的根本特征，现象是事物本质的外部表现；本质和现象又是统一的，本质决定现象，是现象的根据，总要表现为一定的现象，而现象是由本质产生的，总是从不同的侧面这样或那样地体现着事物的本质，它的存在和变化归根结底是从属于本质的。判断车流性质本质上是看车流是否需要转线和改变方向，换位思考能改变车流的本质特性，也为减少和处理折角车流提供方法。

案例6 咽喉区道岔分组
——化繁为简的辩证思维

【课程名称】铁路站场及枢纽。

【教学内容】咽喉区道岔分组原理及方法。

【案例意义】咽喉区道岔分组不仅是运用利用率计算法查定铁路车站咽喉通过能力的必要步骤，还是车站作业进路选择、股道运用等行车技术作业的关键环节。咽喉区道岔分组是一个学习难点，只有在充分理解抽象原理的基础上不断实践，才能正确掌握和运用。通过训练化繁为简的辩证思维，培养学生将复杂问题简单化，并强化实践检验理论，做到知识、能力、价值目标的有机结合与实现。

教学过程

1. 问题导入

车站或车场的咽喉区是车站或车场两端道岔汇聚的地方，是列车到发、机车走行、调车和取、送车等作业的必经之地。咽喉通过能力是指车站某咽喉区各衔接方向接、发车进路咽喉道岔组通过能力之和。咽喉通过能力的概念中用到了"咽喉道岔组"这个概念，在后续计算咽喉通过能力时，需要知道和计算咽喉道岔组的通过能力。那么，什么是咽喉道岔组？如何在道岔数量众多的咽喉区找到咽喉道岔组呢？我们首先必须能对咽喉区的道岔进行正确的分组。

2. 讲授正文

咽喉区道岔分组是一个学习难点，需要在充分理解抽象原理的基础上，通过不断实践才能正确掌握和运用。因此，本知识点的学习采用"问题引导—小组讨论—教师点评—巩固练习—教师总结"的方式实现教学目标。

第一步，问题引导：当技术站咽喉布置比较复杂时，为何要进行道岔分组？如何采取合理的方法既能保证道岔分组的精确度又可以减小道岔分组难度和强度？

第二步，小组讨论：3~5人一组开展5 min课堂思考和讨论，请2个小组陈述想法和思路。

第三步，教师点评：针对小组的想法和思考，进行点评。点评过程中，运用化繁为简的辩证思想，阐释进行咽喉区道岔分组的目的和意义，并进一步引出"先合并、后拆分"的分组原理与方法。

咽喉区道岔分组的目的和意义：车站作业进路选择和股道运用都与道岔使用紧密相关，通过道岔分组可以降低问题复杂度。列车到发、机车走行、调车和取、送车等作业都需要经过咽喉区的若干个道岔，并且需要为各项作业准备作业进路和进行联锁。若将每个道岔单独予以考虑，则咽喉越复杂，道岔联锁关系越复杂，进路安排和股道运用越难做到优化。事实上，有些道岔完全没有必要单独考虑，可以将这些道岔进行组合形成道岔组，从而简化问题。

咽喉区道岔分组的原理与方法：不能被两条进路同时占用的道岔，应合并成一组；两条平行进路上的道岔(包括渡线两端的道岔)不能并为一组;交叉渡线中各平行线上的道岔不能分为两组。

道岔分组的原理与方法体现了化繁为简的辩证思维,但由于该原理与方法比较抽象,学生一般难以理解和运用,因此,可以将该原理与方法转化为较易理解和操作的步骤:先合并再拆分——先找平行线,在不同平行线上的道岔肯定为不同组;在同一条线上,可以为不同组,根据能否被两条作业进路同时占用进行判断,若能则拆分。

第四步,巩固练习:运用一个示例咽喉,进行道岔分组课堂练习,巩固对道岔分组原理和方法的理解与掌握。

第五步,教师总结:通过理论学习和课堂实践,同学们掌握了咽喉区道岔分组的目的、原理与方法,同时也感受到了,随着问题规模的增大,这种人工分组的难度也会增加,精确度难以把握和保证。那么是否可以编制一种智能算法实现自动分组呢?答案是肯定的,请同学们阅读相关参考文章并尝试自行创新。

3. 分析总结

咽喉区道岔分组不仅是运用利用率计算法查定铁路车站咽喉通过能力的必要步骤,还是车站作业进路选择、股道运用等行车技术作业的关键环节。以往的教学经验显示,咽喉区道岔分组是一个学习难点。通过训练化繁为简的辩证思维,培养学生将复杂问题简单化的能力,并强化实践检验理论,实现知识目标(掌握道岔分组原理和方法)、能力目标(能够正确分组道岔,并尝试提出改进分组方法的建议和想法)、价值目标(训练化繁为简的辩证思维,感悟实践是检验真理的唯一标准)的有机结合。

案例7　编组站中轴线的确定
——抓问题主要矛盾和抓矛盾主要方面

【课程名称】铁路站场及枢纽。

【教学内容】编组站中轴线的确定。

【案例意义】通过学习和理解编组站中轴线折角位置的选择,深刻认识到一个哲学道理——解决问题要透过现象看本质,要抓问题的主要矛盾和抓矛盾的主要方面。

教学过程

1. 问题导入

编组站占地面积很大,特别是三级式编组站,长6~8 km。如果要求到达场、调车场、出发通过车场都布置在直线上,车站中轴线贯穿三场并与车场中轴线吻合,有时是很难做到的,特别是受地形、地物等客观条件限制时。这时不得不考虑车站中轴线折角。那么,车站中轴线折角的位置如何选择和确定呢?

2. 讲授正文

从理论上看,三级式编组站的车站中轴线可以在到达场进口咽喉、到达场出口咽喉、调车场头部咽喉、调车场尾部咽喉、出发场进口咽喉、出发场出口咽喉6个位置进行折角,但真正能解决问题的最佳位置只有一个。采用分组讨论的方式分析并列出指定位置折角的优缺点，最后得出结论。

利用到达场进口咽喉、出发场出口咽喉转角：不影响车站作业，但不能从根本上解决车站中轴线长而直、难与地形相适应的矛盾。

利用到达场出口咽喉转角：推峰调机瞭望信号不便，影响解体作业。

利用调车场头部咽喉转角：使驼峰溜放部分延长，难易行车阻力差加大，从而导致峰高增加、投资加大、制动能力浪费，并影响调车视线。

利用调车场尾部咽喉转角：可能会造成调车线有效长度不均衡，对调车作业的影响较大，必要时可采用。

利用出发场进口咽喉转角：调车场尾部和出发场进口咽喉相距 200～300 m，编组作业整列牵出的机会较少，对作业影响最小。

3. 分析总结

虽然三级式编组站的车站中轴线在理论上有六处位置可以进行折角，但从本质上能解决问题的角度来看，在车站一端转角，不能从根本上解决车站中轴线长而直、难与地形相适应的主要矛盾。另外，在到达场出口咽喉转角会导致推峰调机瞭望信号不便，从而影响解体作业，会带来新的矛盾；调车场头部咽喉转角影响调车视线，比较严重地影响溜放解体作业，带来更大的矛盾。通过采用分组讨论对比分析的方式展开学习，使学生深刻认识到解决问题需要透过现象看本质，需要抓问题的主要矛盾和抓矛盾的主要方面。

案例8　铁路车站及枢纽的设计原则
——坚持科学发展观

【课程名称】铁路站场及枢纽。

【教学内容】铁路车站及枢纽的设计原则。

【案例意义】通过案例解析铁路车站及枢纽的设计原则，充分认识到坚持科学发展观对车站及枢纽设计的重要意义，尤其是系统观、全局观对现代车站及枢纽设计的指导价值。

教学过程

1. 问题导入

铁路场站是铁路运输的基层生产单位，集中了与运输有关的各项技术设备，参与运输过程的主要作业环节，对保证运输工作质量起着决定性作用；也是沟通城乡、联系各省（区、市）和国内外的门户，联系生产、分配、交换和消费，对巩固国防起重要作用。那么，在规划设计铁路车站及枢纽时，应该遵循哪些主要原则，才能科学地发挥车站的上述作用呢？

2. 讲授正文

铁路车站及枢纽的规划设计应坚持科学发展观，着眼于建设资源节约型和环境友好型社会，贯彻"以人为本、服务运输、着眼发展、强本简末、系统优化"的方针，遵守下列原则和要求。

（1）保证必要的运输能力。车站及枢纽各项设备的能力应当适应近期（10年）、远期（20年）客货运输需求并具有储备能力。以长沙火车站为例介绍火车站的储备能力设计。

（2）保证作业安全和人身安全。车站及枢纽设备布置和设计技术条件应符合有关规章、规程和标准的要求，把提高安全可靠性贯穿于整个设计中。举例说明中间站中安全线和避难线的设计。

（3）要有全局观念。车站及枢纽设计是一项系统工程，不仅要注意本身内部各项设备的合理布局及其与铁路区间能力的相互协调，而且要考虑与各种运输方式的配合，满足城市规划、工农业布局和国防等多方面的要求。举例说明不同规模的编组站在路网中的选址布局。

（4）要注重投资效益，节省基建费用。在满足设计期运能需求和保证安全的前提下，尽可能节省工程费用，少占用地。举例说明纵列式与横列式车站在投资效益与基建成本上的差异。

（5）积极采用国内外先进技术和装备。根据科技发展水平和不同运输需求，采用不同层次的技术和装备，系统配套，发挥整体效能，以适应铁路现代化的要求。举例说明编组站设计对现代化驼峰设备的采用。

（6）考虑进一步发展的可能性。布置车站及枢纽的各项设备时，要预留扩建用地，做好分期过渡方案，避免不必要的废弃工程。规划不仅要满足研究年度远期运量的需要，还必须考虑远景发展和科技发展与时俱进的需要，要留有足够的发展空间。举例说明编组站分阶段发展的规划设计。

3. 分析总结

铁路是一个复杂巨系统，车站及枢纽在这个巨系统中具有核心地位。车站及枢纽的设计不仅影响其本身的投资建设成本，更重要的是还会影响后期的运营安全、效率、成本等各方面，需要坚持科学发展观，尤其是系统观、全局观等进行规划设计。通过形象生动的举例，让学生感悟科学发展观的应用及重要价值。

案例9　区段站通过能力的计算
——部分和整体的辩证关系

【课程名称】铁路站场及枢纽。

【教学内容】区段站通过能力的计算。

【案例意义】通过介绍区段站能力概念、计算思路，让学生明白车站能力受制于短板部分，要提高整体能力必须补足短板。构成组织的各个部分往往是优劣不齐的，而劣势部分往往决定整个组织的水平。

教学过程

1. 问题导入

"同学们可能有这样的乘车体验：马上要到站了却站外停车。大家分析一下造成这种情况的原因有哪些。常见的因素有到发线不够用，没线路接车或者咽喉繁忙，接不进来。那么，就有一个问题，即在合理运用现有设备的基础上，车站每天最多能够接发多少列车？或者说，计划要完成的运输任务（车流量），车站能力是否能够满足？"

2. 讲授正文

介绍车站通过能力、咽喉通过能力和到发线通过能力的定义，提问三者之间的关系。由于车站是一个复杂的大系统，在用利用率计算法计算车站最终通过能力时，应将整个车站系统分解为若干个子系统。从设备方面划分时，咽喉与车场是不同的子系统，一个车场还可按照需要划分成若干个子系统，咽喉区的道岔也可进一步分组。按列车方向划分时，不同的衔接方向划分为不同的子系统；同一个方向接入或发出的列车，可按作业性质与经路划分为不同的子系统。

将车站系统划分后，先按照利用率计算的公式，分别求出子系统的通过能力，然后根据两个子系统串联与并联时合成的法则，求得系统最终的通过能力。

步骤：

(1)确定到发场线路的合理分工方案。遵循两点，即到发线均衡使用、合理利用咽喉区的平行进路，使作业量不至于过分集中于咽喉道岔(组)。

(2)道岔分组(化繁为简)。车站咽喉区道岔总数较多，将利用率相等的道岔划分为一组，这样道岔的组数小于道岔的总数，一般来讲它大于咽喉区最大平行进路数，从而减少了计算的工作量。

(3)选定咽喉道岔组，并计算其利用率。某项作业进路存在两个及以上的串联道岔组时，取总占用时间最长即利用率最大的道岔组作为咽喉道岔组。某项作业存在两个及以上并联的作业进路时，应分别选定各自进路上的咽喉道岔组。

(4)按方向和列车种类分别计算接车和发车到发线的通过能力。

(5)确定车站最终通过能力。

3. 分析总结

区段站通过能力计算最后是要通过列表汇总，包括分方向、接发车、各部分(道岔组、到发场)等，找出每一种情况的短板来确定。车站最终通过能力，应先按方向分别列表汇总咽喉和到发线通过能力，最后按办理该方向列车进路的各项设备中利用率最大的那项设备的能力来确定。在确定最终通过能力时，要遵照通过能力合成的法则。整个计算过程充分体现了木桶效应——一只木桶能盛多少水，并不取决于最长的那块木板，而是取决于最短的那块木板。在一个组织内部，最薄弱的部分(车间、班组或个人)往往决定该组织的整体水平。木桶效应体现的是哲学中部分和整体的辩证关系原理。因此，我们每个人都应思考一下自己的短板，并尽早补足它。

案例 10 编组站机务段的布设
——坚持系统思维方式的整体性

【课程名称】铁路站场及枢纽。

【教学内容】单向三级三场纵列式编组站机务段的布设。

【案例意义】通过介绍单向三级三场纵列式编组站中机务段的布设，培养学生系统思维方式的整体性，对事情全面思考，不只就事论事。

教学过程

1. 问题导入

介绍单向三级三场纵列式编组站车场布置特点，各衔接方向共用的到达场、调车场、出发场依次纵列，通过车场在出发场的外侧，反向改编列车接车反接到达。基于这种布置特点，机务段布置在哪里更合适？（第一问）

2. 讲授正文

首先和学生讨论机务段布置的目标。机务段是编组站设备之一，服务于运输，目标是方便机车的出入，减少和其他作业交叉，保证列车及时发车。方便体现在既要走行距离短，又要减少作业交叉。在所有方案中，机务段布置在出发场附近反向通过车场的外侧更好，能保证大多数本务机车出入段比较便捷，尤其是便于出发列车及时挂机车，以保证列车正点出发。为减少对其他作业的干扰，不妨碍驼峰作业，单向三级三场编组站均设置峰下跨线桥，顺向到达机车可通过峰下机走线入段。反向到达列车的本务机车则需通过到达场内专用机车走行线方能入段，走行距离较长，有时会对推峰作业造成干扰。

接下来继续提问：机务段的位置是不是一成不变的？设备位置不变，但将反向改编列车到达从反接变成环接将对机务段的布设有什么影响？（第二问）和学生一起分析进路和交叉，可以发现从机车出入段走行距离和对站内作业的交叉干扰方面来比较，机务段应设在调车场反驼峰方向到发的一侧。如果进出站线路布置不变，通过车场的位置发生变化对机务段的布设有什么影响？（第三问）引导学生思考，如通过车场位置从出发场外侧变成到达场外侧后，到达及通过车场的机车出入段次数可能会比出发场多，从方便机车出入段方面考虑可以将机务段设在到达场反驼峰方向　侧。

请学生来总结：机务段的位置和通过车场、进出站线路布置密切相关。如果考虑到进一步发展成双向编组站，那么哪种方案更合适呢？（第四问）配合双向编组站的布置图，让学生了解，双向编组站机务段是布置在上（下）行到达场和下（上）行出发场之间，一端布置机务段，另一端布置整备设备，所以机务段设在调车场反驼峰方向到发的一侧不利于发展为双向站型。

3. 分析总结

本案例通过第一问首先明确了机务段布置的目标，在其他设备位置发生变化时（第二、三问），通过比较机车出入段走行距离和对站内作业的交叉干扰，找到最优方案，并且考虑到了未来发展（第四问）。系统思维方式的整体性是由客观事物的整体性所决定的，整体性是系统思维方式的基本特征。机务段作为编组站的设备之一，它的位置和通过车场位置及进出站线路布置密切相关，在分析机务段布设时，需坚持系统思维方式的整体性，站在车站整体的角度来进行考虑，需要把想要达到的结果、实现该结果的过程、过程优化以及对未来的影响等一系列问题作为一个整体系统进行研究。

案例 11　郑州铁路枢纽的前世今生
——抓住事物的主要矛盾

【课程名称】铁路站场及枢纽。

【教学内容】铁路枢纽内编组站的配置。

【案例意义】通过介绍郑州铁路枢纽的前世今生的建设和发展，让学生认识到不管在什么时候郑州枢纽内编组站的配置都取决于枢纽内主要车流的性质和方向，这是事物的主要矛盾。

教学过程

1.问题导入

中华人民共和国成立前，由于分线管理，郑州有平汉郑州站和陇海郑州站两个火车站。中华人民共和国成立后，人民政权统一管理铁路，郑州两站合一，结束了混乱局面。郑州铁路枢纽位于中国铁路路网的中心(铁路路网图同步显示)。鉴于郑州铁路枢纽的重要性，其成为中华人民共和国改造的第一个枢纽，1952年开始做枢纽规划，重新选址建编组站。那么，是如何选址，在枢纽内建几个编组站呢？

2.讲授正文

需求导向：要进行郑州铁路枢纽扩能改造，怎样做才能满足需求？

(1)编组站位置——从三个影响因素展开讨论。

①车流分析。在华北、西北路网规划中分析郑州枢纽近期(1955—1965年)车流，由近期车流分析可知，西北车流是主要车流，编组站的位置在西北角，和贾鲁河平行；但从远期来看，随着路网的完善和西安、宝鸡两个工业基地的建设趋于尾声，西北方向车流减少，南北方向则符合我国长期南粮北调、北煤南运货流特点，故南北方向成为主要车流方向。基于远期车流的变化，车站选址宜放在第一象限，并南北朝向布置。

②符合城市规划要求。西北角不在新城区的范围之内，且没有厂矿企业等，是一片空地，市政府同意用来建设编组站。

③远近结合，留有发展余地。选址距离当时城市边缘10 km，近60年的发展证明该方案的选择是正确的。

(2)编组站的数量。

编组站在枢纽中的数量问题就是集中或分散问题，集中即一个编组站，分散即多个。启发式教学：设一个陷阱问题——是一个编组站好还是多个编组站好，从而加深学生印象。说明二者各有利弊，根据车流性质选择适合的方案。先进行优缺点分析，编组站分散方案的优缺点则和集中方案相反。再以郑州枢纽为例来分析。

1955年10月，郑州火车北站建设正式拉开帷幕。整个工程分成第一期工程、第二期工程、第三期工程、扩建工程、续建三期工程五个阶段进行，历时30年。1956年5月，第一期工程竣工，在下行场西半部位置建成有21条线路的横列式平面场；1959年3月，第二期工程竣工，建成下行系统到达、编组、出发三场；1959年末，第三期工程开工。1962年11月2日，经中华人民共和国铁道部批准，郑州车站新老两场分为两个车站，即老场改为郑州客运站，新场改为郑州北站(枢纽编组站)。1963年1月1日，郑州北站正式命名。1985年3月，主体工程郑州北编组站全面建成，郑州铁路枢纽成为铁路的重要路网性枢纽之一。

在郑州北站正式命名前，郑州站也办理解编作业，即采用分散方案，运输秩序一片混乱，到1962年所有解编作业搬到郑州北，采用集中方案后运输秩序才得以恢复。原因是什么？启发学生透过现象看本质，了解其原因还是从车流分析入手。

"万变不离其宗"，车流是主要影响因素，郑州铁路枢纽车流性质是以中转车流为主，采用集中方案的原因是中转车流比重大。

(3)郑州铁路枢纽新版总图设计方案。

历史证明，60年前的总图设计方案是合理的。60年后由于城市的发展，城市包围了郑州北，2015年开始做郑州铁路枢纽总图设计方案。现在的改造方案的核心依然和60年前一脉相承，仍然只设置一个编组站，只是考虑了现在的城市规模和客货分流的背景。按照"客内货外"的布局理念，郑州北编组站要迁出市区，在郑州西南方向环线上设置新密北编组站。郑州北编组站现址上将增建郑州站动车运用所，为将来以接发动车为主的郑州站提供保障能力。

3. 分析总结

时间飞逝，城市在不断发展和扩大，编组站搬迁是大势所趋，但枢纽内主要车流性质和方向没有变化，车流性质以中转车流为主，主要车流方向是南北方向。不管怎样斗转星移，编组站的配置必须遵循最基本的原则。车流性质和车流方向就是编组站配置的主要矛盾，抓住了主要矛盾，总图规划才能经得起历史的检验。

案例 12　城市综合客运枢纽 1.0~4.0 时代
——坚持科学发展观

【课程名称】铁路站场及枢纽。

【教学内容】城市综合客运枢纽的发展。

【案例意义】通过介绍城市客运枢纽的发展过程，让学生知道车站和枢纽的规划设计坚持科学发展观，贯彻"以人为本、服务运输、着眼发展、强本简末、系统优化"的方针。

教学过程

1. 问题导入

挑出几张有代表的铁路客运站1.0~4.0时代的图片，让学生来辨别是哪个车站，从车站外形、场站设计、换乘方式等几个方面来引导学生看图片。

2. 讲授正文

根据发展阶段、场站设计、换乘方式、管理方式的不同，我国的城市综合交通枢纽大致可分为四个阶段。

(1)综合交通枢纽 1.0 时代。

时代背景：中华人民共和国成立后，百废待兴，要解决人民出行的基本需求问题迫在眉睫。

待解决的核心问题：人和物的运输。

站场设计特点：单一的交通功能，由铁路场站、旅客站房、站前广场三部分组成。这些客站是在极为艰苦的条件下建成的，是功能相对单一的城市大门。

1.0 时代综合交通枢纽是中华人民共和国成立初期至 20 世纪 70 年代建设的铁路客运站。它依托铁路发展，全国一盘棋进行部署，主要满足旅客铁路出行的需要，和城市交通的衔接主要是公交，由原铁道部主导，地方政府配合建设。综合交通枢纽以铁路运输为主体，运营管理以客流组织为主。1959 年迁至现址的北京站是中华人民共和国第一代铁路客运站的经典之作，规模庞大，客流量大，整点报时奏响《东方红》，具有鲜明的时代特色。

(2)综合交通枢纽 2.0 时代。

时代背景：改革开放的迅猛发展期。

待解决的核心问题：商务客流的超高速发展。

站场设计特点：单一交通向复合化转变，通过多种接驳方式，提高换乘效率。

2.0 时代综合交通枢纽为 1985—2000 年建成的融合各种交通工具的火车站。随着社会经济活动日益频繁，铁路和公路的局域交通网络逐渐成形。为解决客运的快速集散问题，第二代综合交通枢纽采用不同交通方式形成换乘系统，在吸引客流和快速集散客流方面明显优于第一代。交通的便利使客流属性发生变化，枢纽开始吸引本地商业品牌集群，服务过往客流，在经济性上更进一步。1987 年，北京站建成后 28 年，终于出现了一个划时代的铁路客站作品——上海站。它首创"南北开口、高架候车"的线上式车站类型，车站与城市的关系变得更加紧密。这种布局也迅速风靡全国。随后建设的北京西站和广州东站在此基础上增加了线侧高大的站房综合楼，较大程度上改变了传统客运站形象。

(3)综合交通枢纽 3.0 时代。

时代背景：中国城市化进程进入快车道，铁路进入高铁时代。

待解决的核心问题：在保证交通功能的同时，逐步向商业枢纽转变。

站场设计特点：城市内外交通无缝衔接，交通零距离换乘，城市和铁路联合建设和管理，理念的转变和技术的进步使综合交通枢纽进入新的阶段。

3.0 时代综合交通枢纽是依托高铁站形成的综合交通枢纽。它较好地规划了配套设施，满足了乘客快速、方便集散的需要，客流属性持续变化，吸引了国内知名品牌集群。车站定位从单一的"城市大门"向多元开放的"换乘枢纽"转化；流程模式从"等候式"向"通过式"过渡；设计观念从"便于管理"向"以旅客为中心"转变。2009 年，全新的武广高铁武汉站建成通车。在武汉站的设计中，首创了"可选式候车"流程模式，成功地解答了我国新建客站是沿袭传统"等候式"模式还是直接照搬国外高效"通过式"模式的问题。此外，武汉站的中央大厅被打造成一个各种关键功能设施均可视化的空间，这不仅提高了服务质量，还从建筑心理学的角度减轻了旅客在陌生环境的焦虑感。

(4)综合交通枢纽 4.0 时代。

时代背景：社会主要矛盾转化为人民日益增长的美好生活需要和不平衡不充分的发展之间的矛盾，这是城市群崛起、"一带一路"倡议落实、城市化发展的关键阶段。

待解决的核心问题：提高城市的竞争力，寻求在国际、国内格局中的新地位。

站场设计特点：交通一体化、站城融合、综合开发、可持续发展。

4.0时代综合交通枢纽按照"零距离"换乘要求，将城市轨道交通、地面公共交通、市郊铁路、私人交通等设施与干线铁路、城际铁路、干线公路、机场等紧密衔接，建立主要单体枢纽之间的快速直接连接通道，使各种运输方式有机结合；采取开放式、立体化方式建设枢纽，尽可能实现同站换乘，优化换乘流程，缩短换乘距离。4.0时代综合交通枢纽除了"时空压缩效应"之外，还有极强的人流、物流、资金流、信息流的"核聚集效应"，对板块、城市乃至城市群发展具有极强的辐射和带动作用的"核驱动效应"。中国4.0时代综合交通枢纽代表——深圳北站，是站城融合的典范，4.0时代高铁枢纽的领跑者。

3.分析总结

我国城市以铁路车站为核心的综合交通枢纽规划建设经历了漫长的过程，建设时代的背景不同，社会环境和经济发展情况不同，各个阶段建设的综合交通枢纽呈现出不同的时代特色。虽时代背景不同，但枢纽设计都是以人为本，把人民的利益作为一切工作的出发点和落脚点，满足人们出行多方面的需求、促进城市的发展。车站和枢纽的规划设计必须坚持科学发展观，贯彻"以人为本、服务运输、着眼发展、强本简末、系统优化"的方针。

3

智能交通系统

教学内容和思政融合设计

序号	教学内容	思政映射与融入点	编者
1	知识点：智能交通系统绪论	案例1：智能交通系统绪论——交通强国与专业自信	李传耀
2	知识点：交通信息采集与处理	案例2：交通信息采集与处理——发扬"工匠精神"	李传耀
3	知识点：城市交通供需关系与城市交通综合信息平台	案例3：城市交通供需关系——透过现象看本质	李传耀
4	知识点：智能交通管控系统、智能公共交通系统、智慧收费系统	案例4：城市交通管理系统——以人为本	李传耀
5	知识点：汽车的发展	案例5：汽车"新四化"——争当复合型人才	李 烨
6	知识点：汽车的发展	案例6：从流水线生产迁移到汽车的生产——迁移能力在创新中的重要作用	李 烨
7	知识点：智慧高速公路监控系统	案例7：智慧高速公路监控系统——安全观的培养	李 烨
8	知识点：智慧高速公路信息服务系统	案例8：汽车信息安全问题——培养信息安全观，建立国家与个人信息防护盾	李 烨

案例1 智能交通系统绪论
——交通强国与专业自信

【课程名称】智能交通系统。

【教学内容】智能交通系统绪论。

【案例意义】通过图文并茂的方式，介绍智能交通系统的特征和未来趋势，培养学生的专业自信。同时，结合实例介绍我国智能交通系统的发展历程和独特优势，培养学生的民族自豪感和家国情怀，引导学生积极投身于建设交通强国的伟大事业中。

教学过程

1.问题导入

介绍智能交通系统(ITS)的构成和关键技术,主要包括先进的交通管理系统(ATMS)、先进的出行者信息系统(ATIS)、先进的车辆控制系统(AVCS)、先进的公共交通系统(APTS)等多个交通子系统。智能交通系统集通信、信息处理及自动控制等关键技术于一体。基于该技术特点,智能交通系统能解决日常生活中的哪些交通问题?(第一问)

2.讲授正文

首先和学生讨论智能交通系统的定义和基本特点。智能交通系统是人们将先进的计算机处理技术、信息技术、数据通信技术等有效地综合起来,运用于整个交通运输系统中,将车辆、道路、使用者、环境四者有机结合,以达到和谐统一的最佳效果为目的,从而建立起的一种作用范围大、作用发挥全面的交通运输综合管理体系。接着对学生提问:由此可思考,智能交通系统具有哪些特征?(第二问)该系统具备信息化、动态性、整体性、开放性、复杂性的特征。信息是智能交通系统的灵魂,ITS提供人、车、路、环境的实时信息,需要多方主体实时交流协调。整体性体现在ITS涉及多领域、多技术上,其研发和实施需要多方参与。ITS也是一个开放的系统,拓展性强,更新速度快。由于渗透到整个交通系统的各个方面,ITS更是一项复杂且巨型的系统工程。

接下来,向学生介绍智能交通系统的发展历程。智能交通系统最早于1939年在美国的纽约世博会崭露头角,20世纪80—90年代,欧美和日本等竞相发展智能交通系统,均出台相关开发计划并成立了大量机构,逐步形成的有代表性的智能交通系统有美国IntelliDrive、日本ARTS及欧洲ERTICO。中国的ITS则起步较晚,1994年在巴黎召开的第一届ITS世界大会为我国ITS发展揭开了序幕。在“九五”期间,国家科技攻关重点项目中国智能交通系统体系框架研究建立起我国ITS的基本框架。在此基础上,我国ITS得到大力发展,攻克了多项技术难题,建立了多个ITS重点示范城市。请同学们思考:智能交通系统的发展前景如何?未来发展方向有哪些?(第三问)体系结构成为ITS的开发重点:推进智能交通系统整体的规划与设计,包括各大组成部分的研究,以及各组成部分间的协调;合作系统成为ITS的发展热点:利用下一代通信技术将车路、车车、车人连接起来,人机交互、互操作与评估等成为工作重点;综合运输智能化成为ITS的发展方向:综合交通系统提供的服务比单一运输方式有效性更高、安全性更强、污染更少、发展前途更广。

最后,请同学们来总结:智能交通系统在生活中有哪些实际应用?从交通运输工程专业的角度来看,有哪些值得研究的问题?(第四问)结合不停车收费系统、公交优先、城市道路信号控制、自动驾驶等实际例子,让学生了解智能交通系统正潜移默化地进入了大家的实际生活中,综合化、科学化的协调管理,为大家带来了高质量的出行体验。同时,通过聚焦现阶段ITS存在的技术瓶颈、市场成本高、难以大规模推广等问题,引导学生创新思维、积极讨论,为我国ITS更好发展出谋划策。

3.分析总结

首先,本案例通过第一问介绍了智能交通系统的主要构成和基本作用,通过对其系统特征和发展现状及趋势的进一步阐述(第二、三问),明确了我国智能交通系统在交通行业的重要地位,并且针对现阶段实际应用中的问题讨论了相关对策(第四问)。智能交通系统与人们的生活息息相关,通过多项实例展示和介绍,能较好地培养学生的专业自信,让学生意识到交通运输工程专业领域的大有可为。从智能交通系统的发展来看,从 ITS 概念的首次提出到技术上的实践应用,均由欧美日等国主导,我国虽起步较晚,但奋起直追,在智能交通系统的核心技术和实践应用上均取得了较大成绩。这有助于培养学生的民族自豪感,坚定建设交通强国的信心和决心。

案例2 交通信息采集与处理
——发扬"工匠精神"

【课程名称】智能交通系统。

【教学内容】交通信息采集与处理。

【案例意义】通过相关内容的讲授,提升学生思想政治水平,增强对交通信息采集的认识,培养实事求是的专业思维,塑造精益求精的"工匠精神",帮助学生树立正确的职业道德观,掌握精湛技艺,勇于承担社会责任和历史使命。

教学过程

1.问题导入

请同学们结合学习、生活谈谈信息采集与处理在智能交通系统运行中的地位?(第一问)

智能交通系统是未来交通发展的方向,而交通信息的采集与处理是智能交通系统信息融合和服务利用的基础与核心,贯穿了智能交通系统信息链的全过程。同时,交通信息作为规划的基础,对未来交通系统建设极为重要。从信息采集处理的地位,引出重要性和责任感。

2.讲授正文

课堂教学是课程思政的核心,在教学大纲的基础上,将思政要素融入知识要点,合理安排教学环节,把在知识点"GPS 浮动车交通信息采集技术"的教学过程中融入思政元素作为典型案例说明。

首先是建立情境:定位系统实现浮动车信息采集。浮动车一般指安装有车载 GPS 定位系统和无线通信装置的车辆。如果在城市中部署足够数量的浮动车,通过与交通信息中心进行信息交换,就可以获得整个城市实时动态的交通拥堵信息。浮动车技术是获取道路交通信息的先进技术手段之一,这项技术的不断发展促进了智能交通系统建设与运行,反映了精益求精、矢志提升的"工匠精神",也体现了不断进步的交通科学对人们生活的改变。

接下来引出问题:定位系统如何实现浮动车信息采集?(第二问)浮动车技术依赖于定位系统的应用,其基本原理如下:根据装备车载 GPS 定位系统的浮动车在行驶过程中定期记录的车辆位置、方向和速度信息,应用地图匹配、路径推测等相关的计算模型和算法进行处理,可以将位置数据和城市道路在时间和空间上关联起来,最终得到浮动车所经过道路的车辆行驶速度以及道路的行车旅行时间等交通信息。

随后请同学们探究我国北斗卫星导航系统技术应用。可以看出,定位系统在交通信息采集中极为重要。我国着眼于国家安全和经济社会发展需要,自主建设运行北斗卫星导航系统。至 2020 年，北斗三号全球卫星导航系统已完成建设，向全球提供服务，并在交通运输、林业、渔业、救灾减灾、公共安全等领域得到广泛应用，产生了显著的社会效益和经济效益。2022 年 11 月，高德地图上线了北斗卫星定位查询系统，并全面推出了基于北斗卫星导航系统的一系列大众出行服务，将这一国家自主高精尖科技在民用出行领域普及，而以"北斗"命名也是我国传统文化焕发生机的体现，反映了新时代中国人民的文化自信。追求卓越是"工匠精神"的重要内涵之一。相比于 GPS 系统，北斗卫星导航系统具备更高的定位精度，同时将导航与通信能力融合得更充分。那么请同学们谈谈北斗卫星导航系统还具备其他的优势吗？北斗卫星导航系统的优势又将给浮动车技术带来怎样的改变？（第三问）

最后是技术创新应用：北斗卫星导航系统在其他基于空间定位的交通信息采集技术上的应用。创新是新时代"工匠精神"的灵魂。在浮动车技术这一典型的基于空间定位的交通信息采集技术之外，我们也有着其他基于空间定位的交通信息采集技术。在北斗卫星导航系统建立之后，这些信息采集技术是如何借助北斗卫星导航系统的独特优势创新发展的呢？而这些技术的发展又会给我国智能交通系统和经济社会带来怎样的发展呢？（第四问）请同学们谈谈对这些问题的认识。

3. 分析总结

智能交通系统课程中的信息采集与处理部分内容是从通过交通信息采集技术获取交通数据，通过交通数据处理技术对数据进行分析处理，最终到提高路网运行效率等实际应用。本案例通过"建立情境—引出问题—探究技术应用—技术创新应用"四个层次引导学生理解专业价值和交通信息采集中关键技术的重要性，塑造精益求精、追求卓越的"工匠精神"，突出培养创新能力，帮助学生掌握精湛技能，勇于承担社会责任和历史使命。

案例 3　城市交通供需关系
——透过现象看本质

【课程名称】智能交通系统。

【教学内容】城市交通供需关系与城市交通综合信息平台。

【案例意义】通过介绍当前我国城市交通问题产生的主要原因与对策，以及城市交通综合信息平台的功能与技术，培养学生透过现象看本质的思维方式，关注知识背后的基本问题、知识之间的逻辑关联和解决问题的思维过程，善于抓住主要矛盾，不只是停留在事物表面。

教学过程

1. 问题导入

近年来随着我国经济的快速发展，城市规模的不断扩大，机动化进程不断推进，交通活动日益频繁，城市道路交通量急剧增加，很多城市主干道交通需求超过道路通行能力，且供求缺口呈不断扩大态势，造成了严重的交通拥堵。产生交通拥堵的根本原因在于交通供求关系不平衡。基于此，什么是交通需求、交通供给？（第一问）

2. 讲授正文

首先从宏观层面分析城市交通需求供给关系。1933 年 8 月，《雅典宪章》提出了城市功能分区和以人为本的思想,明确了城市四大功能,即居住、工作、游憩、交通。交通是实现其他三大功能的支撑。目前我国正在实施中的国家发展战略,如新型城镇化发展战略、京津冀协同发展战略、长江经济带发展战略,均是以城市为节点、交通为依托的。《国家综合立体交通网规划纲要》指出,到21世纪中叶,我国要全面建成现代化高质量国家综合立体交通网,拥有世界一流的交通基础设施体系,交通运输供需有效平衡、服务优质均等、安全有力保障。这是我国城市交通"供给方面"。在快速城镇化大环境下,城市空间快速扩大、城市人口快速膨胀、交通需求快速上升。城镇化、机动化引发交通系统供需失衡,这是城市交通拥堵的成因。那么缓解交通拥堵的策略有哪些?(第二问)和学生一起从交通供给、交通需求及交通效率三个方面探讨交通供需平衡策略。缓解大城市交通拥堵的总体思路为建设公交主导型的城市交通系统,基本策略为城市综合交通系统的供需平衡(源头、远期为主)、城市综合交通体系的系统协同(过程、中期为主)、城市综合交通系统的效能提升(末端、近期为主)。策略的实施需要城市交通综合信息平台来辅助进行精准交通管控。然后,从微观角度阐述城市交通供给与需求。通过数学公式与线型图来表述交通供给、交通需求与均衡流量。为了了解公式的含义,引导学生思考假设供需关系变换后,供给与需求曲线的变化趋势,并以一个具体案例让学生运用公式计算均衡流量,进一步了解参数意义。

接下来继续提问:什么是交通综合信息平台?(第三问)交通综合信息平台又被称为交通共用信息平台,它通过整合交通运输信息资源,按照一定的标准完成多源异构数据的输入、存储、交换、分发,面向应用服务,从而实现跨部门信息的共享。平台功能的实现,需要哪些技术的支撑呢?(第四问)和学生一起分析ITS的需求,可以发现分布式并行计算技术可以解决计算的需求问题;通过多源信息融合技术可以对多个信息源获取的信息进行关联和组合,从而获得完整、准确、及时和有效的综合信息;云计算与云服务技术可以解决服务器数量多且庞大、存储空间紧张、电力能耗大、服务器平均利用率较低等问题。更重要的是,在大数据时代,交通信息平台将提供更多的支持智能移动设备的服务,包括交通流预测、实时交通诱导等服务。同时,交通信息的采集更加多元化,包括来自线圈、摄像头等固定检测器的道路监控信息,来自浮动车等移动检测器的GPS信息,来自用户手机的实时交通信息,来自交通管理部门的事故与违法信息等。

最后,请学生结合自身经历谈谈交通信息平台有什么类型的数据。(第五问)结合具体事例给学生列举交通信息平台可以提供的数据有城市社会经济数据(例如交通小区数据、人口分布数据、就业岗位分布、土地利用数据、机动车保有量),居民出行特征数据(例如居民出行特征调查数据、历史居民出行调查数据),综合交通网络数据(例如道路网络数据、公交网络数据、轨道网络数据等),让学生了解到交通信息平台的功能十分强大,激发学生的学习兴趣。

3. 分析总结

本案例通过第一问引出我国城市交通供需关系,城镇化、机动化引发交通系统供需失衡是城市交通拥堵的成因,从原因出发介绍缓解交通拥堵的策略(第二问),然后阐述城市交通综合信息平台的功能与技术(第三、四、五问)。透过现象看本质,就是在看待问题时,能够抓住事件背后的"根本性"运作逻辑,理解它真正的前因后果,而不是被这个事件的表象、无关要素等影响了判断。透过交通拥堵的现象深入分析问题产生的主要原因为交通系统供需失衡,从问题的根本成因探讨缓解交通拥堵的策略;透过城市交通综合信息平台强大的功能分析其技术需求,明确多种高新技术的融合才能提高交通管理的综合水平。

案例 4 城市交通管理系统
——以人为本

【课程名称】智能交通系统。

【教学内容】智能交通管控系统、智能公共交通系统、智慧收费系统。

【案例意义】通过理论与现实结合的方式，介绍智能交通管控系统、智能公共交通系统、智慧收费系统的基本定义、组成要素、运行方式及应用场景等；介绍建设智能交通系统的目的和智能交通系统的服务性质，帮助学生树立以人为本的智能交通系统设计理念。

教学过程

1. 问题导入

简单介绍智能交通管控系统、智能公共交通系统、智慧收费系统的建设背景。基于这些智能交通系统的名称和建设背景，它们可能应用在城市交通系统中的哪些场景？可以帮助解决哪些交通问题？（第一问）

2. 讲授正文

首先介绍智能交通管控系统的层次划分——包括支持平台层、数据服务层、应用层、用户终端层，并明确各层次的组成内容和作用；紧接着介绍交通信号控制系统的基本定义——交通信号控制系统是通过对路网中各个路口的信号灯进行智能控制，从而有效调节车流量，减少交通堵塞，缓解交通压力；并介绍交通信号控制系统的结构功能——单点信号控制、干道协调控制、区域协调控制。接下来提问：这些控制策略的适用场景是什么？具体管控起来的实施方案是什么？（第二问）通过和学生一起分析可以发现，单点信号控制适用于相邻交叉口间距较远等情形；干道协调控制适用于交通需求稳定、各交叉口关联紧密的主干道或快速路；区域协调控制是最高级的交通信号控制方式；特殊控制适用于公交信号优先控制、应急控制等情形。通过益阳市城区干道的"绿波"案例说明交通管控的作用和意义。随后结合生活实际介绍交通监控系统、交通诱导系统、城市交通管理和指挥调度系统等常见的交通管控系统，最后着重介绍智能交通信息服务系统。

接下来介绍智能公共交通系统。首先介绍先进的公共交通系统，随后介绍公共交通信息系统，然后介绍公共交通智能调度管理系统及智能调度模式，再进一步介绍公交优先系统的基本内涵，并提问：公交优先具体是指什么？可以从哪些维度进行公交优先？（第三问）给学生留下公交优先设计的基本印象。最后结合广州中山大道 BRT 的实际案例，介绍快速公交系统。

最后介绍智慧收费系统，并提问：我们生活中有哪些常见的智慧收费系统？（第四问）然后介绍 ETC 收费系统和基于 GPS 和 GIS 的收费系统，让学生知道其实智慧收费系统已经融入我们的日常生活之中。

3. 分析总结

本案例通过第一问引发学生思考，并给学生留下智能交通系统的基本印象，引发学生的好奇心，使得后续智能交通管控系统、智能公共交通系统、智慧收费系统的相关授课内容能够更加具有吸引力。结合实际的案例分析，并且通过第二、三、四问的思考，可以帮助学生确立解决交通问题的相关思路，并且认识到智能交通管控系统、智能公共交通系统、智慧收费系统的建设本质上都是以人的需求为出发点，以人为本，提高居民的出行效率和出行体验。

案例 5　汽车"新四化"
——争当复合型人才

【课程名称】智能交通系统。

【教学内容】汽车的发展。

【案例意义】从汽车的"新四化"介绍，拓展到学生学习的"新四化"，引导学生掌握主动学习的能力，开拓视野，面向行业发展，培养综合能力。

教学过程

1. 问题导入

智能交通系统是一门理论与实践并重的学科，往往涉及众多交叉学科，因此需要着重培养学生的系统性与创新性思维。以前的教学主要注重书本上的专业知识学习，现在更需要学生掌握各种技能。社会发展与科技进步越来越需要复合型人才，对学生的要求也越来越高。

回顾汽车发展的历史，可以发现交通工具随着科技的进步与人类需求的变化不断发展。基于此，在当今科技迅速发展，同时出现能源枯竭等问题的大背景下，设问："汽车作为日常生活中最常见的交通工具之一，目前正朝着哪些方向发展？"（第一问）

2. 讲授正文

通过第一问的引导，引发学生对汽车最新发展方向的思考，此处可以请学生回答，也可以在雨课堂等软件上布置问题。待学生完成回答后，通过总结大家的观点的方式，给出目前汽车的发展方向——"新四化"，即电动化、共享化、网联化、自动化。

进一步详细介绍汽车"新四化"的内涵与意义，着重强调目前研究较多的电动化、网联化与自动化。对于电动化，汽车的电子化事实上经历了四个阶段。第一阶段，工程师开发出了替代传统机械装置的电子产品，扩大了电子装置在汽车上的应用范围。第二阶段的主要表现为微处理器成为控制核心。第三阶段，微电脑取代了微处理器，初步实现了汽车从普通电子控制向现代电子控制技术的过渡。第四阶段则主要是开始应用 CAN 总线技术和高速车用微型电脑，汽车电子化开始进入智能化控制技术高点。此处可以设问："目前生活中常见的或者同学们所了解的正在研发中的汽车电子技术有哪些？"（第二问）可以请学生回答问题并举例，如电子手刹、全液晶仪表盘、电动门、自动头灯等，以激发学生对运载工具发展前沿的探讨与了解。此外，目前许多汽车公司都在研究电动汽车，这也是一个新兴的发展方向，可以让学生课后自行了解。

接下来对网联化进行介绍。引入汽车网联化的定义，即车联网布局，是以车内网、车际网和车载移动互联网为基础，按照约定的通信协议和数据交互标准，在车与X(X：车、路、行人及互联网等)之间，进行无线通信和信息交换的大系统网络。设问："汽车网联化中最重要的特征是什么？"(第三问)并让学生在雨课堂上进行回答，以此加深学生对于网联化的理解。网联化最重要的特征是车辆与交通数据信息共享，这些数据包括车辆数据、车载信息数据、服务数据、交通运行数据、车辆环境数据、行人位置数据、运输出行数据等。

在介绍网联化后，对自动化进一步解释说明。设问："汽车的自动化有什么意义？"(第四问)并让学生在雨课堂进行回答，在回答完毕后进行总结：汽车自动化的目的是全面改善汽车的行驶性能，提高汽车的安全性、舒适性和易操作性，它能够帮助保障汽车安全、降低肇事率、使操纵轻松自如、提高运行性能、节省能源、减少尾气排放等。目前，自动化已经涉及发动机、变速器、制动系统、防滑系统等方方面面。此外，共享汽车在日常生活中已经较为常见，如何推广共享汽车成为一个新的研究方向。

在讲解这些内容后，对汽车"新四化"进行总结。可以发现，随着科技进步，人类对汽车的要求越来越高，汽车也正朝着复合化、多元化方向发展。同样的，社会目前对复合型人才的需求也越来越大。只有一个方面的能力突出已经不足以应对新时代的挑战，学生需要发展自己的各方面能力并勇于走出舒适圈，去面对更多未知的可能，以自我的能力为底气创造属于自己的人生。

3. 分析总结

本案例主要讲述汽车"新四化"的具体含义，并从汽车发展史入手，进一步拓展至当今社会对复合型人才的需求。当前，科学技术发展迅猛，大数据、人工智能、车联网、深度学习等技术如雨后春笋般涌现。这些新兴技术对于汽车的发展与进步有着重要意义，如何逐步实现传统运载工具与新兴科技的结合是当下需要重点考虑的问题，这也是复合型人才应当具备的能力。汽车的"新四化"在一定程度上是社会科学技术发展的缩影。对于学生而言，进入新时代，一系列重大科学技术问题亟待解决，高校、企业及科研机构对人才的选拔越来越严格，复合型人才将越来越受欢迎。

案例6 从流水线生产迁移到汽车的生产
——迁移能力在创新中的重要作用

【课程名称】智能交通系统。
【教学内容】汽车的发展。
【案例意义】通过本节课程学习，引导学生培养自身的迁移能力，学会举一反三，在迁移中实现创新。

教学过程

1. 问题导入

在交通领域乃至人类发展历史上，汽车的发明无疑是具有里程碑意义的。设问："请同学

们思考一下，汽车的发明与发展过程中经历了哪几个阶段呢？"(第一问)

2. 讲授正文

通过第一问的引导，引入对汽车发展史的介绍。汽车发展史上共有四个有较大意义的转折点：①第二次工业革命期间，德国工程师尼古拉斯·奥托成功试制出立式四冲程内燃机，为汽车的发明奠定了基础。②1885 年，卡尔·本茨成功研制出以汽油机为动力的三轮车。③在之后的一年内，戴姆勒发明世界上第一辆四轮汽车。④汽车开始"进化"并大批量生产。

接下来对汽车发展过程进行总结。在这一过程中不断有人创新，也有人站在"巨人"的肩膀上看世界——将已有的发明融合在新兴的技术中，并设问："在汽车发展史中，同学能否举例说明哪些突破属于技术创新，哪些属于技术迁移？"(第二问)此处可以请学生课堂回答，也可以在雨课堂等软件上布置问题。待学生完成回答后，总结并分析学生的答案，同时给出实际案例。例如，福特公司将泰勒流水生产线技术运用到汽车生产上，这一借用前人发明的技术优化现有方案的方式实际上就属于技术迁移，这一技术将组装一辆汽车的时间由 750 min 缩短为 93 min，大大提高了生产效率；而尼古拉斯·奥托研制出内燃机则属于技术创新，创造出了前人没有发明过的事物。

接着设问："请同学们接着思考一下，在现实生活中我们有哪迁移能力的应用？"(第三问)并邀请学生回答问题。在学生回答完毕后，给出迁移能力的定义：迁移能力实际上是一种学习对另一种学习的影响，利用已有技术解决新的问题，本质上也是迁移能力的体现。同时，对学生的回答进行总结：在现实生活中，大家对迁移能力的运用也随处可见，小到将数学课程中的发散思维运用在智能交通系统中，大到将科研思维运用在未来工作中。我们有时候可能会惊奇地发现，同一公司同一岗位的人才，有些人跨界换一份工作之后依旧做得非常精彩，例如任正非在深圳南海石油后勤服务基地工作不顺后转而建立了华为这一全球领先的信息与通信技术解决方案供应商。

进一步强调迁移能力的重要性。交通运输作为一门交叉学科，其知识与内容多且杂，如何将各门学科融会贯通是学生与老师都需要思考的问题。不难发现，迁移对提高解决问题的能力具有直接的促进作用，可以让我们在有限的时间内学得更快、更好，事半功倍。

最后强调如何培养学生的迁移能力。首先，要培养学生的逻辑思维，尽可能发展透过现象看本质的能力，这是可以通过日常训练得来的。其次，要学会让学生用问题解决问题。提出一个好的假设或问题，会比想一堆无用的答案更有效率，因为问题会指引方向，帮助学生得到反馈，从而更好地找到答案，解决问题。最后，遇到一个问题，可以引导学生设法调用原有知识来解决，如果原有知识解决不了，再去学习新知识解决。在解决完问题后，再去将知识抽象化。

3. 分析总结

本案例通过第一问引入汽车发展史，在介绍汽车发展历程的同时强调迁移能力的重要性。从流水线生产迁移到汽车的生产，这事实上是一种举一反三、触类旁通的能力，是将已有技术迁移的能力，是学以致用、快速而高效地解决问题的能力。这种新旧学习之间的相互影响就是学习的迁移，迁移的过程也就是洞悉本质的过程。

案例7　智慧高速公路监控系统
——安全观的培养

【课程名称】智能交通系统。

【教学内容】智慧高速公路监控系统。

【案例意义】从交通事件的不确定性引申至人生的不确定性，培养安全观。

教学过程

1.问题导入

问：我国高速公路监控系统的发展现状如何？存在什么问题？

2.讲授正文

(1)针对以上问题，应采取怎样的措施？由此引入高速公路智能监控系统。

高速公路智能监控系统以智能监控箱为核心，在现场安装高清网络摄像机、智能分析设备、大屏幕、语音对讲系统、环境气象传感器等，通过对通行路段的交通流量监测、运行状况监视、环境气象监测等，充分发挥高速公路方便、快捷、安全的特点。高速公路监控系统是将先进的信息技术、数据通信传输技术、电子控制技术及计算机处理技术等综合运用于地面运输管理体系，从而建立起的一种在大范围内全方位发挥作用，实时、准确、高效的公路运输综合管理系统。高速公路应用监控系统对高速公路进行全面的监视和控制，对高速公路的正常运行和发挥其效益起着极为重要的作用。

(2)智慧高速公路监控系统的监控即监视与控制，其具体分别指什么？有什么作用？

所谓监视，就是指利用路面、路旁的数据采集、检测设备和人工观察，对道路交通状况、路面状况、天气状况和设备工作状况等进行实时观察和测量，并通过通信系统传送至监控中心。所谓控制，就是依据监视所得到的各种数据，按照一定的模式进行分析、判断和决策，并将最终的决策结果和下达的控制命令通过通信系统传送到信息发布设备(可变情报板和可变限速情报板)、收费口控制设备或匝道控制设备，以促进行车安全，提高行车效率；对引起延误的事件，迅速响应，提供紧急服务，快速排除事件，把事件引起的延误控制到最小值，从而提高交通效率，减少交通事故的发生。

(3)交通事故的发生具有很大的不确定性。其不确定性的主观原因可控，由交通监控系统的作用引申至交通安全意识，要牢牢树立安全观。

从主观原因来看，包括违反规定、疏忽大意、操作技术等方面的错误行为。从客观原因来看，包括车辆、道路、环境条件(包括气候、水文等)不利因素。我们探讨交通问题，发展交通事业，安全是不得不提的一环。交通安全关乎生命，生命没有彩排。交通监控系统从安全和效益出发，本质是为居民出行服务的。除了便于对高速公路的管控外，更重要的是要警示，督促交通参与者的行为，保证行车安全，做到快速有效地清除高速公路上可能存在的危险，防患于未然；而对于已发生的交通事故，交通监控系统也能为车辆故障与事故求援提供指导和帮助。

行车道路环境、社会环境和气候环境等因素都不是个人所能改变的，只有适应环境，融于其中，未雨绸缪，才能避免和环境发生冲突，尽可能减少事故发生。对于个人，应做到谨慎、小心驾驶，严格遵守道路交通安全管理规定，杜绝酒后驾驶、疲劳驾驶、超速行驶及强行会车等严重交通违规行为，培养良好的安全观。

3.分析总结

交通监控是对高速公路交通的运行状况、交通设施和交通环境的监测，对交通流行为的控制。其首要目的是保证行车安全和道路畅通，再进一步实现高速环保等其他目标；根据交通流、气候、路况及随时可能发生的意外情况，对车流进行实时指挥、及时监测，发现、疏导、处理异常事件和缓解交通拥挤。交通事件具有极大的不确定性，千里之堤，溃于蚁穴！警惕与安全共存，麻痹与事故相连。作为交通参与者的我们，应牢牢树立交通安全意识，培养良好的安全观，减少主观因素错误，防患于未然。

案例8　汽车信息安全问题
——培养信息安全观，建立国家与个人信息防护盾

【课程名称】智能交通系统。
【教学内容】智慧高速公路信息服务系统。
【案例意义】从交通信息的重要性拓展到信息安全的重要性。

教学过程

1.问题导入

问：请同学们思考，当前建设智慧高速公路系统的基础是什么？（引入交通信息的重要性）

2.讲授正文

（1）介绍智慧高速公路信息服务系统，基于 GIS 的高速公路交通管理数据集成平台具有什么作用？

基于 GIS 的高速公路交通管理数据集成平台是一个拥有交通信息数据库、集成智能感知系统和智慧管控系统并可实现 GIS 空间分析及可视化功能的平台。其设计旨在满足高速公路交通管理部门需求，采用 GIS 技术完善高速公路交通管理信息框架，并以缓解高速公路交通拥堵和提高交通管理现代化、信息化水平为直接目的，最终实现高速公路交通管理系统的智能化。该信息平台大大提高了信息化、智能化程度，提高了数据的集成度，对空间数据的管理更加方便、数据结构更为合理，并增加了对动态数据的存储、处理和显示功能，提供了更多专业的管理与分析模块，程序模块封装好，数据传输安全。其设计既可以满足交通管理与分析的需求，又在数据存储和显示上远远优于非基于 GIS 的智能交通系统，在高速公路交通智能化管理技术应用中具有明显的优势。

（2）思考高速公路交通管理数据平台都包含哪些数据？

该信息平台的主要数据类型是道路数据（路网节点属性、路段属性、重点设施信息）、执

法数据(历年违规数据、历年事故数据)、车辆数据(车流构成数据、车流特征数据、重点监控车辆)、环境数据(沿线天气数据、沿线地理数据)。

(3)智慧高速建设的基础是数字化、信息化。交通信息为什么十分重要？同时引入信息安全的重要性。

交通信息是交通规划和交通管理的重要基础信息，通过全面、丰富、实时的交通信息不仅可以掌握高速公路的发展现状，还可以实现对未来交通发展趋势的促进作用，并可以作为交通规划部门及交通管理局管制路网的可靠依据证明。智能交通系统涉及多个单位和部门，这些单位和部门都有自身的信息采集、处理和应用系统，也就是一个个相对独立的信息孤岛，而交通行为控制对信息的最重要的要求是将这些信息孤岛联系起来，实现信息在整个系统乃至全社会范围内的共享。

信息是智能交通系统中的核心资源，如果缺乏有效的安全保护机制，在受到攻击时将导致信息系统崩溃或是在不法分子控制下被恶意操作，造成交通拥堵频发和大量的交通事故，给社会及广大交通系统用户带来巨大损失。随着数字化的普及，数据"安全战"也变得刻不容缓。

(4)由交通信息安全引入特斯拉汽车信息安全问题案例。

随着特斯拉采集图像暴露隐私、滴滴赴美 IPO 打包数据交给美国政府消息的先后传出，数据安全再次被放到了一个新的战略高度。随着智能汽车及自动驾驶功能在中国的普及，特斯拉收集的大量车辆及道路数据如何处理和保障信息安全的问题成为业内关注的焦点。在2021 年世界互联网大会上，特斯拉将其自身的数据架构和数据安全设置当成重点内容进行展示。特斯拉汽车会产生以下四类数据：一是与车辆使用、操作和状况有关的车辆数据；二是车载触摸屏使用的信息娱乐系统数据；三是诊断数据；四是 Autopilot 自动辅助驾驶数据。

数据安全是智能联网汽车成功的关键，它不仅与个人利益密切相关，同时和整个社会利益息息相关。目前特斯拉已在中国建立数据中心，所有中国业务所产生的所有数据，包括生产数据、销售数据、服务数据和充电数据等，完全存储在中国境内，同时通过数据加密、鉴权、访问控制等技术手段确保存储安全。

3.分析总结

智慧高速公路系统是一种面向高速公路运营与管理的智慧化物理信息系统，具备高精度的交通信息感知能力、高可靠的信息交互能力、强大的端边云计算能力和自主决策、运行管理及控制能力。智慧高速公路系统采用先进的多传感器融合技术实现高速公路运行状态全息感知，基于车联网无线通信和新一代互联网等技术，充分实现人-车-路的高效协同，从而保障高速公路的运行与管理更加安全、高效、环保，且让出行者具有更加舒适、便捷的体验感。与此同时，不可忽视的一点是，智慧高速公路系统也应基于用户自身信息安全来考量，以实现效率与信息安全最优化为目标，通过与监管机构通力合作，寻找保障数据安全的最佳解决方案。

当今社会，信息技术飞速发展，各种信息在互联网上如天上的星斗一般。信息在 21 世纪是非常重要的资产，信息的收集与处理可以为各大公司带来巨大的收益。这就导致一些机构不遗余力地榨取用户的每一份信息，更有甚者利用法律上的"灰色地带"来非法获取用户个人信息。如果个人数据落到坏人手中，则可能会给我们带来巨大的伤害，包括财产、人身和精神方面。我们个人的信息安全就如同我们的健康一样，是至关重要的，我们必须重视个人信息安全，严把信息安全大门，防患于未然。

4

城市综合交通枢纽

教学内容和思政融合设计

序号	教学内容	思政映射与融入点	编者
1	知识点：城市群与交通枢纽	案例1：城市群与交通枢纽——从供需关系看国家发展战略与交通的紧密关系	岑学楷
2	知识点：高铁发展与交通枢纽	案例2：高铁发展与交通枢纽——从铁路运输发展认识交通强国建设	岑学楷
3	知识点：虹桥综合交通枢纽建设的经验总结	案例3：虹桥综合交通枢纽建设——系统思维的运用	岑学楷
4	知识点：BRT专题研讨	案例4：广州BRT——长远规划思维的运用	岑学楷

案例1 城市群与交通枢纽
——从供需关系看国家发展战略与交通的紧密关系

【课程名称】城市综合交通枢纽。

【教学内容】城市群与交通枢纽。

【案例意义】从我国正在发展的四大城市群出发，介绍京津冀协同发展及长江经济带发展、粤港澳大湾区建设这几大战略的基本背景与内容，促使学生了解国家战略发展方向。

教学过程

1. 问题导入

介绍四大国际性综合交通枢纽集群，包括京津冀城市群、长三角城市群、大湾区城市群和成渝城市群的区位、经济实力、产业实力等背景信息，展现其在国家综合交通体系中的意义和作用。《"十四五"现代综合交通运输体系发展规划》的出台，让中国交通枢纽城市格局日益清晰，对城市及城市群未来的发展格局具有特殊意义。国家制定了哪些相关战略？

2. 讲授正文

首先，向学生介绍国家发展战略的背景及相关政策："十四五"规划和2035年远景目标纲要当中提到以促进城市群发展为抓手，全面形成"两横三纵"城镇化战略格局；与此同时，还确立了六大国家发展战略，即京津冀协同发展、长江经济带发展、长三角一体化发展、黄河流域生态保护与高质量发展、粤港澳大湾区建设、海南全面深化改革开放。随着这些国家发展战略的相继落地，城市群发展对于中国未来发展的重要性不言而喻。引导学生关注国家发展战略与城市群发展的对应关系，使其认识到国家发展战略对促进产业合理布局、推动区域经济增长、资源有效分配与利用等方面具有举足轻重的影响力，相关内容的介绍主要以图片的方式呈现，此外再播放较简短的相关视频。

其次，结合提供的四大城市群和国家发展战略的背景信息，引导学生分析与讨论几大城市群的主要作用。作为先进的空间组织形态，城市群是推动经济增长、提升国家核心竞争力的核心力量，根据城市所处的地理位置与各自优势和特征，城市群对城市群内部、国家乃至世界发挥了怎样的作用？城市群内部各个城市之间人才、教育、医疗等资源在更大范围内流动与增长，交通发展对于构建紧密连接的经济网络不可或缺，分析城市群内部融合发展的不断推进与交通的内在关联。除课堂讨论和分享外，引导学生对有疑问的地方提出问题，并就几大战略可能存在的挑战向学生提问。

最后，阐述粤港澳大湾区建设带来的革命性变化，使学生有更加清晰的、切身的体会。谈及城市群的竞争力，科技是最常提起的观察指标之一，积极稳妥推进粤港澳大湾区建设中也提及完善广深港、广珠澳科技创新走廊和深港河套、粤澳横琴科技创新极点"两廊两点"架构体系，推进综合性国家科学中心建设，便利创新要素跨境流动，推动科技聚落形成。使学生了解到我国城市群核心城市与世界五大城市群核心城市的差距，科技创新对城市群向高质量发展的重要作用。

3. 分析总结

案例讲授、分析过程中，学生对我国的几大城市群均略有耳闻，所以在讲授过程中，学生赞同、认可、心领神会的时刻是比较多的。整个案例在内容的丰富程度和趣味性上需要进一步提升，以提高学生对案例的关注度与参与度。

案例 2　高铁发展与交通枢纽
——从铁路运输发展认识交通强国建设

【课程名称】城市综合交通枢纽。

【教学内容】高铁发展与交通枢纽。

【案例意义】党的十八大以来，我国铁路建设水平取得了历史性成就。本案例从"不断扩大的路网水平""走在前沿的科技创新""互联互通的铁路网络"及"学习铁路行业先进人物"四个角度进行介绍，采用翻转课堂教学，让课堂更具有亲和力，通过师生互动、生生互动，将专业知识和课程思政有机统一,在专业课讲授中,潜移默化地融入课程思政要素,完成思政教学目标,激发学生的担当意识和爱国情怀,对树立学生正确的人生观和价值观起到引领作用。

┌ **教学过程** ┐

1. 问题导入

引入最新交通线网和通道规划政策和文件,使学生了解中长期铁路网规划,推动共建丝绸之路经济带和 21 世纪海上丝绸之路的愿景与行动。介绍《中欧班列建设发展规划(2016—2020 年)》《西部陆海新通道总体规划》《交通强国建设纲要》《长江干线过江通道布局规划(2020—2035 年)》《国家综合立体交通网规划纲要》等文件,通过国家最新规划与政策的介绍,使学生把握国内近年来线网与通道规划状况与趋势。提问:我国"八纵八横"高铁网是哪些线路?

2. 讲授正文

首先对我国铁路运输发展的艰辛历史进行介绍,激发学生的爱国情怀和使命担当,如在铁路工程师詹天佑亲自设计和主持下,我国自行设计和修建了第一条铁路——京张铁路;再到孙中山先生《建国方略》中对中国铁路网络提出的一系列构想。然后介绍我国经过不断改革创新,铁路运输所取得的世界瞩目的伟大成就,例如"高铁名片""中欧班列",能够很好地激发学生的民族自豪感与民族自信心。相关内容的介绍主要以图片的方式呈现,此外再播放较简短的相关视频。

接着重点讲授党的十八大以后中国铁路建设取得的傲人成绩。本案例从"不断扩大的路网水平""走在前沿的科技创新""互联互通的铁路网络"及"学习铁路行业先进人物"四个角度进行介绍。截至 2022 年,我国铁路营业里程达 15.5 万 km,其中高铁 4.2 万 km,公路通车里程达 535 万 km,在短短 30 年内翻了近 5 倍,并且建造了世界上最大的高速公路网络;中国民航颁证 238 座机场,运行超过 350 万个航班,编织起世界第二大航空网络;我国超过 3 万 km 的海岸线上,7 个港口货物吞吐量可排名世界前十。城市综合交通枢纽正是在党和国家的领导下,凭借着中国特色社会主义制度的优越性,集中力量办大事,才能取得如此举世瞩目、其他国家无法达成的成就,使天堑变为通途,创造着一个又一个奇迹。在新时代背景下,交通人要更加坚定道路自信、理论自信、制度自信、文化自信,同时也要提升行业认同感,本着高度的社会责任感与职业道德,凭借扎实的工程知识,助力交通强国建设。除课堂讨论和分享外,引导学生对有疑问的地方提出问题,并就中国铁路建设未来可能存在的挑战向学生提问。

之后总结中国高铁发展迅速的主要原因在于坚持科技创新,把握进步方向。党的十八大以来提出实施创新驱动发展战略,强调科技创新是提高社会生产力和综合国力的战略支撑。回顾人类发展历史,科技革命对于交通运输业的作用是极其重要的。18 世纪,英国人瓦特发明的改良蒸汽机标志着第一次工业革命的诞生,此后社会生产力、近代工业及交通运输业得到了快速发展,1825 年世界上最早的铁路在英国建成,并迅速在全世界范围推广,交通运输业步入长达近百年的铁路时代。1840—1930 年,以电气化为标志的第二次工业革命诞生,世界各国工业化水平、生产力及运输规模得到显著提升,铁路运输网络的构建使得客货运输更为便捷,铁路运输成为陆上运输主要方式。1950 年至 21 世纪初,以原子能、电子计算机、空间技术和生物工程的发明与应用为主要标志的第三次工业革命，极大促进了社会生产结构变革，第三产业比重逐步上升，城市化进程及公路运输高速发展，公路运输系统日趋完善。同时，喷气式飞机推动民航运输快速发展，高速铁路及城市轨道交通快速发展，使铁路运输在综合运输体系中的比重逐渐下降。当前，世界正处于第四次工业革命（工业4.0）时期，以"多种技术集成发展"为特征，物联网、大数据、人工智能等多种技术相互融合创造了一场智能化、信息化革命，对城市综合交通枢纽等均产生了深刻的影响。

最后在教学过程中向学生介绍茅以升、杨连弟、王凤莲等"共和国铁路楷模"，讲述他们的英雄事迹，鼓励学生学习他们不畏艰险、勇于开拓、攻坚克难的精神，加强学生的品德教育，进一步培养学生的拼搏精神、探索精神和创新精神。

3.分析总结

案例讲授、分析过程中，学生对国家交通运输发展取得的成就及未来发展趋势、交通运输事业发展过程中的突出人物与事件都有基本的了解。在案例节内容教学过程中，通过引入相关内容，极易引起学生的共鸣，激发学生对国家发展、交通运输事业发展的自信。

案例3　虹桥综合交通枢纽建设
——系统思维的运用

【课程名称】城市综合交通枢纽。

【教学内容】虹桥综合交通枢纽建设的经验总结。

【案例意义】通过对虹桥综合交通枢纽规划、建设历程的回顾，引导学生对综合交通枢纽有进一步的理解和思考，并对虹桥综合交通枢纽建设的经验进行总结，进而引出系统思维的重要思维模式，做好顶层设计、统筹规划，促使学生学习、领悟系统思维的意义。

教学过程

1.问题导入

虹桥综合交通枢纽始建于2006年，位于上海中心城区的西部，是世界上首个集国际机场、高速铁路、高速公路、城际及城市轨道交通、市内公共交通（公共汽车、出租车）等于一体的综合性交通枢纽，年客流量突破4亿人次，是世界上最大的交通枢纽之一。经过多年的努力，"大虹桥"的建设取得了令人瞩目的成效，成为各地竞相学习的样板。早在2015年，武汉就提出围绕天河机场建设综合交通枢纽，打造"汉版虹桥模式"。南通、宁波、温州、青岛等地也纷纷提出要结合机场、高铁站等建设，谋划打造自己的"虹桥"。总的来看，这些地方的"虹桥"应该是虹桥综合交通枢纽和虹桥商务区的概念，我们姑且称之为"大虹桥"，目标是围绕建设空铁综合枢纽，打造区域性的商务中心和城市新增长极。那么，是不是"航空+轨道=大虹桥"？在借鉴"大虹桥"模式时要克服哪些不足？

2.讲授正文

（1）引导学生深刻理解"大虹桥"诞生、发展的基础。从"大虹桥"的发展历程来看，其成长有三个方面的基础。

第一，流——综合交通的基础。"大虹桥"的诞生基础是综合交通，特别是在高速铁路进入商业应用的起步期。2003年京沪高铁列入国家高铁工程计划，2006年上海市确定在虹桥机场西侧建设虹桥综合交通枢纽，将虹桥新航站楼、京沪高速轨道交通、长三角高速城际线以及城市公交系统有机结合起来。正是有了综合交通的基础，虹桥综合交通枢纽才得以吸引超过4亿人次的年客流量，虹桥商务区才得以奠定"大交通"的功能基础。随着干线铁路、城际铁路、市域(郊)铁路、城市轨道交通"四网融合"的深化，一些大城市、特大城市逐步具备了打造"机场+高铁"或"航空+轨道"的综合交通枢纽基础。

第二，留——功能平台的基础。"大虹桥"发端于"大交通"，但绝不仅仅局限于交通枢纽，也不仅仅定位于城市新区或者开发区，而是要成为上海建设全球城市的核心功能承载区。因此在产生"流"的同时，"大虹桥"进一步考虑如何打造核心功能，实现从"流"到"留"，其中功能平台至关重要。2011年，商务部与上海市决定开展部市合作，共同建设一个大型会展综合体，最终选址落在了西虹桥商务区，也就是今天的国家会展中心(上海)。作为世界上最大的单体建筑和会展综合体，该项目成为"大虹桥"跨越式发展的"引爆点"，特别是成为中国国际进口博览会的举办地之后，带动了国家会展中心(上海)从"大会展"功能向"国际商贸"功能的跃升。

第三，融——一体发展的基础。"大虹桥"的发展从来不是上海自己单打独斗，而是充分融入了长三角一体化的发展进程。背靠上海全球城市建设，面向长三角广阔腹地，以虹桥商务区特别是虹桥综合交通枢纽为"大地原点"，以各地到达"大虹桥"的时间距离为参照，基本上形成了长三角城市群的"坐标体系"，并且形成了频繁而稳定的联系。

(2)引导学生思考虹桥综合交通枢纽尚未完善的方面或者功能设施。比如，要努力克服交通混流的不足。在铁路交通方面，如前所述，虹桥火车站的长距离出行流与短距离通勤流混杂。大数据分析显示，作为"巨无霸"车站，平均站内驻留时间控制在30 min以内的旅客人群比例不足1/4，拉长了都市圈内部的通勤时间距离。又如，要努力克服空间利用的不足。像枢纽拓展空间的限制，由于交通枢纽周边多为建成区，加上地价升值带来机会成本的增加，导致"大虹桥"没有充足的空间实现高铁站与城际站的分设，虹桥机场第三跑道项目也迟迟不能落地。

(3)引导学生对虹桥综合交通枢纽的建设经验进行思考和总结。其中最关键的是做好顶层设计、统筹规划、统一思想。综合交通枢纽的建设涉及的交通方式多样，投资主体多，因此做好顶层设计、统筹规划、统一思想就显得尤为重要。虹桥综合交通枢纽规划与建设的参与主体较多，投资方众多，建设和运营标准不一，管理界面交叉，涉及各方的权利和经济利益，组织协调的难度很大。基于此，国家发展改革委提出"以人为本，方便旅客，确保整体社会经济效益最大化"的原则性要求，经过深入研究和反复协商，最后多方达成核心共识，以"不断满足人民群众日益增长的美好生活对交通的需求"和"人民航空为人民"为宗旨，在设计、建设、运营三个阶段广泛开展协同，力争实现整体社会经济效益的最大化。

3.分析总结

案例讲授、分析过程中，学生对虹桥综合交通枢纽的历史较为熟悉，但其暗含的系统思维方式容易被忽视，需要老师进一步讲解说明，通过案例分析加深学生对综合交通枢纽的认识理解，引发学生对事物发展背后规律的思考。

案例4　广州 BRT
——长远规划思维的运用

【课程名称】城市综合交通枢纽。

【教学内容】BRT 专题研讨。

【案例意义】从快速公交的概念出发，以广州市中山大道快速公交系统(BRT)为案例，系统全面介绍快速公交的国内发展现状，最后对该案例的成功机制进行总结分析，促使学生了解国家公交战略发展方向，引导学生养成系统思维和长远规划思维。

教学过程

1. 问题导入

向学生介绍 BRT 是利用改良型的公交车辆，运营在公共交通专用道路上，既保持轨道交通特性，同时又具备普通公交灵活性的一种大容量、便利、快速的公共交通方式。它是由快速公交车站、快速公交车、服务、营运方式、智能公交系统(ITS)等元素集成的系统。快速公交系统主要有以下七个组成部分：专用行车道、车站与枢纽、特色车辆、线路、收费系统、智能交通系统、服务。这七个部分组合在一起形成了完整的方便乘客、提高时效的快速公交系统，由此引导学生思考国家出台了哪些相关战略措施促进公交发展。

2. 讲授正文

首先，向学生介绍近年来智慧公交市场发展受到了国家的大力扶持。2016—2020 年，《推进"互联网+"便捷交通　促进智能交通发展的实施方案》《推进智慧交通发展行动计划(2017—2020 年)》《"十三五"现代综合交通运输体系发展规划》《交通运输部关于推动交通运输领域新型基础设施建设的指导意见》等政策的陆续出台，为智慧公交行业提供了良好的发展环境。相关内容的介绍主要以图片的方式呈现，同时播放较简短的视频。

其次，以广州市中山大道快速公交系统为例介绍典型 BRT 的成功范例。作为世界上第二大、亚洲第一大快速公交系统，广州市中山大道 BRT 创新性地使用了"专用走廊+灵活线路"的运营模式，实现地面公交快速化及与社会车辆的逐步隔离化，既有类似地铁系统的大运力，又保留了公交系统灵活性的特点。其有效整合了超过 80 条公交线路，建成后实现了公交和社会车辆各行其道，实现了公交和社会车辆的双赢，提速明显。车站设计模块灵活组合，车站系统及控制中心系统智能化，BRT 智能监控系统功能已达 86 项，且整合了 BRT 干线走廊相交道路的普通公交线路联合调度，力求最大化保证专用道公交运输效率，是目前国内功能最全、最复杂和最先进的 BRT 调度系统；照明系统节能环保。除课堂讨论和分享外，还要引导学生对有疑问的地方提出问题，并就 BRT 未来发展可能存在的挑战向学生提问。

最后，引导学生思考广州 BRT 建设经验。第一，广州 BRT 不仅是一项交通改善项目，更为城市的综合改造提供了契机，这体现了政府的长远规划目标。BRT 与道路的综合景观整治、升级改造，行人公共空间等整合在一起，使城市景观得到整体提升。中山大道 BRT 也是世界上第一个与轨道进行直接整合的 BRT，实现了 BRT 与轨道网络的互补。第二，该系统以实现社会效益最大化为目标，其的成功实施对于改善交通条件、方便市民出行具有重要意义。该工程实施后大大改善了公共交通系统的服务水平，缩短了乘客出行时间，全年节省乘客时间高达 3000 万小时，直接社会经济效益超过 8 亿元人民币，并通过改善交通秩序实现了公交车和社会车辆的双赢。其他建设经验后续让学生继续回答补充。

3. 分析总结

以广州市中山大道快速公交系统作为经典案例，向学生系统全面介绍快速公交的概念、发展历史以及国内发展现状，深化学生对课本内容以及实际案例的理解感悟，并逐步引导学生总结、思考该系统发展的经验启示。整个案例在内容的丰富程度和趣味性上需要进一步提升，以提高学生对案例的关注度与参与度。

5

交通运输系统工程

教学内容和思政融合设计

序号	教学内容	思政映射与融入点	编者
1	知识点：绪论	案例1：概述——运用系统观指导学习和工作	李夏苗
2	知识点：系统学基本概念	案例2：中国系统科学与系统工程的奠基人钱学森——培养爱国情怀	李夏苗
3	知识点：预测原理与铁路客货运量预测	案例3：铁路客货运量预测——马克思主义哲学是预测理论的基础	李夏苗
4	知识点：交通运输系统演化特征与规律	案例4：交通运输系统演化特征与规律——国家交通强国战略	李夏苗

案例1 概述
——运用系统观指导学习和工作

【课程名称】交通运输系统工程。

【教学内容】绪论。

【案例意义】通过对交通运输系统工程内涵的解析，让学生深刻理解交通运输系统工程的价值，自觉提高学习系统科学与系统工程的积极性。

教学过程

1. 问题导入

同学们已是大四的学生，学过很多课程，自然会问：交通运输系统工程学些什么内容，有什么用？

2.讲授正文

党的十八大以来，习近平总书记多次强调各级领导干部要努力学习掌握科学的思维方法，用辩证思维、系统思维、战略思维、法治思维、底线思维和精准思维等科学思维方法保证各项改革顺利推进。习近平总书记指出："系统观念是具有基础性的思想和工作方法。"全面建成小康社会后，我们将开启全面建设社会主义现代化国家新征程，我国发展环境面临深刻变化，发展不平衡不充分问题仍然突出，经济社会发展中矛盾错综复杂，必须从系统观念出发加以谋划和解决，"十四五"时期经济社会发展必须遵循坚持系统观念的原则。系统观念是唯物辩证法的基本方法，是中国共产党人长期实践所得，也是我们党领导革命、建设和改革的重要思想方法、工作方法和领导方法，必须长期坚持并不断发展。

什么是系统思维、系统观念？什么是系统？它们重要吗？

系统、系统观念、系统思维等是系统科学与系统工程的理论与方法，系统思维的作用大到解决党和国家大事，中到各种工程领域，小到你身边的琐事，只要你能有效运用系统科学与系统工程理论与方法，就能更好地解决各种问题与困难，而不用它你就可能解决不好这些问题与困难（结合一些案例说明）。中国社会与经济的发展，一定程度上讲，是在马克思主义思想指导下成功运用系统科学与系统工程的成果，我们所看到的改革开放经济的发展、航天事业的发展、教育的发展、交通运输的发展等，不仅是系统科学与系统工程的成功应用，同时也推动了其发展。

什么是系统科学与系统工程？

人类的文明历史是一个通过奇妙方式做出惊人发现和发明的历史。人类在不断地揭示大自然的种种奥秘的同时，也在创造一个日新月异的文明世界。在历史的创造过程中，随着科学技术的发展与革命，以及文明世界的丰富与发达，人类的思维方式和人类本身一样经历了一个由低级向高级发展的复杂的过程，即由远古混沌的整体性思维—古代朴素的整体性思维—近代机械的整体性思维—19世纪下半叶产生的辩证的系统整体性思维，由定性思维—定量思维—定性思维，由朴素模糊性思维—近代精确性思维—现代科学模糊性思维，由机械决定论思维—非决定论思维—辩证决定论思维这样一个曲折发展的过程，从而到了现代高度发展的阶段。自20世纪40年代一般系统论产生后，逐渐发展起来的系统科学使当代科学思维方式发生了革命性转变，现代系统思维方式继承发展了辩证整体性思维方式。从理论上全面学习系统科学理论，掌握和自觉运用现代系统思维方式，对当代人进行具有创造性与创新性的活动有着十分重要的意义。

系统科学是以系统及其机理为对象，研究系统的类型、一般性质和运动规律的科学，包括系统论、信息论、控制论等基础理论，以及自组织理论和复杂系统理论。系统工程是以系统性的工程对象为背景，研究解决现实复杂工程问题的理论与方法等，一般意义上的系统工程是具有通用性的理论与方法，现实世界中的工程对象性质千差万别，随着各种工程实践与工程理论的发展，相应地发展出了面向不同工程对象的系统工程，如航天航空系统工程、交通运输系统工程、水利系统工程等。系统科学是现代科学技术向系统的多样化、复杂化发展的必然产物。它与以往的结构科学（以研究"事物"为中心）、演化科学（以研究"过程"为中心）不同，具有横断科学的性质，涉及许多学科研究对象中某些共同的方面。它在现代科学技术和哲学、社会科学的发展中具有十分重要的意义，为人们认识世界和改造世界提供了富有成效的、现代化的"新工具"。

交通运输系统经历了从简单到复杂的发展过程，现代交通运输系统是一个典型、复杂的开放系统。它的规划与设计、经营与管理、发展与创新等无不贯穿着一种"系统的意义"。学习与了解系统科学，对从事与交通运输系统关联的创造性与创新性的研究与实践活动，无论是在方法论层面还是在技术手段层面等都有重要意义与作用。

交通运输系统工程的主要内容是什么？

按照"启迪思维、针对实用"的原则，交通运输系统工程课程内容分为理论篇和应用篇。理论篇主要是从整体上对系统科学做出介绍、突出精华以达到启迪思维的目的；应用篇主要是结合交通运输发展，介绍一些实用的方法技术和案例，以达到解决实际问题的效果。

3. 分析总结

结合当下中国共产党宣扬的科学思维，引入"系统"概念，简要介绍"系统科学"与"系统工程"的基本内涵，让学生理解交通运输系统工程课程的主体内容、教学目的，提高学生的学习积极性，达到宣扬中国共产党的科学思维精神，以及有效运用系统科学与系统工程理论方法的目的。

案例2 中国系统科学与系统工程的奠基人钱学森
——培养爱国情怀

【课程名称】交通运输系统工程。

【教学内容】系统学基本概念。

【案例意义】系统科学的发展有中国科学家的贡献，"两弹一星"是中国系统科学应用的伟大成就。在讲解系统科学的基本概念的时候，自然要讲到中国系统科学与系统工程的奠基人——爱国科学家钱学森，讲好钱学森的故事，激发学生热爱科学、为国做贡献的热情。

教学过程

1. 问题导入

什么是系统、系统科学？

2. 讲授正文

(1) 爱国科学家：钱学森

钱学森(1911 年 12 月 11 日—2009 年 10 月 31 日)，汉族，出生于上海，籍贯浙江省杭州市，1959 年加入中国共产党，空气动力学家、系统科学家，工程控制论创始人之一，中国科学院学部委员、中国工程院院士、"两弹一星"功勋奖章获得者。由于钱学森回国效力，中国导弹、原子弹的发射向前推进了至少 20 年。前美国海军部副部长丹尼尔·金贝尔评价：无论在哪里，钱学森都值 5 个师。毛泽东主席评价：美国人把钱学森当成 5 个师，在我看来，钱学森比 5 个师的力量大多了。

1) 心系祖国

1949 年当中华人民共和国宣告成立的消息传到美国后，钱学森和夫人蒋英便商量着早日赶回祖国，为自己的国家效力。1950 年，钱学森在港口准备回国时，被美国官员拦住，并将其关进监狱，而当时美国海军部副部长丹尼尔·金贝尔声称：钱学森无论走到哪里，都抵得上5个师的兵力。从此，钱学森受到了美国政府迫害，同时也失去了宝贵的自由，他一个月瘦了30斤左右。移民局抄了他的家，在特米那岛上将他拘留了14天，直到收到加州理工学院送去的1.5万美元保释金后才释放了他。后来，海关又没收了他的行李，包括800 kg书籍和笔记本。美国检察官再次审查了他的所有材料后，才证明了他是无辜的。

1954年，一个偶然的机会，他在报纸上看到陈叔通站在天安门城楼上，身份是全国人大常委会副委员长，他决定给这位父亲的好朋友写信求救。正当周恩来总理为此事非常着急的时候，时任全国人大常委会副委员长的陈叔通收到了一封从大洋彼岸辗转寄来的信，他拆开一看，署名"钱学森"，原来是请求中国政府帮助他回国。

1954年4月，美、英、中、苏、法五国在日内瓦召开讨论和解决朝鲜问题和恢复印度支那和平问题的国际会议。出席会议的中国代表团团长周恩来联想到中国有一批留学生和科学家被扣留在美国，于是指示说，美国人既然请英国外交官与我们疏通关系，我们就应该抓住这个机会，开辟新的接触渠道。

中国代表团秘书长王炳南1954年6月5日开始与美国代表、副国务卿约翰逊就两国侨民问题进行初步商谈。美方向中方提交了一份美国在华侨民和被中国拘禁的一些美国军事人员名单，要求中国给他们回国的机会。为了表示诚意，周恩来指示王炳南在1954年6月15日举行的中美第三次会谈中大度地做出让步，同时也要求美国停止扣留钱学森等中国留美人员。

然而，中方的正当要求被美方无理拒绝。

1954年7月21日，日内瓦会议闭幕。为不使沟通渠道中断，周恩来指示王炳南与美方商定自1954年7月22日起，在日内瓦进行领事级会谈。为了进一步表示中国对中美会谈的诚意，中国释放了4名被扣押的美国飞行员。

中国做出的让步，最终是为了争取钱学森等留美科学家尽快回国，可是在这个关键问题上，美国代表约翰逊还是以中国拿不出钱学森要回国的真实理由，一点不松口。

1955年，经过周恩来总理在与美国外交谈判上的不断努力——甚至包括了不惜释放11名在朝鲜战争中俘获的美军飞行员作为交换，1955年8月4日，钱学森收到了美国移民局允许他回国的通知。1955年9月17日，钱学森的回国愿望终于得以实现，这一天钱学森携妻子蒋英和一双幼小的儿女登上了"克利夫兰总统号"轮船，踏上了返回祖国的旅途。1955年10月1日清晨，钱学森一家终于回到了自己魂牵梦绕的祖国，回到了自己的故乡。

2）主要成就

"两弹一星"：1956年初，钱学森向中共中央、国务院提出建立我国国防航空工业的意见书。同时，钱学森组建了中国第一个导弹、火箭研究机构——国防部第五研究院，并担任首任院长。他主持完成了"喷气和火箭技术的建立"规划，参与了近程导弹、中近程导弹和中国第一颗人造地球卫星的研制，直接领导了用中近程导弹运载原子弹的"两弹结合"试验，参与制定了中国近程导弹运载原子弹的"两弹结合"试验、中国第一个星际航空的发展规划，发展建立了工程控制论和系统学等。在钱学森的带领下，1964年10月16日中国第一颗原子弹爆炸成功，1967年6月17日中国第一颗氢弹爆炸成功，1970年4月24日中国第一颗人造地球卫星发射成功。

应用力学：钱学森在力学的许多领域都做过开创性工作。他在空气动力学方面取得了很多研究成果，最突出的是提出了跨声速流动相似律，并与卡门一起最早提出高超声速流的概念，为飞机在早期克服热障、声障提供了理论依据，为空气动力学的发展奠定了重要的理论基础。高亚声速飞机设计中采用的公式是以卡门和钱学森的名字命名的卡门-钱学森公式。此外，钱学森和卡门在 20 世纪 30 年代末还共同提出了球壳和圆柱壳的新的非线性失稳理论。钱学森在应用力学的空气动力学方面和固体力学方面都做过开拓性工作；与冯·卡门合作进行的可压缩流动边界层的研究，揭示了这一领域的一些温度变化情况，创立了卡门-钱近似方程。钱学森与郭永怀合作，最早在跨声速流动问题中引入上下临界马赫数的概念。

物理力学：钱学森在 1946 年将稀薄气体的物理、化学和力学特性结合起来进行的研究，是先驱性的工作。1953 年，他正式提出物理力学概念，大大节约了人力物力，并开拓了高温高压的新领域。1961 年，他编著的《物理力学讲义》正式出版。1984 年钱学森向苟清泉建议，把物理力学扩展到原子分子设计的工程技术上。

航天与喷气：从 20 世纪 40 年代到 60 年代初期，钱学森在火箭与航天领域提出了若干重要的概念。例如，在 20 世纪 40 年代提出并实现了火箭助推起飞装置(JATO)，使飞机跑道距离缩短；在 1949 年提出了火箭旅客飞机概念和关于核火箭的设想；在 1953 年研究了跨星际飞行理论的可能性；在 1962 年出版的《星际航行概论》中，提出了用一架装有喷气发动机的大飞机作为第一级运载工具。

工程控制论：工程控制论在其形成过程中，把设计稳定与制导系统这类工程技术实践作为主要研究对象，钱学森本人就是这类研究工作的先驱者。

系统科学：钱学森对系统科学最重要的贡献是他发展了系统学和开放的复杂巨系统的方法论。

（2）系统的概念

把极其复杂的研究对象称为系统，即由相互作用和相互依赖的若干组成部分结合成具有特定功能的有机整体，而且这个系统本身又是它们从属的更大系统的组成部分。

系统作为一个概念既不是人类生来就有，也不是像有些外国人讲的那样，是 20 世纪 40 年代突然出现的东西。系统的概念来源于古代人类的社会实践经验，所以一点也不神秘。

系统思想是进行分析和综合的辩证思维工具，它在辩证唯物主义那里取得了哲学表达形式，在运筹学和其他系统科学那里取得了定量表达形式，在系统工程那里获得了丰富的实践内容。

20 世纪中期现代科学技术的成就为系统思维提供了定量方法和计算工具，这就是系统思想如何从经验到哲学再到科学，从思辨到定性再到定量的大致发展情况。

（3）前瞻的系统思维

不管哪一门学科，都离不开对系统的研究。系统科学和系统工程学在 21 世纪的应用价值及意义可能会越来越大，而其本身也将不断发展，如现在的系统科学已经上升到研究复杂系统，甚至复杂巨系统了。像人的大脑、互联网，就是复杂巨系统。这在国外也是一个热门，叫复杂性科学研究。

3. 分析总结

在讲解系统科学的基本概念的过程中，讲好伟大爱国科学家钱学森的故事，一是鼓励学生深度思考"系统"的定义、"系统科学"的内涵，引导学生将所学知识系统化；二是从科学家钱学森的故事中，看到科学技术的力量，理解爱国科学家对国家的作用与意义。

案例3　铁路客货运量预测
——马克思主义哲学是预测理论的基础

【课程名称】交通运输系统工程。

【教学内容】预测原理与铁路客货运量预测。

【案例意义】预测理论与方法的发展必须有科学的理论基础，从认识论的角度看，马克思主义的辩证唯物主义和历史唯物主义为预测理论提供了科学基础。同时，通过预测理论的发展，宣扬了马克思主义哲学的科学性。

教学过程

1.问题导入

事物发展变化为什么能预测？铁路客货运量预测有什么特征？

2.讲授正文

（1）什么是预测？

预测是指通过对事物的过去和现在的情况进行分析、研究，找出其发展变化的规律，利用一定的方法或技术来预计和推测未来的情况。

可靠的预测依赖很多学科，例如计算机、数学和统计学。预测分析学实际上是一种实践性的学科，掌握预测分析需要一系列不同的技能，如从编写或选择良好的应用软件到实现一种新技术或对数据进行预处理，再到理解某个模型的假设条件、如何有效地训练该模型、如何对该模型出现的问题进行诊断及如何调整模型的参数。

（2）预测的原理

从哲学上讲，事物自身是运动、变化和发展的，事物与事物之间又是相互联系的，而且事物运动是有规律的。预测既要考虑预测对象本身的发展变化，又要联系其外部环境的发展变化。只有准确把握事物的内外部关系，才可能实现预测的科学性与合理性。

在预测的过程中，近、短期预测和中、长期预测的预测机理又略有不同。根据系统科学的耗散结构理论，由事物结构所决定的现象与其所处的大背景运动一致时，其耗散水平最低，稳定性最好，这样大背景拖动大背景中的事物共同向前，大背景较对象事物而言变化缓慢。大背景中的相关性规律比小背景中的相关性规律更好，因为大背景将研究对象视为子系统而不是独立系统，从而增加对象的约束。因此，中、长期预测时，应优先选择大背景中相关系数大的因素外推，即运用相关原理，利用事物与事物之间的关系，应用"它回归"的方法进行预测，尽可能少选自身背景中的因素外推。而对于近、短期预测，则可以应用趋势外推法，根据事物内部发展的惯性原理，结合"自回归"的方法进行预测。

（3）铁路客货运量预测特征

铁路客货运量作为市场经济体系中的重要统计指标，能够为铁路运输部门运力布局与组织提供重要的决策依据。

铁路客货运量预测是指基于现有的铁路客货运量历史数据，通过相关因素的调查统计资料对未来铁路客货运量可能发生的变化趋势进行推断。

运输经济学理论告诉我们"铁路客货运需求是一种派生需求"，相比一般经济量预测，它不仅依赖于数学、统计学和计算机科学等相关学科，还需要充分考虑预测对象所处的经济和社会环境。合理度量其经济和社会环境的不确定性和动态性，力争建立既接近实际情况又能合理控制预测成本的模型是铁路客货运量预测所要解决的主要问题。

①根据预测机理可知，基于数据的外推法应用于近、短期预测效果较好，对于中、长期预测则往往难以反映实际情况。

②影响铁路客货运量的因素是十分广泛和复杂的，铁路客货运量通常会随着不同的经济发展阶段呈现出不同的特征，对客货运量影响因素进行深入分析，有助于把控其变动趋势。

③预测铁路客货运量主要是为了给管理者提供决策支持，即在给出预测值的同时，让决策者清楚地了解到是哪些主要因素造成了现有铁路客货运量的增减变动，将来哪些因素又会对其产生影响，是很有必要的，它可以方便管理者采取相应的决策措施。

3.分析总结

深刻理解预测的原理，对学习与运用预测理论与方法有重要作用。预测不是算命、占卜，预测理论与方法有其马克思辩证唯物主义的基础。通过本案例，不仅让学生掌握了铁路客货运量预测的科学原理，还宣扬了马克思主义哲学。

案例4 交通运输系统演化特征与规律
——国家交通强国战略

【课程名称】交通运输系统工程。

【教学内容】交通运输系统演化特征与规律。

【案例意义】结合交通运输系统演化特征与规律的教学，全面介绍中国特色社会主义新时代的交通强国战略。一是从交通运输系统演化与规律的角度，论证中国交通强国战略的科学性；二是全面学习、理解国家的交通强国政策。

教学过程

1.问题导入

随着科学技术的发展，人类交通运输系统发展历程从侧面展现了人类的文明发展历史。人类交通运输系统发展有什么规律？中国特色社会主义新时代为什么提出交通强国战略？

2.讲授正文

（1）人类交通运输系统发展规律

自人类文明诞生以来，社会发展历史与交通运输系统发展历史密不可分，每一次交通方式发生革命性变革之后，人类的活动范围都得到极大的扩张，同时也带动整个社会经济的发展，因此从某种意义上说，交通运输系统的发展是人类社会发展的基础，是人类生产力水平的重要标志。综合交通运输系统发展历史，其发展主要经历了四个阶段：①原始运输阶段；

②手工运输阶段；③蒸汽运输阶段；④现代运输阶段。

综合交通运输系统的发展：交通运输工具和技术的发展为交通运输系统的发展提供了重要的物质基础，不同运输方式在竞争的同时还进行分工协作、协调配合的重新整合，形成运输方式多样化、运输过程统一化的交通运输系统。

系统内部各种运输方式之间有分工协作、有机结合、布局合理、联结贯通的技术经济特点，涵盖了公路运输、水路运输、航空运输、铁路运输和管道运输等运输方式，各种运输方式的协作、协调和协同，提高了运输效率和社会整体的经济效益，现代交通运输系统的发展自此也走向综合、智能。

（2）交通运输系统发展的动力机制

交通运输系统的发展主要有两个动力因素，一是不断追求自身发展，为经济社会提供更好的运输服务；二是社会经济系统对交通运输系统不断提出新的需求，促使交通运输系统不断向前发展。因此，科技是推动交通运输系统自身发展的动力，经济发展则对交通运输系统发展有积极的拉动作用。

（3）中国特色社会主义新时代的交通强国战略

党和国家基于中国特色社会主义新时代的任务与发展目标，制定了《交通强国建设纲要》《国家综合立体交通网规划纲要》《"十四五"现代流通体系建设规划》《"十四五"现代综合交通运输体系发展规划》《"十四五"交通领域科技创新规划》《绿色交通"十四五"发展规划》《综合运输服务"十四五"发展规划》《现代综合交通枢纽体系"十四五"发展规划》《"十四五"铁路科技创新规划》《数字交通"十四五"发展规划》等政策。

建设交通强国是以习近平同志为核心的党中央立足国情、着眼全局、面向未来作出的重大战略决策，是建设现代化经济体系的先行领域，是全面建成社会主义现代化强国的重要支撑，是新时代做好交通工作的总抓手。

指导思想：以习近平新时代中国特色社会主义思想为指导，深入贯彻党的十九大精神，紧紧围绕统筹推进"五位一体"总体布局和协调推进"四个全面"战略布局，坚持稳中求进工作总基调，坚持新发展理念，坚持推动高质量发展，坚持以供给侧结构性改革为主线，坚持以人民为中心的发展思想，牢牢把握交通"先行官"定位，适度超前，进一步解放思想、开拓进取，推动交通发展由追求速度规模向更加注重质量效益转变，由各种交通方式相对独立发展向更加注重一体化融合发展转变，由依靠传统要素驱动向更加注重创新驱动转变，构建安全、便捷、高效、绿色、经济的现代化综合交通体系，打造一流设施、一流技术、一流管理、一流服务，建成人民满意、保障有力、世界前列的交通强国，为全面建成社会主义现代化强国、实现中华民族伟大复兴中国梦提供坚强支撑。

发展目标：到 2020 年，完成决胜全面建成小康社会交通建设任务和"十三五"现代综合交通运输体系发展规划各项任务，为交通强国建设奠定坚实基础。从 2021 年到 21 世纪中叶，分两个阶段推进交通强国建设。到 2035 年，基本建成交通强国。现代化综合交通体系基本形成，人民满意度明显提高，支撑国家现代化建设能力显著增强；拥有发达的快速网、完善的干线网、广泛的基础网，城乡区域交通协调发展达到新高度；基本形成"全国 123 出行交通圈"（都市区 1 小时通勤、城市群 2 小时通达、全国主要城市 3 小时覆盖）和"全球 123 快货物流圈"（国内 1 天送达、周边国家 2 天送达、全球主要城市 3 天送达），旅客联程运输便捷顺畅，货物多式联运高效经济；智能、平安、绿色、共享交通发展水平明显提高，城市交通拥堵基本缓解，无障碍出行服务体系基本完善；交通科技创新体系基本建成，交通关键装备先进安全，人才队伍精良，市场环境优良；基本实现交通治理体系和治理能力现代化；交通国际竞争力和影响力显著提升。到21世纪中叶，全面建成人民满意、保障有力、世界前列的交通强国。基础设施规模质量、技术装备、科技创新能力、智能化与绿色化水平位居世界前列，交通安全水平、治理能力、文明程度、国际竞争力及影响力达到国际先进水平，全面服务和保障社会主义现代化强国建设，人民享有美好交通服务。（要求学生课后自学相关规划内容）

3.分析总结

在"交通运输系统演化特征与规律"的教学中，从人类文明发展历史的角度，论证中华民族的崛起、中国特色社会主义新时代的建设与发展，必定需要一个"交通强国"，让学生更加深刻理解与认识交通强国战略的意义与价值；同时，全面学习党和国家交通强国战略的相关规划，以更好地将自己的发展融入国家的大发展之中。

6

交通规划与原理

教学内容和思政融合设计

序号	教学内容	思政映射与融入点	编者
1	知识点：绪论	案例1：绪论——交通强国与使命担当	陈 群
2	知识点：城市交通形态的演迁	案例2：古代"丝绸之路"影响下的长安城交通形态布局——"天人合一"哲学思想	黎茂盛
3	知识点：交通规划分析软件的应用	案例3：交通规划分析软件的应用——坚持以人为本	黎茂盛
4	知识点：影响交通发生量与吸引量的多种因素及影响原因	案例4：交通发生与吸引的影响因素——学会科学归纳	王 璞
5	知识点：交通分布预测的增长系数法	案例5：增长系数法——坚持世界观与方法论统一	王 璞
6	知识点：交通与土地利用	案例6：交通与土地利用——绿色交通	岑学楷
7	知识点：交通网络布局规划与设计	案例7：交通网络布局规划与设计——交通区位与"一带一路"	岑学楷
8	知识点：交通流分配	案例8：交通流分配基本原理——辩证地看待问题	徐光明
9	知识点：交通流分配——均衡分配方法	案例9：交通流均衡分配方法——矛盾是一切运动的根源	徐光明

案例1 绪论
——交通强国与使命担当

【课程名称】交通规划与原理。

【教学内容】绪论。

【案例意义】交通规划原理绪论是交通规划原理的先导课程，有助于学生理解和掌握课程专业知识、增强职业素养，引导学生树立正确的世界观、人生观和价值观，将立德树人融入交通规划原理的课程教学中，对培养具有社会责任感、职业工匠精神、政治信仰的高素质交通运输工程专业技术人才，建设交通强国的知识型、创新型科技人才具有重要的意义和作用。

教学过程

1. 问题导入

向学生提问：请举例说明我国不同城市的交通规划有何特点和优缺点。

引入美国波士顿中央干道改建案例，说明交通规划不合理会导致事故发生率上升、车辆慢行浪费燃油、出行延迟等问题。该路段的交通拥堵给驾车者带来的损失每年估计为 5 亿美元，并且因此阻断了波士顿北端、滨海地区与市中心的联系，限制了地区经济发展。1991年，波士顿行政当局下决心纠正这个历史性错误，实施了总投资 146 亿美元的"大开挖计划"，将中央干道全部拆除，把交通引入地下隧道，缓解了地面交通拥堵。

导入的实例论证了交通规划的必要性和重要性，对培养具有社会责任感、职业工匠精神、政治信仰的高素质交通运输工程专业技术人才具有重要的意义和作用。

2. 讲授正文

（1）交通系统

交通的定义为：人或货物、信息的地点间，伴随着人的思维意识的移动。交通具有经济和社会作用，可以拉动经济发展和促进社会形成，同时还有外部作用，即带来环境、人文、景观和交通事故等问题，因此交通规划是这些作用和问题之间的一种博弈。交通系统的特征包括交通需求变化、技术革新、个体价值观和公共价值观的变化，因此它是一个复杂系统。

交通供求分析的基本框架反映了三方面的问题：①交通服务的供需短期平衡；②从交通角度观察的社会经济系统的长期平衡过程；③交通政策与规划需要考虑其他因素的影响。

（2）交通规划

交通规划是指根据特定交通系统的现状与特征，用科学的方法预测交通需求的发展趋势及交通需求发展对交通供给的要求，确定特定时期交通供给的建设任务、建设规模及交通系统的管理模式、控制方法，以达到交通系统需求与供给之间的平衡，实现交通系统安全、畅通、节能、环保的目的。

交通网络布局规划与设计包括：①基于现有交通网络预测未来交通需求，交通需求预测反过来用于调整交通网络布局规划和设计。②交通网络分析评价，对提出的网络布局规划和设计方案进行评价，判断是否与城市发展格局相协调，交通流动是否合理，局部线路的交通负荷度或运输能力以及环境等指标能否满足预定目标等。

（3）城市交通规划案例

引入案例 1：周王城规划的道路系统，曹魏邺城图，隋唐长安城，北宋东京（开封）城，清代北京道路系统，宋平江城的道路网、河网图。中国古代城市采用一种集中式封闭的城市布局方式，城市往往围绕政权中心布置，城墙成为约束城市发展的障碍，城乡界限分明，因而城市道路也呈集中式布置，通达性不够，城乡道路基本以城门为分界点和联络点。

引入案例 2：双层城市交通系统——人、车空间分离。这是德国规划师希尔伯塞莫提出的在不同平面把人行交通和车行交通分开的立体交通方案。建筑的底层为商业和企事业使用，与地面车行交通道路相联系；而建筑的上层为居住房屋，用架空的人行道互相连接，形成了"双层城市"的模式。美国明尼阿波利斯市用封闭式空中走廊把第二层公共建筑空间连接起来，形成了整个城市的"空中步道系统"。瑞典马尔默市在林德堡南区皮尔达姆斯维根路进行了带状"双层城市"的试验。

引入案例3："有机疏散"城市布局改造。"有机疏散"（theory of organic decentralization）理论认为没有理由把重工业布置在城市中心，轻工业也应该疏散出去。当然，许多事业和城市行政管理部门必须设置在城市的中心位置。城市中心地区由于工业外迁而空出的大面积用地，应该用来增加绿地，也可以供必须在城市中心地区工作的技术人员、行政管理人员、商业人员居住，让他们就近享受家庭生活。"二战"之后，西方许多大城市纷纷以萨里宁的"有机疏散"理论为指导，调整城市发展战略，形成了健康、有序的发展模式，其中最著名的是大伦敦规划和大巴黎规划。

（4）城市交通规划

城市交通规划的目的在于全面掌握城市区域的社会、经济、人口和土地利用、交通现状及主要交通问题，深入地多方面分析问题的主次、轻重及产生原因，科学地预测城市交通需求的增长速度及可能的发展变化趋势，提出可供选择的适应交通发展的交通体系、交通结构与多种交通治理方案及有关的策略和措施。

3. 分析总结

交通规划原理应用于国内外各大城市，在不同的规划思想和自然条件下，城市的规划风格不尽相同。本次课程通过将专业知识与案例的契合，将爱国奉献、社会责任、职业素养融入专业教学中，以实际交通规划问题为引导，以案例为依托，在课堂中展开思政教育。

案例2 古代"丝绸之路"影响下的长安城交通形态布局
——"天人合一"哲学思想

【课程名称】交通规划与原理。

【教学内容】城市交通形态的演迁。

【案例意义】通过"丝绸之路"影响下的长安城交通形态的布局，展示中国文化的包容性与对百姓生活的影响；通过悠久的古代城市交通形态布局演迁历史，让学生体会到城市交通形态的具象既是上层意识的物质体现，又是社会生活、多元文化、科技水平、自然环境等交相融合的结晶，同时增强学生的文化自豪感、自信心，还能激发他们为民族复兴贡献力量的决心。

教学过程

1. 问题导入

随着社会生产力的提高，出现了社会分工、协作，生产效率也得到了提高，除保证生活需要之外，还有物产盈余，社会能积累较多的剩余财富，进而有了更大规模的聚居人群，此时城池开始出现。经历了奴隶社会的发展之后，封建社会已经有了完备的城市形态。中国封建社会的城市采用一种集中式封闭的城市布局方式，城市往往围绕政权中心布置，城墙成为约束城市发展的障碍，城乡界限分明，城市道路也呈集中式布置，通达性不够，城乡道路基本以城门为分界点和联络点。

2.讲授正文

尽管城市布局大体是集中式、围绕政权中心布置，但是随着人们思想意识的进步，城市的轮廓、政权机关的布置也出现了相应变化，更多体现尊重自然、天人合一的思想理念。城市以道路为分界，分成多个功能分区，这些功能分区强调服务生产、生活的同时，还受到了文化交融实际需要的驱使。

(1)在工业革命来临之前，城池的营造除有完备的陆上道路系统之外，还因势利导引入人工水系，既利用水上运输解决了城池营造和生活所需的重物运输问题，又在城池内部增加了水景，增添了城池的柔美和灵气。

(2)政权机关从城池中央变为北侧布置形态，反映了政权统治逐步走向开明的过程；城池是一个时代上层意识形态的物质具象。

(3)唐朝长安城出现了两个明显不同于闾里(居住单元)的功能分区，即东市和西市。它是古代中国"丝绸之路"的重要物证，也深刻影响着今天的生活，如当今生活用词"买东西"就来源于此，购买来自西方的物品就到"西市"，购买本国物品就到"东市"。

3.分析总结

城市交通形态的具象既是上层意识的物质体现，又是社会生活、多元文化、科技水平、自然环境等交相融合的结晶。"天圆地方"的宇宙观深刻影响了中国古代城池的营造。自古以来，东西方文化交流都深刻影响着我国城市交通系统的建设，同时我国城市道路系统建设充分展示了"天人合一"的东方智慧和哲学思想。

案例3　交通规划分析软件的应用
——坚持以人为本

【课程名称】交通规划与原理。

【教学内容】交通规划分析软件的应用。

【案例意义】交通规划分析中的 Braess 悖论是指在个人独立选择路径的情况下，为某路网增加额外的通行能力(如增加路段等)，反而导致整个路网的整体运行水平降低的情况。通过 Braess 悖论使学生认识到交通规划分析方法的局限性，这一悖论只是说明相对于特定的 OD 需求，不恰当地在路网中增加路段，并不能降低该特定交通需求用户的出行成本。而道路是人们出行的物质基础，城市中只要有路，就会有人走，应该根据出行需求量的大小，规划等级适宜的道路，为人们提供必要的生活保障。据此，引导学生建立以人为本的思想，科学合理使用相关软件。

教学过程

1.问题导入

Braess 悖论是由德国数学家迪特里希·布雷斯(Dietrich Braess)在 1968 年提出的。

Braess 悖论是指在个人独立选择路径的情况下，为某路网增加额外的通行能力（如增加路段等），反而导致整个路网的整体运行水平降低的情况。若某道路系统的纳什均衡并非最优状态，就可能会产生 Braess 悖论现象。

2. 讲授正文

如图 6-1 所示为某交通网络及各路段的走行时间函数。

（1）如果由 A 到 D 有 6 单位交通需求，请利用 Wardrop 第一原理求解用户平衡状态下的各路段的交通流量以及 6 单位交通需求的总行驶时间。

（2）如果路段 5 开通，请利用 Wardrop 第一原理求解用户平衡状态下的路段交通流以及 6 单位交通需求的总行驶时间（图 6-2）。

图 6-1 中，设 $x_1=x_3=a$，$x_2=x_4=b$，有以下方程：

$$f(a)=73+17a \quad f(b)=73+17b \quad a+b=6$$

因为 $f(a)=f(b)$，解得 $a=3$，$b=3$。所以，路段 1、3 和路段 2、4 各有 3 单位的交通需求。因此总时间 $T=(73+17×3)×6=744$。

图 6-2 中，路径 a 上的流量为 a，由 A 经 C 至 D，$f(a)=73+2x_1+15x_3$；路径 b 上的流量为 b，由 A 经 B 至 D，$f(b)=15x_2+73+2x_4$；路径 c 上的流量为 c，由 A 经 B 再经 C 至 D，所以 $f(c)=15x_2+15x_5+15x_3$；又因 $f(a)=f(b)=f(c)$，$x_1=a$，$x_2=b+c$，$x_3=a+c$，$x_4=b$，$x_5=c$，$a+b+c=6$。

解方程可得：$x_1=2$，$x_2=4$，$x_3=4$，$x_4=2$，$x_5=2$。

所以总时间 $T=(73+2×2+15×4)×2+(15×4+73+2×2)×2+(15×4+15×2+15×4)×2=822$。

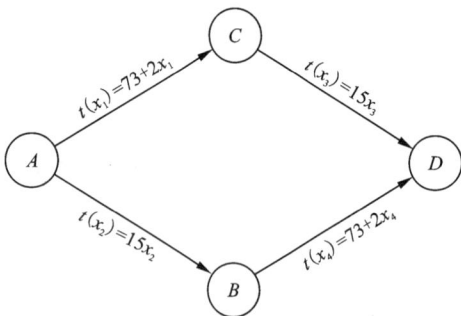

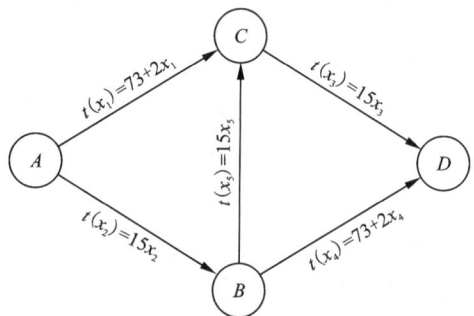

图 6-1　原始网络图　　　　　图 6-2　新增路段网络图

启示：附加路段不但没有减少交通阻抗，反而降低了整个交通网络的服务水平，所以当设计交通网络（和其他各种网络）时，增加新路线一定要小心，因为新路线有可能反而让出行者更慢到达目的地。

但是这一悖论只是说明相对于特定的 OD 需求，不恰当地在路网中增加路段，并不能降低该特定交通需求用户的出行成本。这种使交通网络总费用增加是相对于远距离、特定的 OD 需求出行而言的，不能成为阻止修路或架构完整路网的理由，不同等级道路的功能、服务对象不同。

一般城市土地开发，首先要修路，保证"三通一平"（水通、电通、路通和场地平整）。交通出行是城市四大功能（居住、工作、交通、游憩）之一，是生活的必需品，是刚需。因此交通分析应当加入人文思考。

主、次干道服务于远距离的出行，支路为本区域居民生活的必需品，是刚需。道路是人们出行的物质基础，城市中只要有路，就会有人走，因此应该根据出行需求量的大小，给人们规划等级适宜的道路，提供必要的生活保障。

3. 分析总结

通过 Braess 悖论使学生认识到交通规划分析方法的局限性，这一悖论只是说明相对于特定的 OD 需求，不恰当地在路网中增加路段，并不能降低该特定交通需求用户的出行成本。而道路是人们出行的物质基础，城市中只要有路，就会有人走，应该根据出行需求量的大小，给人们规划等级适宜的道路，提供必要的生活保障。在使用交通规划分析软件的时候，要合理划定交通小区规模，充分考虑本地居民的出行需求，为他们规划适宜的道路，以人为本，提供出行必需的道路基本条件。

案例4　交通发生与吸引的影响因素
——学会科学归纳

【课程名称】交通规划与原理。

【教学内容】影响交通发生量与吸引量的多种因素及影响原因。

【案例意义】通过让学生回顾日常生活见闻和所学交通运输工程专业基础知识，引导学生使用科学归纳方法，思考、讨论、总结影响交通发生量与吸引量的各种因素，以及各种因素和交通发生与吸引的因果联系。

教学过程

1. 问题导入

介绍交通发生与吸引的基本概念。根据生活常识、生活见闻、交通知识、新闻报道、科学研究等，思考哪些群体的交通需求相对更大或更小，哪些地点相对更吸引人或不吸引人等，并总结哪些因素可能会对交通发生量与吸引量产生影响？（第一问）这些因素与交通发生和吸引的内在逻辑关系是什么？（第二问）

2. 讲授正文

首先，介绍交通发生与吸引的基本概念，使学生对交通发生与吸引的定义有清晰、明确的认识。

其次，引导学生从生活常识、生活见闻、交通知识、新闻报道、科学研究等方面着手，展开独立思考与小组讨论，分析常见的出行需求差异现象。例如，老年人不会经常出门；出租车司机每天的出行次数较多；某个地区如果有大型商场，会吸引很多顾客前往；节假日的出行量通常比工作日多。

再次，引导学生对这些出行需求差异现象进行科学归纳，总结得出影响交通发生量与吸引量的多种客观因素。例如，青年人和中年人出行较多，老少出行较少，由此归纳得到不同年龄阶段的人的出行需求不同。又如，驾驶员、业务员出行较多，教师出行较少，由此归纳得到不同职业的人的出行需求不同。再如，雨雪天气下人们出行较其他天气下少，由此归纳得到天气是影响交通发生量与吸引量的因素之一。

最后，引导学生结合个人、社会经验和所学交通运输工程专业基础知识，运用科学归纳方法，分析这些客观因素与交通发生和吸引的因果联系。例如，青年、中年人出行次数更多，是因为体力、工作性质等的影响；少年人出行次数较少，是因为大部分少年人都是学生。又如，居住用地和工业用地是通勤出行的主要起讫点，物流仓储用地是货物运输的主要起讫点，因此它们是交通的主要发生源和吸引源。再如，节假日、休息日的休闲出行量较大，工作日的工作出行量较大。

3. 分析总结

本案例通过第一问引导学生思考影响交通发生量和吸引量的因素，再通过第二问引导学生思考这些因素与交通发生和吸引的因果逻辑。通过层层递进的方法，一步步引导学生的思路，帮助学生掌握并熟练运用科学归纳方法，更深入地理解交通发生与吸引的定义和影响因素，为后续预测交通发生量与吸引量奠定理论基础。科学归纳是通过考察某类事物的部分对象，分析并找出这些对象具有某种属性的原因，以研究对象内部的因果联系的归纳方法，它是科学抽象的关键环节，是知性思维的最基本的方法。交通发生量和吸引量与各种影响因素间存在着客观的、不随人的主观意志转移的内在联系，我们需要使用科学归纳方法，从经历的生活现象中归纳总结得到这些具体的影响因素，以及这些因素能够影响交通发生与吸引的原因。

案例 5　增长系数法
——坚持世界观与方法论统一

【课程名称】交通规划与原理。

【教学内容】交通分布预测的增长系数法。

【案例意义】在世界观层面，通过引导学生主动思考、共同探讨增长系数法的原理，使学生深入理解增长系数法的方法原理；通过鼓励学生编写增长系数法的计算机程序，使学生深入理解增长系数法的算法原理。在方法论层面，引导学生结合增长系数法的原理使用具体的方法技术实现简单算例。坚持世界观与方法论统一，可以加强学生对增长系数法的理解，提升对方法的运用能力。

教学过程

1. 问题导入

向学生介绍交通分布预测的增长系数法，以及不同增长系数法的定义及特点。对比这些增长系数法，它们的迭代次数、收敛特性及收敛速度有什么差异呢？（第一问）它们的方法原理是什么呢？（第二问）

2. 讲授正文

首先，介绍增长系数法的基本原理，让学生对增长系数法有一个清晰明确的认识。在此基础上,介绍具有不同增长函数的多种增长系数法,如常增长系数法、平均增长系数法、底特律(Detroit)法、福莱特(Fratar)法和弗尼斯(Furness)法的定义和方法特点。

其次,引导学生对不同增长系数法的迭代次数、收敛特性及收敛速度展开深入讨论,帮助学生理解每种增长系数法的特点以及不同增长系数法间的差异性。当误差常数较小时,增长系数法的计算量较大,难以通过手算达到收敛,因此,鼓励学生编写增长系数法的计算机程序,借助计算机快速、高效地分析不同误差常数下各类增长系数法的收敛特性。例如,借助计算机程序,学生会发现福莱特法收敛速度快,也因此能更深入地领悟福莱特法的高效性。

最后,对各种增长系数法的方法原理进行探讨,从中培养学生的主动思考能力,提高学生的创新能力。例如,在讲解底特律法时,引导学生从方法定义中总结出底特律法的物理解释:该方法认为小区 j 对小区 i 出行者的吸引能力能否增长,不仅取决于小区 j 自身出行吸引能力的增长,还取决于小区 j 的出行吸引量的增长速度是否高于整个区域出行吸引量的增长速度。

3.分析总结

本案例通过第一问和第二问使学生深入理解增长系数法的方法原理和算法原理,再引导学生结合原理实现对增长系数法的应用,帮助学生达到既懂原理又会应用的程度。世界观是人们对世界的基本看法和观点,方法论是指导人们认识世界、改造世界的最一般、最根本的思维方式和思维理念。世界观与方法论是统一的。世界观指导方法论,方法论贯彻世界观。学生通过学习增长系数法原理(世界观),并利用计算机编程(方法论)完成增长系数法应用,可以进一步加强学生对增长系数法的理解深度(世界观)和运用能力(方法论),形成一个有效的正反馈。

案例6 交通与土地利用
——绿色交通

【课程名称】交通规划与原理。

【教学内容】交通与土地利用。

【案例意义】随着社会的发展,人们对于交通的需求不断提高,为了满足城市居民的出行需求,许多大城市不断加快城市交通化建设。在这一发展过程中,城市用地规划与城市交通规划相互影响、相互协调,而环境与能源问题逐渐成为人们主要关注的问题,探讨土地、交通、能源、环境相互作用的关系具有重大的现实意义。由我国对绿色交通发展的高度重视,可以了解交通对适应新时期城市发展和满足居民美好生活需求的重要作用。

教学过程

1.问题导入

在我国 2010 年 12 月 24 日颁布的《城市用地分类与规划建设用地标准》(GB 50137—2011)中,对城乡用地和城市建设用地进行了详细分类。土地利用规划有利于城市在土地使用、资源配置、设施建设等方面实现可持续发展,营造温馨宜居的城市环境。土地利用规划与城市交通规划统一于城市发展规划体系之下，两者并不是相互独立的，而是存在一种互动反馈的关系。为了更好地实现新型城镇化及生态城市的规划和建设，如何促进城市交通和土地利用的一体化呢？

2. 讲授正文

首先，结合图表并以不同国家的城市土地利用分类为例，使学生了解我国城市土地利用分类的具体内容以及和其他国家土地分类存在的区别。随着人口不断向城市聚集，城市化给城市土地带来了巨大的压力，城市土地资源紧缺，城市生态功能用地难以发挥作用，引导学生对合理的土地结构进行思考，并探讨在交通运输系统规划下，有哪些有利于提高土地利用率和优化土地资源配置的政策与举措。

其次，介绍有关绿色交通的概念和内涵。在新时期，交通发展的主要矛盾将转变为有限的城市空间和环境资源与无序的交通现实及居民对交通服务多样化需求之间的矛盾。党的十八大以来，我国对绿色交通高度重视，2017年《交通运输部关于全面深入推进绿色交通发展的意见》明确提出：到2035年，绿色交通发展总体适应交通强国建设要求。前面提到土地利用与交通系统之间具有密切的互动反馈关系，充分考虑绿色交通系统与用地规划之间的衔接整合是发达国家城市绿色交通发展的成功经验。以具有代表性的发达国家城市为例，如哥本哈根、斯德哥尔摩，介绍公共交通引导城市用地发展，又如苏黎世，反映公共交通系统与城市土地利用互动发展，引导学生对国外城市绿色交通发展的经验进行总结，并与我国城市实际情况相结合，探讨我国城市绿色交通发展的对策，并提出自己的畅想。

最后，对我国城市未来发展方向进行总结并对未来城市交通发展进行展望。总体而言，未来城市的发展方向将是建设以生态、智慧、创意、宜居、特色为主要特征的现代城市，缓解人口过度聚集、环境污染、贫富悬殊以及城市贫民窟等由城市扩张造成的问题。引导学生思考在当前难得的城市和城市交通系统建设的黄金发展期，城市交通作为城市发展的支撑和引领系统，应当具有怎样的特征？

3. 分析总结

本案例从城市土地利用和城市交通系统的互动关系出发，先对国内外不同的城市土地利用分类进行介绍，然后结合发达国家交通发展的历史经验，对绿色交通的基本概念进行描述，并以此为基础，总结我国城市以及城市交通的未来发展方向，使学生认识到在城镇化转型发展的过程中，对以人为本重要思想的持续实践。

案例 7　交通网络布局规划与设计
——交通区位与"一带一路"

【课程名称】交通规划与原理。

【教学内容】交通网络布局规划与设计。

【案例意义】交通区位理论是研究交通网络与社会需求如何关联的理论，认为交通现象是一种经济地理现象，与地理、社会经济和科学技术紧密相关。围绕"陆海内外联动、东西双向互济"的开放格局，我国坚持发展多元化国际运输通道，国际互联互通不断加强，使学生认识到"一带一路"为我国深度参与全球贸易、推进全方位对外开放提供了有力支撑。

教学过程

1.问题导入

对交通区位理论进行基本介绍,重点介绍交通区位线和交通区位的含义——交通区位线是运输通道的原理线,其分布格局揭示运输通道的格局;交通区位通常指交通线的"资源"所在,包括经济、社会、文化、历史、旅游、矿藏等要素——从而引申至"丝绸之路经济带"和"21世纪海上丝绸之路"两条国际运输通道,并配合有关图片进行展示和讲解。

2.讲授正文

首先,向学生介绍"一带一路"建设的现状,通过图片展示,学生能够清晰地看到国际运输通道从亚欧大陆到非洲、南美洲、大洋洲不断延伸。"一带一路"成为当今世界范围最广、规模最大的国际合作平台,受自然、社会经济、科技等的影响,形成了具有不同特征和作用的交通运输线:依据陆路运输和海路运输,可以分为新亚欧大陆桥、中蒙俄、中国—中亚—西亚、中国—中南半岛等陆路国际运输通道和经日本、韩国跨太平洋至美洲,经东南亚至大洋洲等海上国际运输通道。"一带一路"建设成果丰硕,为实现共同繁荣注入了强大动力。引导学生认识当今形势下,共建"一带一路"为各国带来的合作和发展机遇。

其次,对线路重要度和节点重要度进行介绍。在"一带一路"建设中,交通节点一般位于沿线国家、区域关键通道上,具有地理、资源、人文等重要价值,是交通运输线的资源所在地,有明显的区位优势。我国各地积极融入"一带一路"建设中,以湖南省为例,2021年4月,从2022年世界杯举办国卡塔尔传来捷报,中联重科8台大吨位塔式起重机TC8039-25顺利完成2022年世界杯主场馆——卢塞尔体育场封顶,这标志着中联重科在助力"一带一路"建设中再建标杆,湖南制造"一带一路"大放异彩。结合学生在家乡的所见所闻,引导学生讨论各地参与"一带一路"建设的进展,生动体现出各个省(市、区)的自身主要业务和特色产业。

最后,举例介绍"一带一路"倡议下铁路建设的友好合作。例如,2021年12月3日与中国铁路网直连的境外铁路——中老铁路正式通车运行,截至2022年8月,中老铁路已累计发送旅客554万人次,发送货物600万吨,客货运输打破了多项数据纪录,货物运输已覆盖老挝、泰国、新加坡等国家和地区。2022年3月19日,由中国中铁、中国铁建、中交集团等参建的匈塞铁路塞尔维亚境内贝尔格莱德至诺维萨德段正式通车,由此,塞尔维亚正式迈入高铁时代,这对提高铁路通道客货运输能力、便利沿线民众出行、促进沿线旅游资源开发、打造中欧贸易国际大通道具有十分重要的意义。由此,使学生了解到"一带一路"建设的惠民工程。

3.分析总结

本案例结合交通区位理论,联系实际,以"一带一路"建设为例,从国际运输通道到全国各地为"一带一路"建设做出的贡献再到国际铁路合作,让学生认识到社会经济因素、自然因素和科技因素对交通运输线布局的重要影响,同时认识到"一带一路"建设重要目标,旨在通过"互联互通",让中国的发展惠及沿线国家和人民。

案例 8　交通流分配基本原理
——辩证地看待问题

【课程名称】交通规划与原理。

【教学内容】交通流分配。

【案例意义】交通流分配是交通需求预测的第四阶段，也是重难点内容。通过本课程的学习，让学生掌握交通流分配的基本方法，学会运用交通思维审视交通运输现象、剖析交通运输问题。在课堂教学中引入前沿科学技术，穿插交通强国战略，从时空维度、复杂多样性等角度，引导学生理解和掌握交通流分配的内涵，明确交通从业者应具备的专业素养，以及在交通强国战略与"一带一路"倡议背景下的历史责任与使命，实现课堂思政教学与科学技术教学的有机融合。

教学过程

1.问题导入

简单回顾交通需求预测四阶段法前三阶段的学习内容，介绍第四阶段交通流分配是在前三阶段基础上，研究路网中各路段上预期的交通流量分配问题。提出问题：城市交通网络上形成的交通流量分布是两种动因相互作用直至平衡的结果，这两种动因分别是什么？

2.讲授正文

要让学生回答上述问题，首先向学生介绍道路交通系统的基本要素，即人、车和道路。交通流分配问题研究的对象是各交通小区之间的分布交通量，包括人和车。交通流量的分配，即出行用户和路网系统这两种动因相互作用直至平衡的结果。出行用户（即各种车辆）试图选择网络上最佳行驶路线来达到使自身出行费用最小的目的；路网系统提供给用户的服务水平与系统被使用的强度相关，道路上的车流量越大，用户遇到的阻力（即对应的行驶阻抗）越高。这两种动因交互作用使人们不易找到出行的最佳行驶路线和最终形成的流量分布结果。用一定的模型来描述这两种机制及其相互作用，并求解网络上交通流量在平衡状态下的合理分布，这就是所谓的交通流分配问题。

介绍完交通流分配的概念之后，引入交通流分配问题研究的意义、所需基础数据、研究对象与单位等。

在交通流分配问题中，交通阻抗直接影响交通流路径的选择和流量的分配，它可以用路阻函数来描述。接下来提出下一个问题——实际路网中的路阻是常量还是变量？——由此引入交通平衡问题，介绍 Wardrop 第一和第二原理：Wardrop 第一原理常被称为用户平衡（user equilibrium，UE）原理，Wardrop 第二原理被称为系统最优（system optimization，SO）原理。按照 Wardrop 第一原理分配出来的结果应该是路网上用户实际路径选择的结果；Wardrop 第二原理反映了一种目标，在实际网络中很难出现 Wardrop 第二原理所描述的状态，除非所有的司机互相协作为系统最优化而努力。

完全满足 Wardrop 平衡原理的分配方法，称为平衡分配方法，主要有用户平衡分配模型和系统最优分配模型。首先向学生演示用户平衡分配模型的建模过程，展示模型性能并介绍求解算法，代入案例进行计算。接着演示系统最优分配模型，请学生思考系统最优分配与用户最优分配的关系。对于采用启发式方法或其他近似方法的分配模型，则称为非平衡分配方法。非平衡分配方法按分配方式可分为变化路阻和固定路阻；按路径数量可分为单路径和多路径。向学生分别介绍不同分配形态和路径数量下的交通流分配方法和计算步骤，引入实际问题动手计算，分析不同方法的优劣性。

请学生思考上述介绍的平衡或非平衡交通流分配在实际应用中的局限性，引入随机分配和动态分配问题。随机分配根据路径选择的随机性分为非平衡随机分配和平衡随机分配。首先向学生介绍非平衡随机分配下的两类典型方法：模拟随机分配法和概率随机分配法。接着重点介绍平衡随机分配模型与算法，其中的随机用户平衡区别于之前介绍的 Wardrop 用户平衡分配，它认为出行者对路段阻抗的理解为一个随机变量，每个出行者选择自己认为路阻最小的方案出行，任何一个出行者均不能通过单方面改变路径来降低所估计的费用，是更贴近生活实际的分配模型。最后介绍动态交通流分配，它充分考虑交通系统中的时间信息，按照实时路况对时变交通需求实时分配路径，又可分为动态系统最优和动态用户最优。

课程最后进行总结，对比分析不同场景下不同交通流分配方法的优劣，并与学生探讨，在实际生活中能对现有的交通流分配方法做哪些改进？

3. 分析总结

本案例通过城市交通网络上形成交通流量的两种动因引入交通流分配问题，接着介绍 Wardrop 第一和第二原理，重点讲述交通平衡分配的两种方法，思考平衡或非平衡交通分配在实际应用中的局限性，引入随机分配和动态分配问题，最后对所有的交通流分配方法进行总结、对比分析。通过交通流分配问题的学习，使学生认识到辩证地看待问题的重要性，既要看到事物好的一面，又要看到事物坏的一面。辩证地看待问题就是用联系的观点看问题，用发展的观点看问题，用矛盾的观点看问题，用内外因的观点分析问题。每一个交通流分配方法都只能侧重某一方面，面面俱到是不可能的，我们能做的就是尽可能地进行优化，达到大多数人满意的状态。

案例 9　交通流均衡分配方法
——矛盾是一切运动的根源

【课程名称】交通规划与原理。

【教学内容】交通流分配——均衡分配方法。

【案例意义】交通流分配是交通需求预测四阶段法的第四阶段，即将已经预测得出的 OD 交通量按照一定的规则分配到网络中的各条道路上，进而求出路网的交通流量。可根据平衡分配方法求解交通流分配问题，该方法蕴含了马克思主义哲学中的矛盾概念，矛盾是推动事物发展的根本原因。本次课程通过专业知识与哲学观点融合，以交通流分配为基础，以平衡分配方法为依托，融合矛盾哲学思想展开思想政治教育。

教学过程

1. 问题导入

向学生提问，Wardrop 第一原理和第二原理分别是什么？回顾 Wardrop 原理引入用户平衡分配方法和系统最优分配方法。

回顾 Wardrop 两大原理。Wardrop 第一原理为，在道路的利用者都确切知道网络的交通状态并试图选择最短径路时，网络将会达到平衡状态。在考虑拥挤对行驶时间影响的网络中，当网络达到平衡状态时，每个 OD 对各条被使用的路径行驶时间相等，而且是最小的行驶时间；没有被使用的路径的行驶时间大于或等于最小行驶时间。Wardrop 第二原理为，在拥挤的网络中，交通量应该按照使得路网中总阻抗（即总行驶时间）最小的原则进行分配。

2. 讲授正文

均衡分配方法包括用户均衡分配方法、随机用户均衡分配方法与系统最优均衡分配方法。

（1）用户均衡分配方法

该均衡分配方法的原理为 Wardrop 第一原理，如果出行者有多条路径可供选择，首选最短路径，随着交通量不断增大，最短路径费用大于次短路径费用，部分出行者选择次短路径出行。

换言之，当交通流量分配未达到平衡状态时，出行者会变换路线以缩短行驶时间直至平衡。马克思哲学观点认为矛盾是一切运动和生命力的根源，是事物发展的根本动力，而交通流分配的根本目标是缓解网络交通拥挤状况，推动网络中的交通流达到平衡状态。如果事物没有内部矛盾，没有对立面或对立倾向之间的斗争，那么事物就会一成不变，就不可能有发展和质变，一切就会处于停滞状态。该哲学原理也可以用于理解交通流分配过程。

引入用户均衡分配方法求解交通流分配的案例。路网中的通行能力和长度数据如表 6-1 所示，按用户均衡分配方法将流量分配到道路网络，分配结果如图 6-3 所示。在某些情形下，达到平衡状态可能有多种途径，但网络流量的表现形式唯一。

表 6-1　路网通行能力和长度

OD	1	2	3
1	—	0	2
2	0	—	2
3	0	0	—

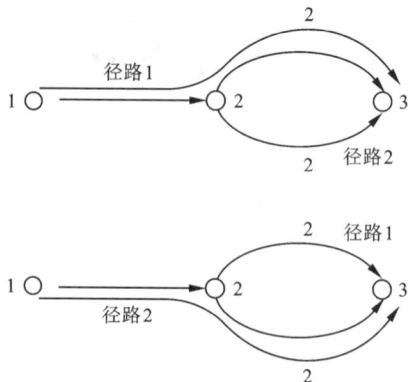

图 6-3　流量分配结果示意图

Wardrop 原理在理论上合理，但根据此原理实际求解时非常困难。1956 年 Beckmann 构建了等价最优化模型，将模型转换为有约束非线性最优化问题，以便于求解。求解 Beckmann 模型的 Frank-Wolfe 算法步骤如下：

Step 1：给出初始可能解 $\{x_a^k\}$，令 $k=0$。一般用全有全无法求解初始可能解。

Step 2：更新路段费用函数 $c_a^k(x_a^k)$。

Step 3：搜索目标函数的下降方向。用最短路径搜索法求出各 OD 间的最短路径，应用全有全无法求出探索方向 $\{y_a^k\}$。

Step 4：一维搜索，求出最佳探索步长。

Step 5：收敛判定，若满足收敛条件，结束计算；反之，返回 Step 2。

（2）随机用户均衡分配方法

用户均衡（UE）模型假设出行者都能完全正确地掌握所有交通信息，并对各路线的实际交通阻抗有完全正确的估计。但实际情况是人们不可能掌握所有的交通信息，出行者所做出的任何决策或多或少都具有一定的随机性或盲目性，所以随机用户均衡（SUE）模型是每个用户都选择自己感觉费用最小的出行路线。随机用户均衡和用户均衡的不同之处在于，在随机用户均衡的条件下，每个出行者都有单独的"出行费用"概念。

与非均衡模型迭代法类似，随机用户均衡模型在迭代计算过程中可能存在无法收敛的情况，因此需要设定迭代次数来强制终止迭代。

（3）系统最优均衡分配方法

该分配方法的原理为 Wardrop 第二原理，规划者按照总体或平均出行阻抗最小的原则在路网上分配交通流。该原理面向运输规划师，强调系统最优，一般用于智能运输系统广泛实施情况下的远景交通预测。求解系统最优模型，需要将目标函数转化为用户均衡模型，应用 Frank-Wolfe 算法求解。

3. 分析总结

本次课程将专业知识与案例分析相结合，并将马克思主义哲学原理的矛盾观点融入专业教学中。以交通流分配方法为引导、以实际案例为依托，在课堂中展开思政教育，阐述了矛盾是推动事物发展动力的哲学原理，让学生从中学习了只有不断地发现矛盾，才能认识矛盾，从而产生动力，促进事物良性发展的方法论。

7

交通工程基础

教学内容和思政融合设计

序号	教学内容	思政映射与融入点	编者
1	知识点：交通流理论介绍	案例1：交通流理论介绍——多领域思维融合迸发创新火花	唐进君
2	知识点：交叉口信号控制方案设计	案例2：交叉口信号控制方案设计——坚持事物共性与个性的统一	唐进君
3	知识点：停车需求预测	案例3：停车需求预测——多种理论结合进行合理计算	唐进君
4	知识点：道路通行能力分析	案例4：道路通行能力分析——抓住主要矛盾分析问题	唐进君

案例1 交通流理论介绍
——多领域思维融合迸发创新火花

【课程名称】交通工程基础。

【教学内容】交通流理论介绍。

【案例意义】介绍交通流理论的定义及基本参数，融合数理统计、系统动力学、流体力学等相关领域背景知识生动阐述道路交通流建模方法，加强学生对交通流基本理论的系统性理解，引导学生开展多领域思维融合迸发创新火花。

教学过程

1. 问题导入

以车辆在道路中的行驶和河水在河中的流动为例进行比较，探究二者之间的共性行为，从而引出问题：车辆的行驶过程具有哪些特征？可以用哪些参数来描述道路交通流的运行态势？可以用什么样的方法来模拟车辆在道路上的驾驶行为？（第一问）

2.讲授正文

交通流理论的基本定义是什么?(第二问)交通流理论是分析研究道路上行人和机动车辆(主要是汽车)在个别或成列行动中的规律,探讨车流流量、流速和密度之间的关系,以求减少交通时间的延误、事故的发生和提高道路交通设施使用效率的理论。该理论注重运用数学或物理的方法,从宏观角度和微观角度描述交通流运行规律,从而助力解释交通流现象或特性。交通流理论的研究揭示了群体交通单位在系统层面的动力学特性和统计学特征,包括平衡态的特性、非平衡态的特性及两者间的相互联系等。

交通流理论起源于对流体运动规律的观测,水流可以用流量、流速来表示,那么与之类似的交通流可以用哪些参数来表征呢?(第三问)交通流的基本参数可以分为宏观参数和微观参数两大类别。宏观参数主要用于描述交通流的整体特性,包括交通量或流率、速度、交通流密度等。其中,交通量和流率是描述交通流特性的最重要参数之一,它们都是反映交通需求的变量,但它们无论从概念上还是本质上都有巨大的差别。交通量是通过实际观测或者通过预测得到的值,而流率则是通过对不足 1 h 的交通量的等效转换后得到的等效值。微观参数主要用于描述交通流中彼此相关的车辆之间的运行特性,包括车头时距、车头间距。

顾名思义,交通流理论和"流"有着密切关联,在运用该理论对道路交通建模的过程中,是否只有流体力学这一种途径呢?(第四问)交通流理论研究的主要方法包括:①概率论方法,假定道路上行驶的车辆互相独立、分布随机,并假定各车辆行驶是一种概率过程,从而用概率的理论加以分析的方法;②排队论方法,排队论是研究服务系统因"需求"拥挤而产生等待行列(即排队)的现象,以及合理协调"需求"与"服务"关系的一种数学理论,在交通设计和管理方面的主要应用情况包括动态优化和静态优化,前者指排队系统的运营,也就是按什么方式接收服务(如行人管理、交通信号控制、对车行道上延滞的处理等),后者主要指合理的设计方案(如高速公路收费口的设计,地上、地下停车场的设计等);③流体力学方法,即交通波动理论,假定交通流是具有特定性质的一种流体,应用气体运动或声波、洪水波理论,宏观地表现这种现象的变化、演进的方法;④动力学方法,即跟驰理论,就是在交通流中追随前车的后车,假定其向前移动有某种规律性,据此可求得各车辆动力学状态的微分方程式。后两种方法较有前途,主要应用于道路服务水平与通行能力评价、交通量与交通事故预测、交通信号控制和交叉口排队长度估计等方面。

综上所述,交通流理论是一种多领域知识融合的工程应用型学科,在学习、理解交通流理论的过程中,可以广泛地运用其他学科中的所学知识以加深理解。同时,交通流理论是一门发展迅速且具有强大生命力的新兴学科,学生可以在将来的科研以及工程实践中,充分开展多学科知识融合,取长补短,将计算机科学、人工智能、大数据等新兴技术手段引入交通流理论中,在交叉创新的驱动下推动该领域的持续发展。

3.分析总结

本案例在第一问中通过讨论车流与水流的共性特征,生动形象地引入了交通流理论的产生源头与基本定义(第二问),并进一步以水流为切入点系统地讲解了交通流的基本参数(第三问),最终通过多学科知识融合的方式详细介绍了交通流理论研究领域的核心方法(第四问)。以"水流"为线索,以一种更为生动形象的方式讲解了交通流基本理论的有关内容,并依托多学科知识融合,增强了学生在科研及工程实践中的创新思维能力。

案例2　交叉口信号控制方案设计
——坚持事物共性与个性的统一

【课程名称】交通工程基础。

【教学内容】交叉口信号控制方案设计。

【案例意义】介绍交叉口的信号设置、路口渠化、交通信号基本参数等，根据实际情况引导学生进行交叉口单点信号控制方案的设计，分析方案设计的合理性、与交通量的匹配性，以及设计环节中需要注意的主要问题，渗透"从特殊到一般"的思想，培养学生的科学素养。

教学过程

1. 问题导入

交通信号的基本参数有哪些？信号控制方案设计的基本流程是什么？有哪些相关的信号配时和通行能力计算方法？（第一问）

2. 讲授正文

首先向学生介绍为什么要进行交叉口信号控制，以及交通信号的基本参数有哪些。交通信号的基本参数包括周期时长、信号相位、绿信比、绿时差等。其中，周期时长是信号灯绿、黄、红显示一周所需的时间；信号相位是信号轮流给某些方向的车辆或行人以通行权的一种次序；绿信比是一个相位的绿灯时长与周期时间之比；绿时差是相邻两联动信号间绿灯启亮时的时间差。

在理解了交通信号控制的基本概念和目的的基础上，提问：作为一位设计师，应如何进行交叉口信号控制方案的设计？设计包括哪几个环节？这个过程中要注意哪些问题？（第二问）交通信号控制方案的设计流程主要包括确定渠化方案、分析各进口道流量比、确定相位方案、总流量比检验、确定周期及各相位时间五个部分。在信号设计时，应注意以下几个问题：①要尽可能使各车道流量比分布均匀，尽可能给左转车流配置专用道；②流量比的确定是信号相位设计的关键问题，要注意合用车道的流量比计算方法；③结合渠化设置，注意各进口道流量比之间的关系，尽可能使同一相位下的各车道流量比分布均匀。

接下来提问：如何进行信号配时和通行能力的计算？每种方法分别适用于什么情况？（第三问）以此引导学生从不同的角度思考计算方法，并进行总结。在此基础上介绍国内外常用的四种单点信号配时和通行能力的计算方法：英国 TRRL 方法、澳大利亚 ARRB 方法、停车线法、规范中的方法，其中重点介绍英国 TRRL 方法。

（1）英国 TRRL 方法：该法也被称为 Webster 法，这一方法以 Webster 对交叉口车辆延误的估计为基础，通过对周期长度的优化计算，确定相应的一系列配时参数，是交叉口信号配时计算的经典方法。其具体计算步骤包括：①计算饱和流量。饱和流量是在一次连续的绿灯时间内，交叉口进口道上连续车队能够通过进口道停车线换算为小客车的最多车辆数，一次计算后还需要进行饱和流量的修正。②计算流量比。流量比是进口道实际到达交通量同该进口道饱和流量之比。③计算有效绿灯时间和信号损失时间。重点关注有效绿灯时间、绿灯间隔时间、清空时间、损失时间等几个概念及确定方法。④计算最佳周期时间。Webster 根据其定时信号交叉口的延误公式，得出使延误最小的定时信号最佳周期时间公式。⑤信号配时。将每周期的有效绿灯时间按各相位的流量比最大值之比进行分配，得到各相位的有效绿灯时间和显示绿灯时间。⑥计算通行能力。英国 TRRL 方法适用于独立、交通流稳定、各进口道流量相等、车辆到达时间随机的交叉口。

（2）澳大利亚 ARRB 方法：在 Webster 延误公式中，当饱和度趋近于 1 时，延误趋近于无穷，延误计算不准确，无法计算超饱和交通情况下的延误。澳大利亚 ARRB 方法是阿克赛立克在 Webster 法基础上加以改进提出的，他把停车补偿系数加入 Webster 延误公式，考虑了超饱和交通情况。

（3）停车线法：停车线法是中国城市道路规范方法。在信号交叉口，只要在有效绿灯时间内通过了停车线，就可以继续前行通过交叉口，故可以视为通过了交叉口。这种计算方法以停车线作为控制断面，因而被称为停车线法。其原理是先逐个路口、逐条车道计算，然后汇总求得交叉口总的通行能力。

（4）规范中的方法：对于不同交通流量路口所需周期长度，可以用规范中的方法进行计算。换算成等效流量后，根据每一相位交通流量负荷最大的引道入口总的车流当量来确定周期长度，按相交车流的等效交通量将绿灯时间分配给各相位，并对绿灯时间能否满足车辆放行要求进行检验。

以上几种方法各有特点，也有各自的适用场景。目前定时信号配时方法大部分都是在 Webster 法的基础上改进而来的，Webster 法通过选择特殊的"极端情况"——最大车流量为研究背景进行信号配时，从而设计出适用于某交叉口的一般性定时信号控制方案。这种从特殊到一般的思想值得学生深刻领会，并于实际生活中加以应用。

3.分析总结

本案例通过第一问介绍了交通信号及相关基本参数的概念，在此基础上结合实际问题，明确交叉口信号控制方案的设计流程，并发掘设计过程中需要注意的主要问题（第二问），同时针对信号配时方法进行讨论，计算通行能力（第三问），从而引导学生学习"从特殊到一般"的思想，掌握信号配时计算，为后续信号控制方案的设计提供依据。任何现实存在的事物都是共性和个性的有机统一，个性背后隐藏着共性，共性寓于个性之中，通过这个案例可以使学生坚持事物共性与个性的统一，从个别中把握一般，学会举一反三。

案例 3 停车需求预测
——多种理论结合进行合理计算

【课程名称】交通工程基础。

【教学内容】停车需求预测。

【案例意义】介绍停车需求预测相关方法，根据实际情况选用不同计算方法和模型，引导学生在进行停车设施设计过程中，合理地进行需求规划。

教学过程

1. 从思政角度导入问题

近年来,我国城市停车设施规模持续扩大,停车秩序不断改善,产业化发展逐步深入,但仍存在供给能力短缺、治理水平不高、市场化进程滞后等问题。为加快补齐城市停车供给短板,改善交通环境,推动高质量发展,国务院提出《关于推动城市停车设施发展的意见》,要以习近平新时代中国特色社会主义思想为指导,全面贯彻党的十九大和十九届二中、三中、四中、五中全会精神,坚持稳中求进工作总基调,坚持以人民为中心的发展思想。

计划到 2025 年,全国大中小城市基本建成配建停车设施为主、路外公共停车设施为辅、路内停车为补充的城市停车系统,社会资本广泛参与,信息技术与停车产业深度融合,停车资源高效利用,城市停车规范有序、依法治理、社会共治局面基本形成,居住社区、医院、学校、交通枢纽等重点区域停车需求基本得到满足。到 2035 年,布局合理、供给充足、智能高效、便捷可及的城市停车系统全面建成,为现代城市发展提供有力支撑。停车需求作为停车设施考量的重要因素,对其进行合理的预测至关重要。那么影响停车需求的因素有哪些?有哪些相关的计算方法?各类方法有什么适用条件和优缺点?

2. 讲授正文

先阐明预测停车需求的目的,以及停车需求的影响因素有哪些。(第一问)停车需求的影响因素包括:规划区内土地利用状况及未来发展规划、机动车保有量及出行水平、规划区内人口及社会经济发展水平、交通政策等。

接下来讨论停车需求预测可能的方法。(第二问)和学生一起从不同的角度思考停车需求的计算方法,总结可能的方法。在此基础上介绍常用的三种停车需求预测模型:相关分析模型、产生率模型、出行吸引模型。

相关分析模型:不同类型用地的停车生成率往往是土地利用、人口、交通量等因素综合作用的结果。相关分析模型则考虑了多种影响因素(就业岗位、人口数、使用面积、企业数、汽车保有量等),对诸多因素进行多元回归分析从而进行需求预测。

产生率模型:是建立在停车需求与土地利用性质关系基础上的回归模型。停车产生率为某种性质的单位用地面积所产生的全日停放车辆数,停车需求量 = $\sum j$ 类土地单位停车需求×j 类土地使用量。

出行吸引模型:其基本思路是停车需求与地区出行吸引量有直接关系。由地区出行吸引量(人次/日),结合出行方式的比例,换算成实际到达的车辆数,再根据高峰小时系数和机动车平均停车率,可得到高峰小时机动车停车需求量。其关键是确定交通方式的分担比例和车辆的承载量。本方法需要进行的调查和收集的资料包括现各用地停放特征调查、现小汽车出行调查、未来小汽车发展预测数据、未来 OD 资料。

通过介绍三种模型,请学生总结三种模型有什么优缺点或适用条件,在实际工程应用中应该如何考虑?(第三问)各种模型优缺点分析:①相关分析模型的优点是考虑的相关因素较多,预测方法较严谨。但由于本方法为多元回归模型,需标定多个系数,方法较复杂,调查工作量大,实用性不广,预测年限较短。②产生率模型预测的高峰停车需求量与用地特性密切相关,在空间分布上可信度较高;但预测年限越长,交通影响函数精度就越差,因此其预测的远期停车需求总规模精度有一定误差。③出行吸引模型是在总体规划确定的用地规划和交通规划提出的城市交通发展战略的基础上，预测的高峰停车需求量，是宏观控制需求量，对城市动、静态交通系统的形成具有引导和指导作用。其缺点是对 OD 的依赖性较强，空间分布性较弱。

总之，以上几种方法各有特点和一定的局限性，它们是对同一事物不同侧面的反映，在实际工作中可结合使用，相互印证。此外，在进行需求预测时，停车场供应量不仅应能承担一天中高峰小时的停车需求，还必须考虑区位特点、季节和周日变动等影响停车行为及停车特性的因素。不同土地使用类型的停车时间和周转率是不同的，停车时间越短、周转率越大，则车位的使用效率越高，同等停车条件下所需的停车泊位也越低。因此，在预测规划年对停车设施的需求量时，必须对需求量进行转换和修正，在实际生产建设过程中，这些复杂因素都应该考虑在内。

3. 分析总结

本案例第一问先阐明了预测停车需求的目的，以及停车需求的影响因素有哪些，第二问让学生讨论并理解停车需求预测的方法模型和计算过程，第三问分析了各种模型的优缺点，引导学生能够根据实际问题，选用合适的方法进行停车需求预测的计算，为后续停车场设施建设提供理论支撑和依据。

案例 4　道路通行能力分析
——抓住主要矛盾分析问题

【课程名称】交通工程基础。

【教学内容】道路通行能力分析。

【案例意义】介绍城市道路的路段、交织区、闸道道路、交叉口、街道的道路通行能力分析的方法，并引导学生发现影响道路通行能力的主要影响因素。结合道路的实际使用情况进一步分析道路规划者和使用者之间的矛盾，以及不同车辆行驶过程中产生的冲突与矛盾，并探究其对通行能力的影响，培养学生发现问题主要矛盾的能力和计算分析的能力。

教学过程

1. 问题导入

通过让学生回忆平时生活中使用的各种道路的情况，提问：这些道路的通行能力有何不同？大致可以划分为哪几种？影响这些道路的通行能力的因素有哪些？（第一问）

2. 讲授正文

首先和学生讨论道路通行能力和服务水平的定义和概念，并讨论道路通行能力的分类，之后从定义出发，向学生介绍道路通行能力的分类等级和影响因素。然后让学生讨论哪些因素对道路有更大的影响，哪些是主要影响因素，哪些是次要影响因素。道路通行能力反映了道路服务的水平或符合的能力，服务水平主要反映了道路服务的质量或满意程度。道路通行能力可以分为基本通行能力、可能（设计）通行能力和设计通行能力。影响道路通行能力的因素包括道路条件、交通条件、管制条件、环境条件、气候条件和规定运行条件等。

在了解了道路通行能力和服务水平的相关定义和概念之后，继续深入提问：路段通行能力该如何计算？需要考虑哪些指标？（第二问）接下来为学生讲授各种路段通行能力的计算方法。判断道路基本通行能力的主要依据是车辆的速度和车辆之间的最小安全距离，最小安全距离的计算主要包括司机刹车的反应时间、车辆的制动距离等。实际通行能力是在基本通行能力的基础上乘以各项修正系数（包括车道数修正系数、车道宽度修正系数、侧向净空受限修正系数、车道硬路肩宽度修正系数等）。向学生介绍高速公路、一级公路路段、二级、三级公路路段的实际通行能力，以及在计算时的各种修正系数。设计通行能力的计算依据主要为服务交通量。在公路设计中，不同公路的设计服务交通量不同。在介绍了各种路段通行能力的计算方法之后，出示几个例题让学生计算，提高学生计算通行能力的熟练度。

接下来向学生讲授交织区与匝道的通行能力。首先介绍什么是交织区与匝道，然后提问，在交织区和匝道中，车辆在行驶时可能遇到的交会、冲突的情况有哪些？（第三问）引导学生发现这些情况下不同车辆行驶时由利益冲突引起的矛盾，并指出哪些是主要矛盾。交织区是指两股或两股以上交通流运行总方向基本相同的车流，先实现合流而后分流的整个运行过程所需的路段。匝道是联系不同高程上两条交叉线路，供两线路车辆实现方向转换的连接道路，一般有一个入口和一个出口，由于线形变化较大且常有纵坡和小半径的转弯，故通行能力较正常路段要低。其次介绍交织区和匝道的通行能力计算方法。交织区的通行能力是由单条车道的基本通行能力乘以各项修正系数得到的，匝道通行能力是由基本通行能力乘以宽度修正系数再乘以大车混入率修正系数得到的。

在了解了路段、交叉区和匝道的通行能力计算方法之后，继续介绍交叉口的通行能力，并提问：在交叉口中，各车辆的行驶会受到什么因素的影响？会有哪些冲突？其中哪些是主要的影响和冲突？（第四问）培养学生发现主要矛盾的能力。交叉口通行能力的主要影响因素是主干道优先通行的双向交通量、主干道车辆到达率、次干道上车辆间的最小车头时距等，主干道和次干道的车辆行驶冲突是主要矛盾，这在一定程度上限制了交叉口的通行能力。在此基础上提问：当车头时距不同时，有多少车辆可以穿越主要道路？（第五问）接下来根据情况分类讨论，在车头时距不同时，允许穿过主要道路的车辆数量的计算方法。接着展示在无信号管制情况下的交叉口通行能力表格，让学生对不同情况下的交叉口通行能力有直观的了解。之后让学生通过类比的方法，试着计算T形交叉口和环形交叉口的通行能力，并对其作详细讲解，之后给出例题，提高学生计算交叉口通行能力的熟练度。最后简要介绍街道的通行能力计算方法。

3.分析总结

本案例通过第一问引入道路通行能力的划分影响因素，引发学生对道路通行能力相关问题的思考；接下来通过第二问，讲解交叉口通行能力的计算方法；接着通过第三问引入交织区和匝道通行能力的计算方法，并通过第三问和第四问引发学生思考不同车辆在行驶时可能会产生的利益冲突和矛盾，并从中找出影响通行能力的主要矛盾，培养学生发现并分析主要矛盾的能力；第五问提出一个具有深度的探索性问题，培养学生深度思考和分类讨论的能力。

8

城市轨道交通规划与设计

教学内容和思政融合设计

序号	教学内容	思政映射与融入点	编者
1	知识点：城市轨道交通线网规划	案例1：城市轨道交通线网规划的作用及意义——宏观统筹的作用	陈 群
2	知识点：换乘枢纽与衔接	案例2：换乘枢纽与衔接的内容、要求及意义——以人为本，可持续发展	陈 群
3	知识点：轨道交通线网规模计算	案例3：城市轨道交通线网规模计算——理论联系实际	唐进君
4	知识点：城市轨道交通线路设计	案例4：城市轨道交通线路设计——善于综合考虑问题	唐进君
5	知识点：城市轨道交通车站设计	案例5：城市轨道交通车站设计——贯彻以人为本思想	唐进君
6	知识点：城市轨道交通换乘枢纽与衔接	案例6：城市轨道交通换乘枢纽与衔接——具体问题具体分析	唐进君

案例1　城市轨道交通线网规划的作用及意义
——宏观统筹的作用

【课程名称】城市轨道交通规划与设计。

【教学内容】城市轨道交通线网规划。

【案例意义】让学生了解我国城市轨道交通线网规划的作用及意义，提高宏观统筹与把握能力。

教学过程

1. 问题导入

城市轨道交通的优势是什么？城市轨道交通线网规划对其有何作用和意义？当代交通运输专业学生应有哪些使命与担当？

2. 讲授正文

（1）城市轨道交通线网规划的性质和作用

线网规划是城市轨道交通的重要组成部分，是轨道交通工程项目建设报审、立项的必要条件，是线路设计的主要依据。

线网规划是确定轨道交通建设规模、修建顺序以及编制轨道交通建设规划的依据。

线网规划是确定线网结构、换乘车站和换乘形式的基本依据。

线网规划是城市轨道交通工程建设用地规划控制的重要依据，可有力控制和降低工程造价。

线网规划是城市轨道交通系统分阶段建设的基础，利于使轨道交通建设和运营进入良性循环，保持可持续发展的态势。

线网规划方案影响城市结构和城市形态与功能，对城市土地的发展有强大的刺激作用，其内容将支持城市总体规划的实施和发展。

（2）城市轨道交通线网规划的内容

①前提与基础研究。

前提与基础研究主要是对城市的人文背景和自然背景进行研究，从中总结指导轨道交通线网规划的技术政策和规划原则。其主要研究依据是城市总体规划和综合交通规划等。

前提与基础研究具体的研究内容包括：城市现状与发展规划，即城市的性质、城市地理环境、地形地质概况、城市区域与人口、城市布局、国民经济和社会发展规划；城市交通现状和规划，即城市道路交通现状分析、道路网结构和布局、城市客运交通的发展和现状、城市交通发展总体战略、城市轨道交通现状。

②远景线网规模及其构架。

远景线网规模及其构架是线网规划的核心，它要回答城市到底需要一个什么样的网络的问题。

这部分研究的主要内容包括线网合理规模、线网构架方案的构思、线网方案客流测试、线网方案分析与综合评价。

通过多规模控制—方案构思—评价—优化的研究过程，规划较优的方案。

③分阶段实施规划。

分阶段实施规划是轨道交通规划可操作性的关键，集中体现了轨道交通的专业性。

其主要研究内容是工程条件、建设顺序、附属设施规划，具体内容包括车辆段及其他基地的选址与规模研究、线路敷设方式及主要换乘节点方案研究、修建顺序规划研究、轨道交通线网的运营规划、联络线分布研究、轨道交通线网与城市的协调发展及环境要求、轨道交通和地面交通的衔接等。

（3）线网规划中的实际问题

①对交通需求和交通供给之间的动态平衡关系缺乏研究，表现为或者规模失控，或者促

使城市土地畸形发展，部分线路客流效益得不到保证。

②缺乏投入和产出效益的宏观分析，不能制定合理的工程进度和投资强度制约下的修建计划，造成政府决策的盲目性，影响线网建设的可持续发展。

③线路走向因缺乏论证而不稳定，影响线网整体合理布局。

④没有适度预留后续工程建设条件，轻则投资加大，重则工程无法实施。这种情况集中表现在换乘站建设中。

⑤没有预留轨道交通工程用地条件，主要是正线区间和车站用地、车场用地及联络线用地，造成功能合理的线路位置往往没有建设条件。

(4)城市轨道交通线网规划的方法体系

线网规划是城市总体规划中的专项规划，在城市规划流程中，其位于综合交通规划之后，专项详细控制性规划之前。线网规划是长远的、指导性的专项宏观规划。它强调稳定性、灵活性和连续性的统一("三性合一")。

稳定性：规划核心在空间上(城市中心区)和时间上(近期)要稳定。

灵活性：规划延伸条件在空间上(城市外围区)和时间上(远期)要有灵活变化的余地。

连续性：线网规划要在城市条件不断变化的情况下，不断调整完善。

线网规划编制的原则：①以所在城市总体规划为指导；②体现城市社会经济发展目标和战略要求；③符合城市综合交通规划的发展目标和总体思想；④以城市社会、经济与地理特征为基础。

3.分析总结

城市轨道交通线网规划是城市轨道交通的重要组成部分，是轨道交通工程项目建设报审、立项的必要条件，是线路设计的主要依据。

城市轨道交通线网规划需要我们有宏观总体把握能力，要有远景预测、近期兼顾的能力，要总体考虑城市、资源、环境、经济、社会等各方面的要素，要考虑交通与土地的互动，从点、线、面三个层次总体把握城市轨道交通线网布局，并体现稳定性、灵活性和连续性的统一。

案例2　换乘枢纽与衔接的内容、要求及意义
——以人为本，可持续发展

【课程名称】城市轨道交通规划与设计。

【教学内容】换乘枢纽与衔接。

【案例意义】通过对换乘枢纽与衔接的内容、要求及意义的讲解，让学生认识到换乘枢纽与衔接应遵循以人为本的可持续发展理念。

教学过程

1.问题导入

换乘枢纽与衔接的内容、要求及意义是什么？在换乘枢纽与衔接的设计过程中应遵循怎样的理念？

2. 讲授正文

(1)换乘枢纽与衔接的发展背景

城市轨道交通只有形成网络之后才能有效发挥交通骨干作用，并提高轨道交通可达性。因此，轨道交通线路与线路之间的合理换乘就显得非常重要，其关系到出行者的便捷、经济和舒适等。

(2)换乘枢纽与衔接的内容

换乘枢纽可以按形状、途径及换乘设施等分为多个不同的类别。不同换乘枢纽的适用环境不同，各自的优缺点也不同。例如，同站台换乘一般适用于两条线路平行交织，而且采用岛式站台的车站形式。其优点是同方向短距离换乘，方便快捷以及车站为双层结构，埋深较浅，便于施工；缺点是反方向换乘不方便，乘客需要通过站厅层来实现反方向换乘以及车站的土方开挖量大、工程造价高等。

(3)换乘枢纽与衔接的要求

尽量缩短换乘距离，减少换乘高差，使换乘客流流线明显、简洁，方便乘客换乘。

换乘站客流与进、出站客流分流，避免相互交叉和干扰。

保证运营安全的条件下，尽量考虑换乘方便，并尽量减少对运营线路的影响。

城市规划、城市交通规则受到现状及规划的地下管线和地下建筑物的制约。

运能相互匹配原则，换乘能力匹配。

超大城市主要客运枢纽间以换乘时间不超过 1 h、换乘次数不超过两次为宜，特大城市换乘时间不超过 45 min，大城市换乘时间不超过 30 min。

(4)以换乘枢纽与衔接为例，明确交通运输专业学生应有的设计理念

①以人为本的原则。在对交通枢纽进行设计和布置上，往往会考虑令旅客安全、有序、高效地进出车站等因素，此外也会考虑换乘环境的舒适程度。往往在拥挤、疏于管理的换乘通道中，更容易发生碰撞等危险事故，对车站广大乘客的安全出行造成心理与生理的压力，降低换乘的安全与效率水平，也会连带着对乘客的满意度造成影响。

针对这样的情况，轨道交通线路换乘工作应当依照以人为本的服务宗旨，就换乘客流涌动的路线以及集散的区域，对换乘的路径进行优化性处理，以此缩短换乘的距离，提高换乘效率，还有换乘舒适性、安全性。

②可持续协调发展指导原则。当下的发展背景中，城市基础设施不断完善，地铁沿线客流能力和城市轨道客流规模逐渐提升。发展过程中，也印证了换乘枢纽的建设不能一步到位、更不能一蹴而就，对于轨道交通线路的换乘必须按照留有余地、采取远近期结合的规划策略，以实现城市轨道交通长期的稳定健康可持续发展。

3. 分析总结

换乘枢纽与衔接设计通常会考虑以人为本及可持续发展原则。

让学生深刻体会到作为交通运输工程专业的学生，在掌握交通的专门知识和相关技术且在从事轨道交通系统规划与设计工作时，需要时刻记住以人为本的服务宗旨以及健康可持续发展的理念。

不单局限于换乘枢纽与衔接，中国交通也积极适应新的形势，坚持对内服务高质量发展，对外服务高水平开放，以建设人民满意交通为目标，同时推动交通运输可持续发展。

案例 3 城市轨道交通线网规模计算
——理论联系实际

【课程名称】城市轨道交通规划与设计。

【教学内容】轨道交通线网规模计算。

【案例意义】介绍城市轨道交通线网规模计算相关方法，根据实际情况选用不同计算方法和模型，引导学生在进行城市轨道交通线网规划与设计过程中，能够理论联系实际采用合理计算方法。

教学过程

1. 问题导入

影响轨道交通线网规模的因素有哪些？有哪些相关的计算方法？各类方法有什么适用条件和优缺点？（第一问）

2. 讲授正文

首先向同学们介绍为什么要进行线网规模的计算，以及计算的影响因素有哪些。线网规模的影响因素包括城市的规模、城市交通需求、城市财力因素、居民出行特征、城市未来交通发展战略与政策和国家政策等。其中，城市的规模又包含城市人口规模、城市土地利用规模、城市经济规模、城市基础设施规模四个方面。

接下来提问如何计算？有没有什么好的思路或办法？（第二问）通过和同学们一起考虑从不同的角度思考线网规模的计算途径，总结可能的方法。在此基础上介绍国内外常用的四种线网合理规模的计算方法：服务水平法、交通需求分析法、吸引范围几何分析法、回归分析法。①服务水平法：该法先将规划区分为几类，例如分为中心区、中心外围区及边缘区，然后或类比其他轨道交通系统发展比较成熟的城市的线网密度，或通过线网形状、吸引范围和线路间距确定线网密度，从而确定城市的线网规模。②交通需求分析法：根据城市未来出行的需求与供给平衡关系，通过适合城市特点的数学模型来测算。比较可行的办法是从分析城市居民出行特征入手，类比其他城市的情况，考虑城市未来交通发展政策，以定性分析手段进行估计。③吸引范围几何分析法：吸引范围几何分析法是根据轨道交通线路或车站的合理吸引范围，在不考虑轨道交通运量并保证合理吸引范围覆盖整个城市用地的前提下，利用几何方法来确定轨道交通线网规模的方法。具体做法：在分析选择合适的轨道线网结构形态和线间距的基础上，将城市规划区简化为较为规则的图形或者规则图形组合，然后通过合理吸引范围来确定线间距，最后在图形上按线间距布线再计算线网规模。④回归分析法：这种方法是先找出影响城市轨道交通网络规模的主要因素（如人口、面积、国内生产总值、私人交通工具拥有率等），对线网规模及各主要影响因素进行数据拟合，找出线网规模与各主要相关因素的函数关系式，然后根据各相关因素在规划年限的预测值，利用此函数关系式确定本城市到规划年限所需的线网规模。

通过介绍这四种计算方法，请同学们总结四种计算方法有什么优缺点或适用条件，在实际工程应用中应该如何考虑?(第三问)各类方法优缺点分析:①服务水平法的优点是借鉴了其他城市的经验,计算简单。但在现实中,很难找到两个在多方面都相近的城市。因此,该方法可能存在类比依据不足、令人难以信服的缺陷。②交通需求分析法从交通供给满足需求的角度出发计算线网规模,易于理解,但是计算数据中涉及一些主观推算和假设。③吸引范围几何分析法的特点是根据城市用地规模和轨道交通服务水平来确定轨道交通线网规模,因此能够保证一定的服务水平;其缺陷是没有考虑轨道交通运量的限制,而且假定将合理吸引范围覆盖整个城市用地也会导致规划线网规模偏大。④回归分析法有较强的理论根据,所得结果容易被大家所接受,但是在具体应用中存在着难以寻找合适的拟合样本等问题。

总之,以上几种方法各有特点和一定的局限性,它们是对同一事物不同侧面的反映,在实际工作中可共同使用,相互印证,重点是在把握所规划城市或地区的特点和发展趋势的基础上来对线网规模进行计算,对各模型的差异性结果应经多方面定性分析及综合协调后加以判定。

3. 分析总结

本案例通过第一问明确为什么要进行线网规模的计算,通过对城市轨道交通线网规模的概率、影响因素、计算方法等知识的讲解(第二问),让学生理解线网规模的计算过程、适用条件和优缺点(第三问),从而引导学生能够根据实际问题选用不同的方法进行线网规模的计算,为后续线网规划提供理论支撑和依据。

案例4 城市轨道交通线路设计
——善于综合考虑问题

【课程名称】城市轨道交通规划与设计。
【教学内容】城市轨道交通线路设计。
【案例意义】介绍城市轨道交通线路设计的目的和意义,以及影响交通线路设计的因素,引导学生在进行线路设计时,能够根据不同的影响因素和环境确定线路的具体设计方案,培养学生综合考虑问题和优化方案的能力。

教学过程

1. 问题导入

影响轨道交通线路设计的综合因素有哪些?有哪些相关的设计方法?设计过程中要注意什么关键问题?(第一问)

2. 讲授正文

首先和同学们讨论什么是线路设计?为什么要进行线路设计?线路设计的定义:线路设计是在已经确定的城市轨道交通线网的条件下,研究某一条或某一段线路的具体位置,确定相关细节,包括线路的路由方案、敷设方式、站点选择、线路曲线和坡度计算等。轨道交通线路包括正线、辅助线和车场线,其中辅助线包括折返线、渡线、联络线、停车线、车辆段出入线、安全线等。线路设计一般分为四个阶段,即可行性研究阶段、总体设计阶段、初步设计阶段和施工图设计阶段。通过不同设计阶段,由浅入深,不断地比较修正线路平面、纵剖面和坡度、线路与车站的关系，最后确定最佳线路在城市三维空间中的准确位置。

在理解了线路设计的目的和意义的基础上，接下来提问，作为一名设计师，如何进行轨道交通线路的选线？这个过程中要注意一些什么问题？（第二问）轨道交通线路选线主要发生在线网规划、预可行性研究以及可行性研究阶段，主要包括线路的走向与路由、车站分布、辅助线分布、线路交叉形式以及线路敷设方式等的选择。选线的基本原则包括符合城市总体规划、符合城市轨道交通线网规划、节约城市土地资源、减少城市拆迁工程等。

继续提问，理解了选线的要求和原则后，在具体设计过程中需要哪些资料为选线方案进行支撑？（第三问）选线所需资料包括：城市快速轨道交通线网规划（研究）报告、轨道工程项目建议书（或预可行性研究报告）及其审批文件、市政府及其上级部门或领导对地铁项目建设的指示、客流资料、城市总体发展规划资料、城市的经济统计资料、水文气象资料、工程地质及水文地质资料、地形图资料等。

引导同学们继续思考，选线完成后，一些特色断面应如何设计？线路的敷设方式如何？（第四问）线路敷设方式：①地下线：一般在交通繁忙路段和市区内繁华地段采用，是对城市环境影响最小的一种线路敷设方式。②高架线：一般在市区外建筑稀少及空间开阔地段采用，介于地面和地下之间的一种线路，既保持了专用道的形式，占地较少，又对城市交通干扰较小。③地面线：在较空旷、道路和建筑物稀少的地带采用，土建工程造价低；缺点是隔断线路两侧的交通，一般用在偏远市郊路段。

最后，提问车站设置、分布及站位选择如何进行？（第五问）车站设置应满足的原则：尽量避开地质不良地段，尽可能减少对周围环境的干扰；兼顾各车站间距离的均匀性。车站分布对市民出行时间的影响：车站数量的多少直接影响市民乘地铁出行的时间，车站多，市民步行到站距离短，节省步行时间，可以增加短程乘客的吸引量，但增加了乘客在车内的时间；车站少，则恰恰相反，提高了交通速度，减少乘客在车内的时间，可以增加线路两端乘客的吸引量。车站站位选择原则：方便乘客使用、与城市道路网及公共交通网密切结合、与旧城房屋改造和新区土地开发结合、方便施工、减少拆迁、降低造价。

3.分析总结

本案例通过第一问介绍城市轨道交通线路设计的目的和意义，介绍影响交通线路设计的因素（第二问、第三问），在此基础上深入介绍线路的敷设方式及平面位置选择（第四问），车站设置、分布及站位选择等内容（第五问），引导学生在进行线路设计过程中，能够根据不同的影响因素和环境确定线路的具体设计方案，培养学生综合考虑问题和优化方案的能力。

案例5 城市轨道交通车站设计
——贯彻以人为本思想

【课程名称】城市轨道交通规划与设计。

【教学内容】城市轨道交通车站设计。

【案例意义】介绍城市轨道交通车站设计概况，从总平面布局、结构形式、设施、流线四个方面详细说明车站设计的步骤和方法，引导学生进行车站设计时，贯彻以人为本的思想，并根据实际条件与要求设计车站的布局、结构、设施与流线。

教学过程

1. 问题导入

城市轨道交通车站是什么？车站的组成和规模如何？城市轨道交通车站设计的原则与目标是什么？（第一问）

2. 讲授正文

首先向学生介绍城市轨道交通车站概念、组成、规模、设计的原则与目标。车站是吸引客流、疏散客流，供旅客乘降、换乘、候车的场所，是城轨车辆到发、通过、折返、临时停车的地点，是集中设置的主要技术设备、运营管理系统，是城市建筑艺术整体的一个有机部分，是连接其他交通的枢纽。车站一般由车站主体、出入口及通道、风道及风亭（地下）和其他附属建筑物组成。车站主体根据功能可分为两大部分：乘客使用空间和车站用房。乘客使用空间又可分为非付费区和付费区，通常非付费区的面积应略大于付费区。车站用房包括运营管理用房、设备用房和辅助用房，应根据运营管理需要设置，只配置必要房间，尽可能减少用房面积，以降低车站投资。在进行车站总体布局之前，要确定车站的规模。车站规模可分为A、B、C 三个级别，主要由客流量、地理位置确定。车站设计需按照车站选址、总体设计、规模与布局、站位等原则，贯彻以人为本的思想，在考虑经济性的情况下，为乘客提供安全、快捷和舒适的乘降环境。

在理解了车站设计概况的基础上，提问应从哪些方面进行车站的设计？（第二问）轨道交通车站规划与设计应从总平面布局、结构形式、设施、流线四个方面进行。①车站总平面布局设计包括车站中心位置（站位）、车站外轮廓范围以及出入口风亭的确定等，它是车站设计的关键环节。②车站结构形式受功能需求、施工方法、地形地势环境等的影响存在较大差异，尤其是地下车站、高架车站与地面车站的结构形式选择与设计要结合实际情况进行，典型的车站形式有地下岛式（侧式）双层（局部双层）车站、地下双洞（或三洞）岛式车站。③车站的主要设施包括站台、站厅、售检票设施、通道楼梯与扶梯、照明设施、风亭、风道设施、设备用房、管理用房等，不同设施有不同的设计标准与方法。④流线设计包括乘客进站流线设计与出站流线设计两部分。进站流线设计指乘客由出入口进站，顺序经过自动售票机、进站闸机、站厅付费区、楼扶梯、站台等空间，直到乘坐列车的整个运动轨迹的规划设计；出站流线设计指乘客由轨道交通列车，顺序经过站台、楼扶梯、站厅付费区、出站闸机、非付费区等空间，直到车站地面出入口的整个运动轨迹的规划与设计。

最后，提问如何从这几个方面进行车站的设计？（第三问）①车站总平面布局设计的步骤：分析影响因素，确定边界条件；根据功能要求构思总体方案；确定出入口、风亭的数量和位置；绘制车站总平面布置图。②地下车站、高架车站与地面车站的结构形式选择与设计：地下车站可采用明挖法、盖挖法、矿山法、盾构法进行施工，需根据周围环境要求进行选择；高架车站主要是根据所在位置和设置的站房确定车站形式，一般采用侧式站台形式，尽可能减少车站宽度，降低车站造价；地面车站设计重点考虑乘客及行人穿越道路时的干扰以及安全问题，一般分单层、双层或结合周围环境进行开发的多层车站，其形式主要根据功能要求和环境特点确定。③车站设施设计：根据远期列车编组有效使用长度、停车误差计算确定站台长度；根据车站远期预测高峰小时客流量、列车运行时间间隔、结构横断面形式、站台形式、楼梯及自动扶梯位置等因素计算确定站台宽度;由远期车站预测的客流量大小和车站的重要程度决定站厅面积,一般根据经验和类比分析确定;根据高峰小时客流量、售检票能力等因素确定售检票数量;楼梯和通道的尺寸一般要在满足防灾要求基础上,根据客流量计算确定;根据车辆类型确定的建筑限界给定了从轨道中心到站台边缘的距离,实际设计时还要考虑 10 mm 左右的施工误差;整体照明是轨道交通车站照明的主要形式,它要考虑布置方式及照明灯具的形式;无障碍设计包括轮椅升降台、垂直升降梯、残疾人专用通道、盲道等设施,以方便残疾人使用;车站用房面积一般根据工程的具体特点和要求,由各专业根据本专业的技术标准和设备选型情况,结合车站功能需要进行确定;风亭、风道的面积取决于当地气候条件、环控通风方式和车站客流量等因素,由环控专业计算确定;车站防灾设计包括车站紧急疏散、车站消防、车站防洪(涝);车站装修根据交通性建筑的特点,以速度、秩序、安全、通畅、易识别性等为前提,力求简洁明快,体现交通建筑的特色。④车站流线设计:乘客进出站流线设计应充分考虑站厅与站台层的各项设备、设施布局与能力,遵循客流流线交叉次数最小原则,尽量避免进站客流与出站客流间的相互干扰,提高乘客进出站疏散效率。

3.分析总结

本案例通过第一问介绍城市轨道交通车站设计概况,从总平面布局、结构形式、设施、流线四个方面详细说明车站设计的步骤和方法(第二问、第三问),引导学生在车站设计过程中,贯彻以人为本的思想,并根据实际条件与要求设计车站的布局、结构、设施与流线。

案例 6　城市轨道交通换乘枢纽与衔接
——具体问题具体分析

【课程名称】城市轨道交通规划与设计。

【教学内容】城市轨道交通换乘枢纽与衔接。

【案例意义】介绍城市轨道交通线路之间换乘站的类型及其特点,分别介绍与城市对外交通方式换乘和与城市内其他交通方式的换乘,引导学生在进行换乘枢纽规划与换乘方式设计过程中,学会具体问题具体分析,针对不同的换乘需要设计换乘方式。

教学过程

1.问题导入

车站换乘方式有哪些?各自的优缺点是什么?路网中换乘点的分布原则是什么?与城市对外交通是怎样换乘的?与城市对内其他交通是怎样换乘的?

2.讲授正文

首先提问确定换乘方案需要考虑哪些因素?(第一问)需要考虑四个方面:①需要尽量缩短换乘距离,减少换乘高差,使换乘客流流线明显、简洁,方便乘客换乘;②换乘站客流与进、出站客流分流,避免相互交叉和干扰;③在保证运营安全的条件下,尽量考虑换乘方便,并尽量减少对运营线路的影响;④要考虑城市规划、城市交通规则影响以及受到现状及规划的地下管线和地下建筑物的制约。

确定好换乘方案需要考虑的因素后，继续提问现有车站有哪些换乘方式，各自的优缺点分别是什么？（第二问）提示学生可以根据线路相交方式和从车站站台布局角度思考，同时结合自身实际乘坐轨道交通经历考虑。根据车站布局和线路相交方式可以将轨道交通换乘分为：同站台换乘、十字换乘、T 形换乘和 L 形换乘、通道换乘、站外换乘等。①同站台换乘一般适用于两条线路平行交织，而且采用岛式站台的车站形式。同方向短距离换乘，方便快捷，车站施工简单。但反方向换乘不方便，乘客需要通过站厅层来实现反方向换乘，且车站造价高。②十字换乘一般适用于两条线路十字交叉，即两条线路车站呈"十"字形交叉，多采用岛式与侧式节点换乘及侧式与侧式节点换乘。十字换乘可以很好地实现站台到站台的换乘，可以为乘客提供方便和快捷的换乘条件，同时经济效益较好，适合两条线路同期实施或修建时间较近。③T 形换乘是两条线路相较于丁字路口导致两个地铁车站呈现"T"形交叉。L 形换乘是指两个车站呈"L"形交叉，换乘通过两车站端部换乘设施楼扶梯相衔接，但换乘路线较长，方便性降低，且极易形成人流瓶颈。④通道换乘并不是一种理想的换乘方式，虽然换乘布置较为灵活、预留工程少，但是换乘通道一般较长，分为 L 形、T 形和 H 形三种形式。⑤站外换乘方式是乘客在车站付费区以外进行换乘，实际上是没有专用换乘设施的换乘方式，这对地铁交通自身而言是一种系统性缺陷的反映。此外，还包括组合换乘方式，即根据施工和线路运行需要，包括上述两种以上换乘方式的组合。

紧接着提问设计好换乘方式后，线网中换乘点分布需要注意什么？（第三问）①线网中任意两条线路应尽可能相交 1~2 次；②换乘点应适当分散，避免过度集中在城市中某个狭小区域；③换乘点最好为两线交叉，有利于分散换乘客流，合理控制换乘站规模，简化换乘站客流组织，降低工程施工难度；④换乘点应尽量避免 3 条以上线路交叉于一点，否则，一方面换乘客流干扰较大，另一方面工程难度较大；⑤换乘点应主要分布于城市重点区域，如中心区或外围特大型客流集散点。

轨道交通需要与哪些城市对外交通换乘？需要与哪些城市对内其他交通方式的换乘？分别是怎样衔接的？（第四问）。对外需要与地面铁路车站、公路客运站、机场和港口等衔接。与地面铁路车站的衔接，有站前广场地下单独建设车站、统一地面或地面高架车站和新建综合性交通建筑三种形式。对内需要与公交车、小汽车、自行车换乘，与公交换乘需要改变地面常规公共交通线路，尽量做到与轨道交通车站交会。与小汽车换乘可在车站周围修建小汽车停车场。与自行车换乘可考虑在出入口周围划停车场地，或利用地下空间设置停车场。

3. 分析总结

本案例通过第一问引出设计轨道交通换乘站需要考虑哪些因素，让学生结合自身实际乘车经历，分别介绍了各种换乘方式的适用车站、优缺点等，通过第二问学习了从宏观角度看换乘点在线网中的布设原则，最后分别讲解了轨道交通与城市对外交通方式的接驳和对内其他交通方式的换乘。通过以上内容引导学生在进行换乘枢纽规划与换乘方式设计过程中，结合自身实际，学会具体问题具体分析，根据车站布局和线路相交方式设计合理的换乘方案。

9

交通运输导论

序号	教学内容	思政映射与融入点	编者
1	知识点：铁路运输技术经济特征、铁路运输方式的基础设施设备及业务组织管理方法、铁路运输发展趋势	案例1：铁路运输方式——坚持感性认识和理性认识相关联	郑 亮
2	知识点：综合运输与多式联运	案例2：综合运输与多式联运——增进自我定位与使命感	陈 群
3	知识点：水路运输概述、水运资源优化配置和船舶与水运基础设施	案例3：水路交通运输——坚持辩证法，反对形而上学	郑 亮
4	知识点：公路运输的职能、特点、地位及作用概述，公路运输的基础设施设备和道路建设新技术与公路运输未来的发展趋势	案例4：公路交通运输——坚持分析与综合相结合	郑 亮
5	知识点：航空运输概述和航空运输设备与设施	案例5：航空交通运输——事物发展的前进性和曲折性相统一	郑 亮

案例1 铁路运输方式
——坚持感性认识和理性认识相关联

【课程名称】交通运输导论。

【教学内容】铁路运输技术经济特征、铁路运输方式的基础设施设备及业务组织管理方法、铁路运输发展趋势。

【案例意义】通过介绍铁路运输方式的特点、基础设施设备及业务组织管理方法、铁路运输发展趋势，让学生了解铁路运输新技术及发展趋势，培养学生感性认识和理性认识相互关联、相互渗透的意识。

教学过程

1. 问题导入

首先介绍四种交通运输方式的类型以及它们的应用场景，然后给学生播放一段视频来加深他们的感性认知，最后提问"相比其他运输方式，铁路运输的优势有哪些？"（第一问），引导学生思考。

2. 讲授正文

首先给学生讲解铁路运输技术经济特征，通过引入图表，介绍铁路运输技术的相关数据，与其他运输方式做对比，分小组讨论，引导学生总结铁路运输技术经济特征，教师补充，并系统总结铁路运输的特点、优点、缺点及地位。

接下来提问学生对"一带一路"的了解（第二问），观看"一带一路"的相关视频，让学生了解国家大势。分小组讨论"一带一路"的意义和必要性。教师介绍铁路运输方式的基础设施设备分为固定设备和移动设备两种。其中，固定设备包括线路与轨道、车站及枢纽和信号与通信；移动设备包括机车与车辆等。教师介绍铁路运输业务组织分为车站工作组织和列车运输组织两类。讲授完专业知识后，教师关联课程知识与现场职业要求，启发学生兴趣，为职业规划做准备。

然后教师提问学生"中国铁路经历过多少次提速？"（第三问），"铁路运输未来将要朝着什么方向发展？"（第四问），激发学生好奇心。通过观看中国高速铁路发展历史的视频以及"八横八纵"空间规划示意图，让学生充分了解行业动态，分小组讨论我国高铁发展后来居上的原因，以及高铁的发展对我国经济的发展带来了哪些影响。列举世界发达国家的铁路建设与先进技术，建立学生"立足中国，放眼世界"的国际视野。交流讨论，让学生谈谈个人体会与感想。启发学生建立正确的世界观、人生观与价值观。

最后观看铁路行业科学家们相关事迹的视频，引导学生传承科研人员开拓进取的精神。分小组讨论观看感想。同时将专业知识与现场职业要求相结合，培养学生的职业规划意识，让学生对所学专业有更深一步的了解。

3. 分析总结

本次思政课堂总体效果良好，学生能够跟着老师的引导思考、讨论。铁路是学生熟悉的交通运输方式，铁路运输系统的发展及其对人民生活的影响大家有目共睹且有切身体会，但是大家对铁路系统进一步发展所面临的"卡脖子"技术还不是很清楚，所以在讲授过程中，需要系统介绍铁路运输系统发展所面临的关键挑战和难题，鼓励学生学好本领，投身于我国的铁路运输事业。感性认识和理性认识是相互联系、相互影响、相互渗透的，一方面，理性认识依赖于感性认识；另一方面，感性认识有待于上升到理性认识。因此要求学生既要大胆实践，深入实际，调查研究，占有十分丰富和合乎实际的感性材料；又要善于思考，对占有的材料进行加工制作，从个别现象中抽象出共同的本质，形成理性认识。

案例2　综合运输与多式联运
——增进自我定位与使命感

【课程名称】交通运输导论。

【教学内容】综合运输与多式联运。

【案例意义】我国综合交通发展规划——了解我国综合交通发展的规划，增进自我定位与使命感。

教学过程

1. 问题导入

我国综合交通网络及枢纽发展规划是怎样的？

2. 讲授正文

(1)"十三五"综合交通运输体系发展规划目标

(2)综合交通运输网络系统

综合运输网是在一定空间范围内由几种运输方式的线路和枢纽等固定技术装备组成的综合体。

综合运输网是运输生产的主要物质基础，其空间分布、通过能力和技术装备体现了整个运输系统的状况与水平，在运输业发展中占有十分重要的地位。

(3)运输线路

骨干线路：骨干、大动脉。

开发线路：向边疆和新区的延伸。

给养线路：联系主干线与经济区。

腹地线路：毛细血管。

企业线路：为内部生产服务。

(4)综合运输网层次结构

综合运输网按其地理条件、行政区划、交通设施装备水平等可分为：国家级交通网、省级交通网、地县级交通网。

国家级交通网主要研究交通运输通道，以建立完整的综合运输体系服务，可以清晰地反映出下面几个方面的问题：

与国外联系的重要口岸及通道；

国家重要资源的运输通道；

重要交通枢纽在交通网络中的地位；

行政区域间的联络；

与国家经济发展战略相适应的运输通道。

(5)综合运输枢纽系统

运输枢纽是在两条或两条以上运输线路的交会、衔接处形成的，具有运输组织、中转、装卸、仓储、信息服务及其他辅助服务功能的综合性设施；是客货流作业、运输工具技术作业和调度以及提供多样化运输服务与增值服务的地点，对城市的形成与发展有促进作用，可分为单式运输枢纽和复式运输枢纽。

2021年，中共中央、国务院印发了《国家综合立体交通网规划纲要》，部分内容如下：

建设综合交通枢纽集群、枢纽城市及枢纽港站"三位一体"的国家综合交通枢纽系统。建设面向世界的京津冀、长三角、粤港澳大湾区、成渝地区双城经济圈4大国际性综合交通枢纽集群。加快建设20个左右国际性综合交通枢纽城市以及80个左右全国性综合交通枢纽城市。推进一批国际性枢纽港站、全国性枢纽港站建设。

推进综合交通枢纽一体化规划建设。推进综合交通枢纽及邮政快递枢纽统一规划、统一设计、统一建设、协同管理。推动新建综合客运枢纽各种运输方式集中布局，实现空间共享、立体或同台换乘，打造全天候、一体化换乘环境。推动既有综合客运枢纽整合交通设施、共享服务功能空间。加快综合货运枢纽多式联运换装设施与集疏运体系建设，统筹转运、口岸、保税、邮政快递等功能，提升多式联运效率与物流综合服务水平。按照站城一体、产城融合、开放共享原则，做好枢纽发展空间预留、用地功能管控、开发时序协调。

推进中部地区大通道大枢纽建设，更好发挥承东启西、连南接北功能。强化西部地区交通基础设施布局，推进西部陆海新通道建设，打造东西双向互济对外开放通道网络。优化枢纽布局，完善枢纽体系，发展通用航空，改善偏远地区居民出行条件。推动东北地区交通运输发展提质增效，强化与京津冀等地区通道能力建设，打造面向东北亚对外开放的交通枢纽。支持革命老区、民族地区、边疆地区交通运输发展，推进沿边沿江沿海交通建设。

3.分析总结

了解我国综合交通发展规划，包括综合交通网络规划以及综合交通枢纽，可增进学生自我定位与使命感，增强学生的专业信心与自豪感，为实现交通强国梦添砖加瓦。

案例3 水路交通运输
——坚持辩证法，反对形而上学

【课程名称】交通运输导论。

【教学内容】水路运输概述、水运资源优化配置和船舶与水运基础设施。

【案例意义】通过介绍水路运输概述中的水路运输的特点、地位作用以及发展现状与趋势，让学生了解水运资源优化配置中水运资源的分布及其利用的方式。通过介绍水运资源优化配置中水运资源的分布及其利用的方式，培养学生的专业思维模式以及坚持唯物辩证法，反对形而上学。

教学过程

1.问题导入

首先介绍水路运输的特点、地位作用，通常将水路运输系统分成沿海运输、远洋运输和内河运输这三大类。而水路运输系统又由软、硬件组成，其中，硬件包括船舶与港口和外海防护建筑物、码头建筑物、护岸建筑物等主要基础设施；软件包括船舶经营者和各种代理业。然后让学生讨论水路运输在国民经济中具有哪些作用，教师补充并总结：水路运输是对外贸易主要运输方式，它对国民经济具有促进作用，可以增加外汇收入，减少外汇支出，是重要的国防后备力量。最后提问"相比其他运输方式，水路运输的优势有哪些？"（第一问），引导学生思考。

2.讲授正文

首先让学生观看一段我国水路运输发展现状的视频，提问学生"我国现阶段水路运输发展所呈现出来的特点是什么？"（第二问），教师做出总结。我国水路运输的发展现状为国际集装箱运输发展迅猛以及我国航运市场形成并全面开放；发展趋势为运输功能拓展与运输方式变革，航运经营观念的新变革，船型专业化与运输全球化、泊位深水化、码头专用化、装卸机械自动化和港航企业经营管理改革。提问"对于党的十八大提出的'建设海洋强国'的战略目标的认识是什么？"（第三问），观看党的十八大报告中的"海洋强国"战略目标的专家解读系列新闻视频，让学生了解提高海洋资源开发能力、发展海洋经济、保护海洋生态环境、坚决维护国家海洋权益等一系列重大战略任务的必要性，教师最后做出总结。

然后教师向学生介绍世界三大集装箱干线（北美←→远东←→欧洲、地中海）和世界主要国际海运运河。教师向学生播放一段视频，分别介绍苏伊士运河、巴拿马运河和基尔运河的地理位置以及沟通水域等信息，让学生对这三条运河有一个直观的感受。教师提问学生"我国有哪些沿海和远洋运输的航线？"（第四问），学生回答，教师最后总结。教师介绍航线设置与配船，其中包括：班轮航线"四固定"、影响航线设置的主要因素、航线设置的主要内容和航线配船的基本原则。教师根据PPT展示的内容依次讲述。

最后教师给学生观看一段视频，并让学生根据视频中的内容，总结出船舶的种类与特点，教师做出总结并选择其中的杂货船、干散货船和集装箱船作重点介绍。①杂货船即普通货船，主要用于装载一般干货，如成包、成箱、成捆、成桶的杂货。在运输船中占有较大比重。其理货时间长，运输效率低。②干散货船是专门用来装运煤、矿砂、盐、谷物等散装货物的船舶，依照不同的散货品种，装卸时可采用大抓斗、吸粮机、装煤机、皮带输送机等专门的机械。干散货船比杂货船的运输效率高，装卸速度快。③集装箱船又称货柜船或货箱船。集装箱船按装载情况来分有三大类：全集装箱船、半集装箱船、兼用集装箱船。

3.分析总结

本次思政课堂总体效果良好，学生能够跟着老师的引导思考、讨论。水路运输是学生不太熟悉的交通运输方式，学生不是很了解水路运输系统的发展对国民经济的影响，也没有太多的体会。因此教师在教学过程中就更应该注重水路运输背景、历史和意义的介绍，并且通过给学生观看一些视频资料，有效地帮助学生加深对水运领域专业基础知识的印象，也能够帮助学生更好地理解我国海洋强国战略的目标和意义，激发学生的政治认同感和专业自豪感，提高他们的学习动力与热情。唯物辩证法和形而上学是两种根本对立的世界观和方法论。唯物辩证法主张用联系、发展、全面的观点看问题，认为矛盾是事物发展的动力，事物的内部矛盾是事物变化发展的根本原因。而形而上学则用孤立、静止、片面的观点看问题，它否认事物内部矛盾的存在，把事物变化的原因归结为外部力量的推动，因而看不到事物的联系、变化和发展。因此，应要求学生坚持唯物辩证法，反对形而上学，用联系的、发展的、全面的观点观察分析问题，切忌用孤立的、静止的、片面的观点看问题，努力防止和克服思想方法上的片面性和绝对化。

案例4　公路交通运输
——坚持分析与综合相结合

【课程名称】交通运输导论。

【教学内容】公路运输的职能、特点、地位及作用概述，公路运输的基础设施设备和道路建设新技术与公路运输未来的发展趋势。

【案例意义】通过介绍公路运输的职能、特点、地位及作用，让学生了解公路运输的基础设施设备；通过介绍公路运输的基础设施设备，帮助学生建立公路运输的系统性知识体系；通过介绍道路建设新技术和公路运输未来的发展趋势，让学生学会运用新技术解决公路运输领域遇到的问题，使他们未来在面对公路运输的发展时能够不断地开拓创新、坚持分析与综合相结合。

教学过程

1.问题导入

介绍公路运输的职能：通常将运输基本功能划分为通过和送达功能。通过功能是指在干线上完成大批量的运输。送达功能，又称为集散功能，是指为通过性运输承担客货集散任务的运输。提问"相比其他运输方式，公路运输的优势有哪些？"（第一问），引导学生思考。

2.讲授正文

首先让学生分组讨论公路运输有什么特点，教师补充并总结，公路运输在综合运输体系中最显著的特点是它的灵活性，主要展现在以下几个方面：空间上的灵活性；时间上的灵活性；批量上的灵活性；运行条件的灵活性；服务上的灵活性。

接着让学生思考"公路运输自身的这些特点让它在整个交通运输业中处于什么样的地位？"（第二问）、"它的每个特点又在实际的生活中具有哪些作用和表现？"（第三问），学生讨论回答，教师系统总结。提问"对于国务院印发的《'十四五'现代综合交通运输体系发展规划》的了解情况如何？"（第四问），观看《"十四五"现代综合交通运输体系发展规划》中关于建成智慧公路，提升国家高速公路网络质量等系列新闻视频，让大家了解国家的宏伟蓝图，思考"十四五"现代综合交通运输体系发展规划的意义和必要性，教师最后做出总结。介绍运输的基础设施设备，观看公路运输设施现场作业的相关视频，提问"视频中涉及哪些基础设施设备？"（第五问），教师总结：公路运输设施主要包括公路、桥梁、涵洞和隧道结构物及附属设施，如车站、停车站、排水防护工程、绿化、照明、交通安全和管理设施。

然后介绍公路分级和要素设计准则。根据交通量及交通网中的意义，公路可分为5个等级：高速公路、一级公路、二级公路、三级公路和四级公路。引入相关的图表，介绍公路每个等级的使用性质、任务、车道数和交通量等内容。公路根据其作用和使用性质，可分为国道主干线公路（国道）、省级干线公路（省道）、县级干线公路（县道）、乡级公路（乡道）和专用公路。教师举几个校园周边道路的例子来让学生辨识一下它们属于哪一级道路。提问"大家知道哪些道路建设的新方法和新技术?"(第六问),激起学生的思考。观看几组新型道路建设的视频,教师归纳总结。

最后,介绍公路运输未来的发展趋势,让学生放开想象,谈谈个人对公路运输未来的发展趋势的看法。由教师进行概括:①随着高速公路及汽车专用公路建成投入使用,开展公路快速客、货运业务。②随着公路网的完善,特别是高速公路网的形成,按规模化要求建立集约化经营的运输企业。在这一过程中,行政区域的界限将趋于淡化。③公路货运业将纳入物流服务业发展的系统中,更强调在专业化原则上的合作,包括不同运输方式之间的合作、与服务对象的合作。

3. 分析总结

本次思政课堂总体效果良好,学生能够跟着教师的引导去思考、讨论。公路运输是学生熟悉的交通运输方式,学生对公路运输系统的发展对人民生活的影响有目共睹且有切身体会,但是对当前公路系统所采用的新技术和进一步发展的发展趋势还不是很清楚,所以在讲授过程中,需要系统介绍当前道路建设所运用的具体技术手段,同时鼓励学生学好本领,投身于我国的公路运输事业。思维的过程就是运用分析与综合相结合的科学思维方法的过程。分析与综合是密不可分的,我们既要在综合指导下进行深入分析,又要注意在分析的基础上综合。因此要求学生在实际工作和学习生活中,培养科学的逻辑思维方法,坚持分析与综合相结合,反对把二者割裂开来。

案例5　航空交通运输
——事物发展的前进性和曲折性相统一

【课程名称】交通运输导论。
【教学内容】航空运输概述和航空运输设备与设施。
【案例意义】通过介绍航空运输的概念及体系,航空运输的特点、地位与作用以及航空运输的发展与趋势,让学生认识民用飞机、机场和通信与导航设施的分类和组成,开拓学生的专业知识,培养学生对事物发展的前进性和曲折性相统一的认识。

教学过程

1. 问题导入

首先,教师介绍航空运输的概念及体系。航空运输是使用飞机或其他航空器进行运输的一种形式。航空运输的单位成本很高,因此,主要适合运载的货物有两类:一是价值高、运费承担能力很强的货物,例如贵重物品的零部件、高档产品;二是紧急需要的物资,例如救灾抢险物资。航空运输体系包括四个基本部分:飞机、机场、空中交通管理系统、飞机航线。我国的航空运输体系是在1978年以后发展起来的,并已形成了以航空公司、机场、管理局(航管部门)部分为主体的基本格局。提问"相比其他运输方式,航空运输的优势有哪些?"(第一问),引导学生思考。

2.讲授正文

首先教师提问"航空运输的特点有哪些?"(第二问)。①航空运输的主要优点:速度快;机动性大、灵活;舒适、安全;周期短、投资少;运输路程最短;包装要求低。②航空运输的缺点:运价高(因飞机的机舱容积和载重能力较小,因此,单位运输周转量的能耗较大);机械维护及保养成本很高;载重有限(目前常见的大型货机 B747-200F 可载运 90 吨,相比船舶载重量几十万吨要小得多);易受气象条件限制[因飞行条件要求很高(保证安全),航空运输在一定程度上受到气候条件的限制,从而影响运输的准点性与正常性];可达性差[通常情况下,航空运输都难以实现客货的"门到门"运输,必须借助其他运输工具(主要为汽车)转运]。

然后教师给学生观看一段百年航空运输发展史的视频,让学生清晰直观地认识到航空运输的发展与趋势。教师给学生观看国产大飞机 C919 的自主研发历程这个真实的大国重器的故事,让学生感受到榜样的力量,让学生有明确的学习目标,将个人理想与国家需要紧密结合,提高他们的学习动力与热情。教师分别介绍民用飞机的分类和基本组成部分、机场的主要组成部分和通信、导航与监视设备的概念:①飞机的分类和基本组成部分。飞机按用途可以分为军用机和民用机。飞机有四个基本组成部分:机体、推进装置、飞机系统和机载设备。②机场的主要组成部分。航站区、航站楼、旅客航站系统、机坪门位系统、其他机场设施。

最后,教师引入西工大飞机系师生于 1958 年研制成功我国第一架飞机"延安一号"的故事,帮助学生树立爱岗敬业、责任担当、严谨务实的工作作风以及不畏艰苦、敢闯敢拼的科研精神。

3.分析总结

本次思政课堂总体效果良好,学生能够跟着教师的引导思考、讨论。航空运输是学生不太熟悉的交通运输方式,航空运输系统的发展对国民经济的影响学生不是很了解,也没有太多的体会。因此教师在教学过程中就更应该注重航空运输背景、历史和意义的介绍,并且通过给学生观看一些视频资料,有效地帮助学生加深对空运领域专业基础知识的印象,也能够帮助学生树立爱岗敬业、责任担当、严谨务实的工作作风以及不畏艰苦、敢闯敢拼的科研精神。唯物辩证法认为,事物发展的总趋势是前进的,新事物必然战胜旧事物。前途是光明的,道路是曲折的。任何事物的发展都是前进性与曲折性的统一。在前进中有曲折,在曲折中向前进,是一切新事物发展的途径。因此它要求学生:第一,要正确对待我国社会主义事业前进中遇到的困难;第二,要正确对待人生道路上的曲折;第三,要准备走曲折的路,满腔热情地支持社会主义事业,做社会主义事业的建设者和接班人。

10

物流系统仿真

教学内容和思政融合设计

序号	教学内容	思政映射与融入点	编者
1	知识点：物流系统仿真基础	案例1：物流系统仿真基础——提高专业技能、培养专业自信	季 彬
2	知识点：随机变量的定义及其数字特征	案例2：随机变量的数字特征——把握主要矛盾	季 彬
3	知识点：输入数据的分析	案例3：输入数据的分析——求真务实，诚实守信	季 彬
4	知识点：仿真结果与系统方案分析	案例4：仿真结果与系统方案分析——全面分析事物，切勿以偏概全	季 彬

案例1 物流系统仿真基础
——提高专业技能、培养专业自信

【课程名称】物流系统仿真。

【教学内容】物流系统仿真基础。

【案例意义】通过介绍离散事件系统仿真概述、离散事件系统仿真策略、手工仿真等内容，让学生了解物流系统仿真在实际生活中的应用，提高学生的专业技能，从而培养专业自信。

教学过程

1. 问题导入

首先通过一个物流仿真案例，引入本节课的主要内容，引导学生思考使用仿真系统具有什么样的具体实践意义，并引出在物流仿真过程中存在的一些基础问题：怎么实现物流仿真？实现物流仿真有哪些策略？

2. 讲授正文

首先向学生介绍离散事件系统仿真概述，扩充离散系统与连续系统的区别与联系。通过"理发馆排队"这一具体示例，进一步加强学生对离散系统中实体、事件、活动、进程概念的理解。

接下来分别向学生介绍几种确定性的调度方法，如事件调度法、活动扫描法、三阶段法、进程交互法等，分别从其定义、仿真过程、特点等方面对几种调度方法进行深度剖析，让学生理解各种调度方法的差别与联系。紧接着介绍仿真时间的推进机制，即在仿真系统里，如何模拟现实世界的时间流逝从而便于分析随着仿真的深入对系统产生的影响？接着让学生思考，这些仿真方法分别适用于仿真现实生活中的何种场景。

以上的仿真策略具有一定的局限性，请学生思考以上方法的局限性以及如何改进这些局限。以上的仿真策略只适用于确定性环境。对于不确定性环境下的仿真，则需要采用蒙特卡洛仿真方法。同样，从定义、基本原理、仿真步骤等角度介绍蒙特卡洛仿真方法，进而介绍蒙特卡洛仿真方法的优点。紧接着介绍手工仿真原理及其基本步骤，通过具体构造仿真表等方式让学生掌握手工仿真这一基本技能。

在学习了物流仿真策略等基本内容后，学生是不是觉得十分疑惑，觉得这些知识怎么能真正应用于实际存在的物流问题中呢？实际上，物流系统是一个多因素、多目标的复杂系统，而现在越来越强调物流的系统化、综合化，而物流系统大多是离散的、复杂的大系统，物流系统的整体优化是一个复杂的系统，其中包含多约束、多因素的影响。人们对复杂事物和复杂系统建立数学模型并进行求解的能力是有限的，目标函数和约束条件往往不能以明确的函数关系表达，或因函数带有随机参数或变量，导致基于数学模型的优化方法在应用于实际生产时，有其局限性甚至不适用。而基于仿真的优化方法正是在这样的背景下发展起来的。

仿真所建立的模型，完全是实际系统的映象。它既可以反映系统的物理特性、几何特征，又可以反映系统的逻辑特性。因此，对于各种复杂的物流系统，无论是线性的还是非线性的，无论是动态的还是静态的，都可以用仿真方法来研究。例如在物流中心的布局规划、货物存取和订单分拣的研究方面，国内外许多学者都做了有关研究，如 Johnson 等采用了 SIMAN 仿真语言对所要设计的 Hewlett-Packard 公司的北美新配送中心建模，建立了全自动分拣系统、订单采集、大宗订单出货、再包装过程 4 个模型，对每一个模型进行实验，得出最优结果，然后再结合成整个配送中心的仿真模型，并根据仿真结果设计了新的工作流程使分拣系统的效率比原来配送中心提高了 80%，订单采集效率提高了 60%，为中心的设计提供了指导性意见，极大地加速了配送中心的建设。

由此可见，物流仿真可应用于实际生产生活的诸多方面，学好物流仿真系统这门课程以及其他物流方向的专业基础课程，有助于学生提升自己的专业技能。要使各位学生相信，"三百六十行，行行出状元"，努力学好专业知识，将所学所得真正应用于解决实际问题，从而提升专业自信。

3. 分析总结

本次思政课堂从基本原理、基本方法等方面入手，并通过具体示例加深学生对各个知识点的理解与掌握；引入仿真在实际物流系统中的应用，从而激发学生的学习兴趣与热情，帮助学生提升专业自信。

案例 2　随机变量的数字特征
——把握主要矛盾

【课程名称】物流系统仿真。

【教学内容】随机变量的定义及其数字特征。

【案例意义】通过介绍利用数字特征对随机变量进行刻画的方法,引导学生把握认识复杂事物的方法,围绕中心任务坚持重点论,从而更高效地认识和应对生活和学习中遇到的各种问题。

教学过程

1.问题导入

通过举例说明确定性活动和随机性活动的不同(举例一)。相对于确定性活动,随机性活动的结果难以准确预见,即使在相同的条件下进行重复试验,每次试验的结果未必相同,或者由过去状态不能确定相同条件下活动的未来发展趋势。为了更好地描述随机性活动,我们引入了随机变量的概念。

2.讲授正文

首先介绍随机变量的定义、分类及一般刻画方法。对于随机性活动,我们可以定义一个变量,以变量的不同取值表示活动的不同结果,并通过统计确定变量取不同数值的概率,这类变量称为随机变量。根据取值是否连续,随机变量可分为离散型随机变量和连续型随机变量。概率函数、概率密度函数以及累积分布函数可以反映随机变量的某些概率特征。但在工程实际中,我们往往无法了解或无须获得随机变量的准确概率特征。随机变量的数字特征是与其分布有关的某些数值,能够很好地满足人们描述或辨识各随机变量的需要。

接下来重点对随机变量的各个数字特征进行详细介绍,包括平均值、方差和标准差、变异系数、模数和中间值等。其中,对于中间值,给出不同数据组的盒形图(举例二),请学生对中间值进行识别,并分析使用盒形图分析数据的优缺点。

然后讲解随机分布类型及其参数。根据参数的物理意义和几何意义,可以将分布参数分为位置参数、比例参数以及形状参数。位置参数能够确定分布函数在横坐标的取值范围;比例参数用于确定分布范围取值大小的比例尺度;形状参数用来决定分布函数的基本形状,改变分布函数的性质。在这个过程中,分别借用均匀分布、指数分布等典型分布(举例三),以更好地阐述不同参数对变量分布的刻画含义。

最后列举一些常用随机分布及其参数,请学生通过已学知识与课后调研确定各分布的参数属性。(讨论一)

请学生总结并发表感想:通过学习,对于随机变量有哪些认识?将会使用哪种变量或分布来描述哪些活动?(讨论二)

3.分析总结

本次思政课堂主要采用举例教学法,首先通过生活中的实例(举例一),阐释随机性活动的概念，从而让学生理解随机变量的提出背景。在讲解各个概念的过程中，注重结合典型例子加以说明(举例二、举例三)，加深学生对知识点的理解。同时在教学中进行互动讨论，提高学生课堂参与度(讨论一、讨论二)。整个案例旨在通过随机变量的提出与其刻画方法的建立过程，引导学生运用重点论来认识复杂事物——通过累积分布函数和概率密度函数等手段，我们可以详细描述某一随机变量所有可能取值的概率，但当我们难以或不需要掌握其确切概率时，也可以通过随机变量的数字特征来总体刻画某一随机变量。相比于概率函数，数字特征不仅更容易求得，还具备直观、指向性强等优势。习近平总书记强调："面对复杂形势、复杂矛盾、繁重任务，没有主次，不加区别，眉毛胡子一把抓，是做不好工作的。"在工作与生活中，我们只有紧紧围绕中心任务，科学识别并解决主要矛盾和矛盾的主要方面，才能在整体推进中实现重点突破，高效处理好各类问题。

案例3 输入数据的分析
——求真务实，诚实守信

【课程名称】物流系统仿真。

【教学内容】输入数据的分析。

【案例意义】通过介绍输入数据的收集方法，引导学生在数据收集中务必实事求是，切忌弄虚作假，养成求真务实、诚实守信的良好品质。

教学过程

1.问题导入

请学生根据个人认知及过往经验，讨论回答：如何进行输入数据分析？主要包括几个步骤？(第一问)

2.讲授正文

首先向学生介绍输入数据的科学分析流程，可知输入数据需要经过四个步骤，即收集原始数据、基本统计分布的辨识、参数估计与拟合度检验。其中，收集原始数据是输入数据分析的基础，需要根据经验，对收集的方法、数据做预先的设计和估算。对原始数据做基本统计分布的辨识是指通过统计的数学手段，得出统计分布的假设函数。参数估计是指根据得到的统计特征，计算确定系统的假设分布参数。拟合度检验要求我们运用统计分布的检验方法，对假设的分布函数进行可信度检验。

接下来重点对数据的收集方法进行介绍。数据根据来源可分为两类，一是直接来源，也称原始数据，包括取自有限总体的调查或观察数据，以及面向自然现象的实验数据；二是间接来源，即二手数据。学生在学习过程中对二手数据接触较多，引导学生举例说明(第二问)。二手数据包括公开出版物，各类经济信息中心、信息咨询机构、专业调查机构提供的数据，各类专业期刊、书籍提供的资料，各种会议上交流的资料，从互联网上查阅到的相关资料等。

然后介绍数据收集过程中应该注意的事项：①应做好仿真计划，详细规划仿真所需要收集的数据；②在收集数据过程中要注意分析数据；③收集的数据要满足独立性的要求，并进行数据自相关性的检验。

最后讲解如何利用散布图分析数据相关性。数据的相关关系，或称非确定性关系，是指变量之间的关系往往不能进行解析描述，不能由一个（或几个）变量的数值精确地求出另一个（或几个）变量的数值。散布图又称相关图，它是指用来研究两个变量之间是否存在相关关系的一种图形。散布图上点的分布基本有 6 种形态。对于一张实际的散布图，首先是观察、对比它属于哪种类型，从而得知其相关关系。这里依次给出实际的散布图，请学生来分辨其显示的数据的相关关系类型（第三问）。此外，还要提醒学生注意使用散布图的注意事项。

请学生总结并发表感想：通过学习，对于输入数据收集的流程有哪些认识？自己过往的收集方法是否正确或存在缺漏？（第四问）

3.分析总结

本次思政课堂采用启发探究式教学法，首先通过第一问让学生回顾自己收集输入数据的方法流程、思考自己的答案是否完整正确，带着问题进行学习，激发学生的学习兴趣。在教学过程中通过不断给出思考题（第二、第三问），加强与学生的互动讨论，提高学生课堂参与度，加深学生对知识点的理解，了解输入数据的科学分析流程。同时引导学生认识数据的收集、分析、解释过程的复杂性、严谨性，且在输入数据分析过程中注意数据来源，基于事实统计分析，并注意分析方法的合理性、结果的可解释性，切不可随意或为了达到某些目的而篡改数据（第四问）。严谨求真的务实精神是我们应该恪守的基本学术道德，应养成诚信作风，这也是人际交往中的优秀品质。

案例 4　仿真结果与系统方案分析
——全面分析事物，切勿以偏概全

【课程名称】物流系统仿真。

【教学内容】仿真结果与系统方案分析。

【案例意义】首先通过几个简单的问题，如为什么要进行仿真结果分析、如何进行仿真实验以确保结果可靠等，引入本案例主要内容；然后介绍基础知识和理论支持等内容以实现对结果的处理和分析；最后以具体案例说明如何进行结果的处理，以说明分析事物一定要全面。

教学过程

1.问题导入

首先通过提出四个问题：为什么要做仿真结果分析？如何分析仿真实验结果？如何进行仿真实验以保证结果可靠？如何评价对比实验方案？以引起学生的思考，从而引入本案例学习的内容——仿真结果与系统方案分析。

2.讲授正文

介绍仿真结果与系统方案分析的基础知识，动态系统变化过程包括确定性过程和随机过程，通过银行排队系统对动态系统变化过程进行进一步深入的阐述。根据定义，将系统仿真分为终止型仿真和非终止型仿真。其中，非终止型仿真分为稳态仿真和稳态周期仿真，并对其定义、特点进行详细的阐述，对每一种类型的仿真都辅佐以具体的案例，并对案例进行解析，以进一步加深学生对这几种仿真类型的理解。

接着回答问题"为什么要做仿真结果分析"，以引出理论支持，讲述区间估计及置信区间、置信区间的构造方法和置信区间的可靠程度。通过具体实例讲述置信区间的构造方法，并分析置信区间的可靠程度。

再继续回答问题"如何分析仿真实验结果"，根据终止型仿真和稳态仿真类型，分别说明如何对仿真结果进行分析。对于终止型仿真而言，一般需要采用重复运行方法，当不考虑系统模型本身的因素时，当独立运行的次数越大，统计结果的方差越小，结果就越可靠，但是重复运行方法也存在一定的缺点：分析人员不能预先控制置信区间的半长，也不容易判断运行多少次合适，若觉得置信区间过大，则需要补充运行仿真模型若干次，而对于终止型仿真方法，还可采用序贯法对其进行分析，序贯法的基本思想是选择合适的重复运行次数，在 $1-\alpha$ 的置信水平下，使得置信区间的半长小于绝对误差 β。介绍结果分析选用方法的原则，即在什么情况下使用何种结果分析的方法，而对于使用稳态仿真类型的系统来说，主要采用重复/删除法、批均值法、稳态序惯法和重新产生法四种方法，并介绍这几种方法的基本思想以及优缺点，加深学生对这几种方法的理解和掌握。

对于结果的处理，通常有随机变量的比较、敏感度分析、正交设计和参数优化等，其存在不同的定义和处理方法，同样，每个处理方法后都紧跟一个具体实例，以向学生说明结果处理的步骤及其主要思想，最后向学生介绍现在比较主流的仿真软件，可让学生根据自己的想法选择适合的仿真软件进行仿真实验。

本案例以具体的案例向学生说明如何有效地进行结果分析。从结果分析的原理可以看出，系统仿真也存在着极大的随机性和不确定性，而我们的目的在于如何利用针对问题的特征选择适合的策略以减小这种随机性，同时增大仿真结果的可靠性，以使我们的结论更加具有说服力；同时，也旨在说明，在进行仿真实验时，我们不能仅根据一两次实验结果就给出确切结论，结果分析必须全面、务实，切勿以偏概全，从而告诉学生，对生活中、学习中的很多事情也应该如此，不能只从一个角度去看问题，应该全面、客观、理性地进行分析。

3. 分析总结

本案例从基本知识、理论支持等方面入手，通过具体示例加深学生对各个知识点的理解与掌握。通过案例说明如何进行仿真结果与系统方案分析，并告诉学生对任何事情的分析都需要全面，切勿以偏概全。

11

物流系统规划

教学内容和思政融合设计

序号	教学内容	思政映射与融入点	编者
1	知识点：物流系统方法论与常用技术	案例1：物流系统方法论与常用技术案例分析——中国速度与制度自信	张得志
2	知识点：物流战略规划	案例2：物流战略规划——战略思维、创新精神	张得志
3	知识点：物流网络规划	案例3：物流网络规划——创新思维、实践精神	张得志
4	知识点：物流规划理论与实践前沿	案例4：物流规划理论与实践前沿——科学精神与时代使命	张得志

案例1 物流系统方法论与常用技术案例分析
——中国速度与制度自信

【课程名称】物流系统规划。

【教学内容】物流系统方法论与常用技术。

【案例意义】让学生结合"火神山、雷神山医院快速竣工"案例，分析该工程涉及的物流系统工程方案论与技术，培养学生分析问题、解决问题的能力，并激发学生的爱国热情，感受中国速度与制度自信。

教学过程

1. 问题导入

（1）知识点串讲

讲授本章的主要知识点，主要涉及以下内容。

1）本章知识点

第一节（物流系统工程定义与特点）重要知识点：系统工程定义、系统工程基本特点、系统工程涉及学科知识、系统工程主要应用等。

第二节(系统工程方法论)重要知识点：霍尔"三维结构"、并行工程、综合集成方法、切克兰德的"学习调查法""物理-人理-事理(WSR)"。

第三节(霍尔"三维结构"与切克兰德软系统方法论对比分析)重要知识点：霍尔三维结构(知识-时间-逻辑)表达及其内涵；切克兰德软系统方法主要特征、适用对象、分析步骤；两种不同方法论异同分析。

第四节(物流系统管理方法和技术)重要知识点：仿真技术、系统最优化技术、网络技术与分解协调技术。

2)授课方式

线上自主学习(基于国家级精品 MOOC 的异步 SPOC 在线学习)、线下课堂讲授(重点、难点知识讲解)、互动研讨等混合式教学模式。

3)教学重点及难点

学习重点：三维结构方法论与软系统方法论。学习难点：物流系统方法论的关键要素及其实际运用分析。

(2)设计

请联系"火神山、雷神山医院快速竣工"这一案例，运用本章所学的知识，分析案例中体现了哪些系统工程方法与技术。

2.讲授正文

①课前准备。提前将本章的教学设计方案发给学生，组织学生在 SPOC 平台进行相应自主学习。

②课程内容组织与时间分配。

③重要知识点串讲与重点分析。在学生完成线上自主学习之后，线下课堂对本章重要的知识点进行归纳总结，并针对重要知识点进行提问，检查学生是否理解与掌握相关知识点。

针对本章中的重点(三维结构方法论与软系统方法论)、难点(物流系统方法论的关键要素及其实际运用分析)进行分析与总结。

④思政案例分析与讨论。引导学生结合所学知识，针对思政案例，认真思考并踊跃举手发言，气氛活跃。相关线下互动研讨如下：

李明哲同学认为：火神山、雷神山医院快速竣工案例运用了系统工程的三维结构方法，从时间维、逻辑维、知识维出发对复杂问题进行分析。

曹腾同学认为：在火神山、雷神山医院建设工程中，运用了 BIM 技术进行分析与决策。

杨鹏同学认为：在这个案例中，网络技术与分解协调技术保证了人力资源的合理调配，进一步缩短了施工周期。

老师针对各位同学的发言做出点评：雷神山、火神山医院快速竣工，不仅得益于系统工程的三维结构方法、并行工程和软决策方法等系统工程方法的运用，更归功于中国特色社会主义制度的优越性。相信世界上其他任何一个国家都无法像中国一样，在这么短的时间内完成这样大型的工程。

3.分析总结

学生对基于国家精品 MOOC 和线下授课相结合的混合式教学改革给出了良好的反馈。

他们表示，该模式下学习的知识更丰富、使交流更活跃，自主学习能力也有所提升。通过分析与讨论，让学生学会从不同视角分析问题，同时也让学生感悟到在工程建设方面的中国速度及中国特色社会主义国家集中力量办大事的制度自信和文化自信。

案例2 物流战略规划
——战略思维、创新精神

【课程名称】物流系统规划。

【教学内容】物流战略规划。

【案例意义】通过物流战略规划的学习与研讨，使学生结合自身的职业生涯规划，步步推进，层层深入，既学习了本课的难点，又树立了物流战略理念，审时度势，从而使他们未来能对物流企业发展做出正确的判断。

教学过程

1. 问题导入

物流战略规划是物流系统规划中的顶层设计部分。介绍物流战略规划的定义及其内涵、物流战略环境分析(内部环境、外部环境)、物流战略规划的主要内容与方法等内容，结合海尔集团物流发展战略、顺丰集团物流发展战略案例进行分析，设计课题研讨问题：企业在设计物流战略规划时，主要运用哪些方法？制造企业的物流战略规划与第三方物流企业的物流战略规划的异同是什么？

2. 讲授正文

上课前，通过 SPOC 平台或者中南大学数字化教学平台，发布物流战略规划相关案例，让学生提前学习和了解物流战略规划的主要知识点和重点难点内容；同时，布置课堂上讲解的重点知识和研讨的主要内容。

课堂讲授时，首先讲解物流战略规划的定义及其内涵、物流战略内外部环境分析、物流战略规划的方法、物流规划主要内容及其相应方法、物流战略规划的案例分析。

案例分析提问：请学生结合本章学习战略规划主要方法(PEST、SWOT 等)，具体分析海尔集团物流发展战略规划、顺丰集团物流发展战略的战略环境(内外部环境)、远景目标的异同及其根本原因。点评：在进行物流战略规划时，必须注重战略思维、整体思维，根据海尔集团、顺丰集团目前结合新技术、新模式、新业态方面的创新举措，剖析其中的创新精神。

课后，利用本章学习的物流战略规划的方法，例如 SWOT 分析方法，对自己个人未来职业发展进行战略规划，让学生在该课程的中南大学数字平台中提交自己的职业生涯的规划，并进行在线点评。

3. 分析总结

本次教学课前提前布置学习任务、发布学习资源和学习任务，课中利用课堂提问、头脑风暴、案例分析等多种教学模式，课后发布互动讨论思考题，让学生对难点、重点加深理解，达到了预期的教学成果。课堂中，学生思维活跃，积极参与各项活动。

通过本章物流战略规划的学习与研讨，从大家熟悉的海尔集团物流发展战略、顺丰集团物流发展战略出发，与自身的职业生涯规划战略综合讨论，步步推进，层层深入，既学习了本课的难点，又让学生学得轻松自然；培养学生树立物流战略理念及客观分析物流战略经营环境的意识，审时度势，从而使他们未来能对物流企业发展做出正确的决策。

案例3 物流网络规划
——创新思维、实践精神

【课程名称】物流系统规划。

【教学内容】物流网络规划。

【案例意义】让学生结合"拼多多的崛起之路"，分析在拼多多拓展其商业版图时所走的"农村包围城市"中隐含的网络布局思维，并将之举一反三到物流网络布局设计中，学会分析问题、解决问题，并激发学生在新国情下的中国化道路的创新思维，体会脚踏实地的实践精神。

教学过程

1.问题导入

物流网络规划是对产品从原材料到最终送到消费者手中的整个流通渠道所做的规划，是物流系统规划中的重要组成部分。课程介绍了物流网络规划的定义与要素；物流节点定义及其类型；物流网络规划的类型；区域物流网络规划的方法与步骤等内容。结合拼多多企业的农村布局崛起之路案例进行分析，并设计课程研讨问题：拼多多的农村布局版图背后反映了什么样的网络布局思想？企业的商业版图布局和物流网络规划布局之间有什么联系？

2.讲授正文

上课前，通过SPOC平台或者中南大学数字化教学平台，发布物流网络规划相关案例，让学生提前学习和了解物流网络规划的主要知识点和重点难点内容；同时，布置课堂上讲解的重点知识和研讨的主要内容。

课堂讲授物流网络规划的定义与要素；物流节点定义及其类型；物流网络规划的类型；区域物流网络规划的方法与步骤。

案例分析提问：请学生结合本章学习物流网络规划的类型与区域物流网络规划的方法和步骤的内容，具体分析拼多多在进行商业版图布局初期的市场环境与内部环境有何特点？其所采用的是哪种布局思维？其背后体现的思考角度是什么？点评：无论是在商业版图布局还是物流网络规划设计时，都应该仔细调查内外部环境，选择合适的布局类型，需要有破除时局的创新精神和脚踏实地的实践精神。

课后，利用本章所学习的区域物流网络规划方法与步骤，结合长株潭地区的内外部环境进行分析，在该课程的中南大学数字平台中，对该地区的区域物流网络规划提出自己的思考与建议，并进行在线点评。

3.分析总结

本章通过对物流网络规划的学习和研讨，让学生结合较为熟悉的拼多多企业商业布局案例进行分析与研讨,最后将之拓展到长株潭的实际物流案例进行实践设计,层层推进,逻辑严谨,生动地展示了科学内涵与运用技巧,使学生接受程度较高;加深了学生对物流网络规划的内涵理解,训练了学生解决此类问题的能力,从而对他们未来职业生涯中的规划问题给予指导作用。

案例4 物流规划理论与实践前沿
——科学精神与时代使命

【课程名称】物流系统规划。

【教学内容】物流规划理论与实践前沿。

【案例意义】以"一带一路"物流系统创新举措、京东基于人工智能的智慧物流与智慧供应链、粤港澳大湾区区域物流系统规划等案例为引导,让学生对各项物流前沿理论和实践案例进行研讨,分析其中所体现的物流系统规划方法与思维,在实际案例中巩固课堂知识,学会发现问题、思考问题,培养学生知识学习与知识运用相结合的能力,并促使学生在实际案例中体会科学精神,感召时代使命。

教学过程

1.问题导入

物流理论与实践前沿研究是物流系统规划在实际生产生活中运用的体现。本章节课程将以"一带一路"物流系统创新举措、京东基于人工智能的智慧物流与智慧供应链、粤港澳大湾区区域物流系统规划等案例作为引导,开设课堂小组研讨机制,将各实际案例与课堂知识相结合,设计研讨任务:前沿实践案例中体现了物流系统规划中的什么知识与逻辑?这些知识与逻辑是如何与生产生活相结合起来的?

2.讲授正文

上课前,通过SPOC平台或者中南大学数字化教学平台,发布物流理论与实践前沿相关案例,让学生提前学习了解本章的主要知识点和重点难点内容;同时,将学生分组,分别布置课堂上讲解的重点知识和研讨的主要内容。

课堂讲授时,首先对本章节的几项案例进行讲解:"一带一路"物流系统创新举措、京东基于人工智能的智慧物流与智慧供应链、粤港澳大湾区区域物流系统规划。课堂研讨提问:请学生结合本章学习物流理论与前沿实践的具体案例内容,针对性分析不同案例中所体现的物流系统规划课程知识与逻辑在何处?课堂知识是如何和生产生活连接起来的?点评:在各项物流系统工程作业中,尤其在本章节所提到的几项前沿研究中,都体现出了科研人员不畏险阻,追求发展的科学精神,展现了新时代对物流从业人的召唤和他们应有使命。

3.分析总结

本章通过对物流规划理论与实践前沿的具体案例内容的分组研讨与展示,让学生将物流实践前沿案例和课程学习内容相结合,在充分研讨后将讨论内容予以展示,形式新颖,能较大程度调动学生学习的积极性;在研讨的过程中,学生之间的思维碰撞促使学生对知识内容的掌握更加深刻,培养学生的科学精神,为学生未来的科学研究打下基础。

12

物流中心规划设计与运作

教学内容和思政融合设计

序号	教学内容	思政映射与融入点	编者
1	知识点：物流概述	案例1：家电业的物流与生产——提升整体性思维能力	罗荣武
2	知识点：物流中心概述	案例2：物流节点体系——全方位布局	罗荣武
3	知识点：物流中心规划的前期工作	案例3：物流中心改造——与时俱进	罗荣武
4	知识点：拣货作业区规划	案例4：物流中心拣货作业管理——突出重点	罗荣武

案例1 家电业的物流与生产
——提升整体性思维能力

【课程名称】物流中心规划设计与运作。

【教学内容】物流概述。

【案例意义】通过介绍一般制造业中制造与物流的关系，以及最优秀企业的生产-物流-销售运作模式，培养学生从生产-物流-销售全链条角度考虑物流系统的能力，而不局限于纯物流系统。

教学过程

1.问题导入

介绍一般制造业中制造与物流关系，然后提问："灯塔工厂"的对制造物流应该有什么要求？（第一问）"灯塔工厂"要求的是智能制造与智慧物流。介绍美的荆州冰箱工厂、美的合肥洗衣机工厂中"一盘货"的概念。它包括两个方面,在整个制造的供应链端,通过数字化手段将零部件等生产物流全面打通,在消费供应链端,通过统仓、统配实现以最快的速度、最广的链路、最低的库存、最小的损耗响应市场需求;通过前置仓模式,实现美的集团全链路库存共享,产品从"灯塔工厂"下线后,直发前置仓,对接"最后一公里",直达消费者。

2.讲授正文

几十年以来,家电行业的渠道经营模式就是逐级压货。每年家电品牌召开的新品订货会,都是面向全国的核心代理商;然后代理商回到当地再召开省市一级的订货会,面向分销商;最终一级一级到乡镇经销商。

对于家电品牌商来说,在层层代理和压货经营模式下,每年的订货会召开之后,基本上全年的出货任务就已经分销完成,因为货款收回来了,货也压到代理商或分销商、经销商的仓库中。但是货并没有进入用户家中,这也造成过去几十年来,一旦终端需求不畅,就会出现部分家电专卖店老板跑路,或者低价格战不断的局面。

美的集团的"一盘货"供应链变革,其核心是用一套库存满足全渠道(线上线下、B 端 C 端)所有客户的需求:一是取消了中间的代理商、分销商和经销商层层囤货、压货的职能,所有的货都属于家电品牌商;二是变"以产定销"为"以销定制",所有终端零售商直接向家电品牌商提交订单,再由品牌商直接送货到终端消费者家中;三是完成供求的直接对接,让家电品牌商可以更快速了解并掌握终端市场的用户需求。在此背景下,物流系统发生了怎样的变化?对于储存环节而言,会有什么要求?或者说未来的物流中心体系与此前的物流中心体系相比,会有何不同?(第二问)由于供应链的这些变化,物流中心体系也会发生较大变化:层级与数量减少(原来销售体系的多级库存趋于减少甚至消失),规模增大、功能增强(不仅物流运作功能增强;产销联动的要求也对信息化提出了更高要求,即从面对商户变成面对终端消费者)。从供应链不断缩短的趋势看,对未来的物流从业人员提出了哪些新要求?(第三问)由于信息技术的发展,生产-物流-销售的流程长度日益缩短,这三个作业环节深度融合,正逐步变为企业获得竞争优势的法宝。这三个环节的深度融合,对各环节的柔性能力提出了更高的要求,即要求在更高水平上达成成本-服务水平的综合平衡(物流配送速度、对客户反馈做出响应的速度和有效性)。中国现在日益成为世界的制造中心,这正是由于中国在交通基础设施、信息系统基础设施、营商环境等方面的不断变革提升。大家应该对信息化、自动化、智能化不断发展的大环境有深刻认识。

3.分析总结

通过回顾传统制造业的生产-物流-销售运作模式,考虑世界上最高水平的生产企业的运作方式,通过对"灯塔工厂"的学习,了解其生产运作模式对生产-物流-销售全链条的影响,及其带来的物流体系的变革。作为未来的物流从业人员,要跳出纯物流角度考虑物流问题,要把生产-物流-销售全链条作为考察对象来优化物流系统。

案例2 物流节点体系
——全方位布局

【课程名称】物流中心规划设计与运作。

【教学内容】物流中心概述。

【案例意义】通过介绍我国农村物流体系的特点，说明我国政府在农村物流体系发展过程中的作用。正是由于政府对农村的全方位重视，我国现代农村才得以逐步成为现实。

教学过程

1. 问题导入

介绍基于不同对象的物流体系。不同的物品，其从生产到消费的生命周期中，物流流程会有较大差异，所对应的物流节点体系也会因此有较大不同。如果从物流节点体系的角度对物品对象进行最简单的划分，可以有哪些？其中哪种分法最有代表性？（第一问）工业产品与农业产品由于流通特点差异巨大，因此，这种划分也许是最有代表性的。

2. 讲授正文

农村物流体系要解决的问题是什么？面对的难点有哪些？（第二问）目前，我国正在健全县、乡、村三级物流体系，全力打通农村消费升级和农产品上行的末梢循环；需要提升县、乡物流仓储、分拨处理能力。其难点包括分布散、规模小与流量、利用率较低等。如何解决这些问题？（第三问）解决问题的思路，一是物流资源整合，二是政策扶持物流设施发展。

物流资源整合方面，拓展整合现有农村资源，把此前的部分非物流系统设施整合到新的物流系统中。目前，全国累计建设县级电商公共服务中心和物流配送中心超 2600 个。在村内整合了村邮站、"三农"服务站、村里小商超等，布局了 42 万个"邮乐购"电商服务站点。现在，每天有 1 亿多件包裹在农村进出。

政府对农村物流系统的政策扶持是全方位的。由于纯粹靠市场的力量是无法顺利构建农村物流体系的，因此中国政府为此付出了巨大努力，如硬件建设、信息系统建设、优惠政策等，这充分体现了社会主义制度的优越性。

至 2020 年，我国具备条件的建制村 100%实现了通硬化路、通客车、通邮路，现有建制村全面实现"村村通宽带"。在夯实基础的同时，短板也在加快补上。眼下，我国农产品仓储保鲜冷链物流设施建设全面提速。全国 100 个蔬菜、水果等产业重点县正在开展农产品产地冷藏保鲜设施整县推进试点，试点之一的江苏徐州市铜山区产地冷藏保鲜设施已全部建成，新增冷库 41 个。近年来，我国农村冷库建设平均年度增幅超过 40%，农村冷藏车保有量平均年度增幅超过 35%，水果和蔬菜的冷链流通率也明显提升。近年来，赣州市对田头冷库按 200 元/m³ 的标准进行奖补，赣州市 19 个县（市、区）共有 123 个冷链物流建设主体，有气调库 130 个，容积 2000 m³；冷藏库 325 个，容积 133023 m³；冷冻库 53 个，容积 4595 m³。

到 2025 年，我国将在具备条件的地区基本实现县县有中心、乡乡有网点、村村有服务，农产品运得出、消费品进得去，广阔的农村市场将更快、更好地融入全国统一大市场，为构建以国内大循环为主体、国内国际双循环相互促进的新发展格局提供有力支撑。

3. 分析总结

首先应该考虑到,工农业生产运作存在很大不同(第一问)。农业、农村通常处于相对弱势,而这种弱势是社会化大生产(连续性大规模)与相对季节性、小规模、分散化之间的天然差异构成的。因此,农业物流体系与工业物流体系存在较大的差异,需要针对农村供求特点构建相应的物流体系(第二问)。我国政府为了更好地发展农业、农村,采取了很多措施。当前,为了促进"以国内大循环为主体、国内国际双循环相互促进的新发展格局"的进一步发展,政府也在进一步行动,包括对农村物流资源整合以及政策扶持物流设施发展,如对农村道路基础设施、物流基础设施、信息基础设施等进行投资与整合。数十年来,中国正是因为有较为稳定的大后方(农村),才能够在历次经济危机中获得从容应对的基础,使得中国能够保持长期稳定的经济发展势态(第三问)。

案例3 物流中心改造
——与时俱进

【课程名称】物流中心规划设计与运作。

【教学内容】物流中心规划的前期工作。

【案例意义】通过介绍物流中心规划面对的不同场景、不同行业,说明物流中心规划,通常而言具有较为具体的针对性,应进行充分调查,考虑行业需求特点、运作需求特点,提出有针对性的方案,而不是笼统的方案。

教学过程

1. 问题导入

介绍物流中心规划设计的一般流程,然后探讨具体的物流中心规划设计面对的场景,以及不同行业可能具有的不同需求。具体以医药行业为例,介绍近年来我国医药物流相关变化:医药物流的发展变化与国家政策紧密相关。进入21世纪后,随着GMP与GSP认证的全面推进,在政策支持下,医药行业掀起了以自动化和信息化为特征的现代医药物流中心建设大潮。近几年来,药品第三方物流审批制度取消、新版GSP发布、"两票制"全面推广、集中带量采购不断升级、新修订的药品管理法等一系列政策相继出台,以及数字化转型带来医药电商快速崛起,从不同方面重塑着医药流通行业格局,同时促进了医药供应链变革;而以自主移动机器人(AMR)和人工智能(AI)为代表的新一代智慧物流技术的落地应用,使医药物流中心进入智能化升级的新发展阶段。考虑:随着医药电商快速崛起,对医药物流中心提出了哪些新要求?作为医药物流中心,应如何去适应?(第一问)

2. 讲授正文

首先介绍我国医药物流的基本情况。经过10多年来的不断投入,国内医药分销行业的物流系统自动化建设基本完成,目前,整个行业最需要解决的问题是,已经投入使用的物流系统如何进行智能化升级,尤其是在不停工停产的前提下,做到项目升级实施与业务运营穿插进行，实现智能化物流技术设备的快速部署与系统可控。

国控广州物流中心于 2008 年投入使用，属于较大体量、较为先进的自动化医药物流中心。经过 12 年的时间，到 2019 年底，其业务量比该项目规划时翻了一番，已经触及其运作能力的天花板。2019 年，在物流作业高峰时期，广州高唐仓极限出库件数已达 3 万箱/天。根据集团规划，至 2023 年，广州区域业务量会增加到 500 亿元，存储量 45 万箱，日均出库4 万箱。当前，该物流中心面临的问题有：此前，由于超负荷运作，超出作业限值的拣货任务无法按时完成，导致该部分订单无法按时配送，或出现单货不同步的现象，物流订单满足率在 90% 左右，具体来说，亟待补上每天 1 万箱的产能缺口；员工日均负重 30000 斤，劳动强度大，因此只能雇佣身强力壮的年轻人。面对如此情况，需要解决哪些问题？（第二问）为了提升拣货产能和服务水平，实现按时配送，必须对拣货系统进行改造升级；为了降低员工劳动强度，必须加大引入机械化、智能化设备。在升级改造物流中心的过程中，需要面对的难点有哪些？（第三问）

医药物流行业面对的问题，虽然有其特殊性，但需求端的变化具有一般性。请学生进一步总结：面对电商订单占比区域增大的趋势，物流中心新建或改造的基本思路是什么？（第四问）

3. 分析总结

本案例通过医药行业的物流需求发展，提示学生物流中心的发展始终以满足客户需求为基础，提出随着我国人口结构变化以及电商的发展，医药物流中心面对的新要求：一方面，随着我国中产阶级的不断壮大，社会需求不断增长；另一方面，由于需求日益变化为 C 端需求，订单平均需求量趋于减少。为了应对这种结构性变化，提出物流配送中心适应的基本方法（第一问），并以具体的物流中心为例，针对其面对的具体问题（第二问），总结出需要解决的问题，如出货产能提升、拣货能力提升、劳动强度降低。针对物流中心改造的难点及其关键（解决问题的关键是智能化改造），在智能化改造中，需要引进诸多软硬件设备，并对原有作业系统进行重构。在改造过程中，还要注意：对改造难度要有充分认识；改造尽可能不影响业务正常运行；调试时间应尽可能短，设备和系统应能无缝切换。最后，面对日益发展的需求格局，再次说明，只有拥抱变化才能在不断发展的市场中立足。

案例 4　物流中心拣货作业管理
——突出重点

【课程名称】物流中心规划设计与运作。

【教学内容】拣货作业区规划。

【案例意义】通过介绍拣货作业，在基于流量对物品进行分类的基础上（ABC 分类法），引导学生考虑现场需求的特点，能够对 ABC 分类法进行进一步思考。

教学过程

1. 问题导入

要想对拣货作业进行有效管理，必须了解拣货作业需求特点。通常而言，我们可以对物流中心内部的物品采用适当管理方法，并由此确定拣货作业的需求特点，以及应采用的适当搬运设备与储存设备，以达到降本增效的目的。为了对拣货作业进行有效管理，常用的管理方法是什么？为什么？（第一问）

2. 讲授正文

首先和学生讨论拣货作业在物流中心的重要作用。拣货作业是物流中心所有作业中对设备、人员、时间、成本消耗最大的作业环节，也是对客户体验影响最大的作业（拣货错误率对客户体验的影响巨大。当前，高水平物流中心基本上已经达到万无一失的水平）。拣货作业是物流中心内部作业中降本增效的关键环节。拣货作业的作业单位通常有托盘、箱、单件，每一种作业单位对设备需求都各有特点。在基于流量对物品进行 ABC 分类管理后，通常还难以满足现场需求。以服装行业为例，作为零售行业的物流中心，在当前运作中，通常会面对所谓"爆款"，即市场对某些货物品种具有很大的需求量，面对这种情况，从管理角度看，应如何低成本地达成高效率的拣货作业？（第二问）对于现场新需求，有必要创新管理方法，对物品进行更合理的管理。通常，可以更进一步对物品进行分类，即采用二级 ABC 分类管理法对物品进行管理。在 A 类物品中，再划分出 AA 品，重点对此类物品进行管理，并为其规划特殊的拣货作业区。这个特殊的拣货作业区，从规划设计角度看，应如何低成本地达成高效率的拣货作业？（第三问）规划 AA 品重力式货架拣选区。AA 品为出库频次高、单订单单品非整托出库品种，但其单日出库量大，为减少对堆垛机资源的占用，设计 AA 品重力式货架区，由立库先将品种补货到此区，每个货位可存放 3 至 4 托的量。出库时，只要这个库区有的品种，非整托出库任务均分配到此区，这个设计是将立库作为储备库，负责整托进出、实现托盘的快速周转，将楼层作为拣选区，实现多品种快速拣选，降低堆垛机机械能力对快速分拣制约的风险。

3. 分析总结

本案例通过第一问首先回顾对拣货作业进行有效管理的常用方法。基于对拣货作业中不同拣货单位需要的不同设备的进一步了解，明确不同拣货单位适用的常用拣货设备。而现场需求"爆款"产品，对此前的有效管理方法提出了挑战，于是有了对第二问的思考，以及相应的管理方法（二级 ABC 分类管理法）。在确定新的管理方法基础上，如何规划设计相应的拣货作业？考虑物品的需求特点，进而确定其拣货区的特点？有以下几种方法：存放量（3 至4 托）、特殊货架（重力式货架）。可以看到其达成的效果是能满足新的需求的。引导学生思考，如何面对新的作业需求改善管理方法，并在规划设计中进行相应回应。

13

物流管理信息系统

序号	教学内容	思政映射与融入点	编者
1	知识点：物流管理信息系统概述	案例1：北斗的车辆监控信息化平台——自主创新	罗荣武
2	知识点：信息系统与管理	案例2：智能工厂情况下的工位物流——强化基石作用	罗荣武
3	知识点：管理信息系统的技术基础之大数据	案例3：物流大数据及其应用——坚持问题导向	罗荣武
4	知识点：商业数据分析概论	案例4：数据仓库——基础数据的重要性	罗荣武

案例 1 北斗的车辆监控信息化平台
——自主创新

【课程名称】物流管理信息系统。

【教学内容】物流管理信息系统概述。

【案例意义】通过介绍利用北斗的车辆监控信息化平台，说明信息化平台开发应具有的基本内容，培养学生从不同人物角度、车辆及其组合角度、操作需求角度、管理角度等全方位视角看待信息化平台的需求与开发问题。

教学过程

1. 问题导入

介绍运输管理信息系统，并引用铁路工程建设案例说明车辆监控信息化平台的必要性。引导学生思考：如果要构建一个利用北斗的车辆监控信息化平台，必须具备的功能模块有哪些？（第一问）或者说，这样的平台，它可能涉及哪些人、哪些事、哪些物以及哪些时间和空间问题？基于信息化平台的一般需求，通常需要考虑用户管理、车辆与终端管理、地图操作、车辆监控、行车路线管理、报表管理等。

2.讲授正文

背景知识1：当今世界能够对车辆进行有效监控的信息基础是什么？目前全世界有4大卫星导航系统，即中国的北斗卫星导航系统、美国的GPS、俄罗斯的格洛纳斯导航卫星系统、欧洲的伽利略导航卫星系统，对于当下的中国来说，用北斗卫星导航系统是当然选择。

背景知识2：历史上，为了对车辆进行有效监控，在无卫星系统情况下，采取了哪些技术手段？请对其进行效果评析。此前，通信公司与物流公司曾有合作，试图随车通过手机信号对物流公司的车辆进行有效监控，但在那时的条件下，这种方法成本高、管理难，最后并没有得到推广。

因此，我们要有一个基本认知：随着技术的迭代，此前可能高不可攀（成本—效能综合权衡）的运行架构或运作模式可能变得简单易行，因此作为从业人员一定要保持对新技术的关注。

以车辆运用管理为例，作为信息化平台应该考虑哪些更进一步的问题？（第二问）我们不仅要关注每一辆车的运用管理情况，还要关注在某些情境下的"组"的问题；车辆的分组管理问题是一个与车辆与终端管理并列的管理内容。车辆的"组"对应着货物的"批"，一批货物通常有其特殊性。很多时候，从管理角度看，一辆辆车可能会分为若干组。如何更进一步实现对"车组"的科学有效的管理？（第三问）在对"组"进行管理时，通常应具有这些功能：添加和删除分组，修改分组，分组查询与列表，车辆图标与颜色设置。需要进行车组管理的货物之间通常具有关联性，有些具有强关联性的一批货物可能出现缺一不可的情况，比如盾构机的运输。一个超大型盾构机，可能需要约100辆车进行运输，在某些施工困难路段，运输过程可能涉及许多问题。因此要实现对车组的有效管理，必须对车组—车队人员—货物、运输路径、时间、难点等进行综合考察；某些情况下还需要进行路况勘测。

3.分析总结

通过对运输管理信息系统中利用北斗卫星导航系统的车辆监控信息化平台的讲述，引导学生思考车辆监控信息化平台的功能模块（第一问），并以生产实际场景为例，说明车辆运用管理中需要考虑的现实情况，以及在车组管理的基础上，还需要进一步做什么工作（第二问）。因此，在未来作为开发者或者应用者考虑物流管理信息系统的相关内容时，一定要注意现场调研，深刻认识现场需求（第三问）。

案例2 智能工厂情况下的工位物流
——强化基石作用

【课程名称】物流管理信息系统。

【教学内容】信息系统与管理。

【案例意义】通过介绍智能工厂的工位物流，引导学生初步理解物流信息在生产企业中的应用，使他们认识到看上去并不复杂的工位物流，为什么会是智能工厂物流系统规划建设和运营维护的痛点和难点，并理解我国逐步推进智能工厂建设对提高市场竞争力的重要意义。

教学过程

1. 问题导入

要使流水线顺畅运作，必须保证每个工位有适当的物资，由此产生的物流称为工位物流。对于智能工厂而言，如何看待工位物流的系统规划建设和运营维护难度？（第一问）工位物流是智能工厂物流系统规划建设和运营维护的痛点和难点。它涉及生产设施、物流设施、作业单元、物料单元、产线节拍、作业主体（机器人或者操作人员），以及各个环节的信息（动作节拍、数量、流量等）采集与作业反馈协同，由此构成了工位物流的作业场景，也是智能工厂最主要的作业现场，需要系统化、集成化思考以实现智能化协同，通常是以点带面地导入关键工位和环节智能化的元素，然后逐步完成集成业务。在一个特定的工厂，关键环节的智能化突破往往可以起到"破冰"效应，带动上、下游环节的系列优化和匹配，从而拉开智能化工厂建设和物流信息平台构建的序幕。

2. 讲授正文

作为智能化工厂建设和物流信息平台构建基础的工位物流，主要包括哪些内容？对信息系统可能有哪些要求？（第二问）工位物流主要包含分拣—配送—齐套—生产—打包等过程，可解决数字化生产的流动性要求，以精准响应智能制造的时间和数量要求，其间需要重新解决工位智能配送和作业协同的问题。其具体包含各产线生产作业计划查询、显示，作业计划生产进度监控、提醒，物料配送计划查询，配送作业派工、物料分拣、齐套与配送进度监控、显示，在线库存倒冲及物料配送拉动点设置，线边拉动—配送—备料的作业计划倒排拉动，配送指令传递（根据线边物料消耗进度拉动，每种物料单独拉动，通过 PDA（掌上电脑）、电子看板等传递），尾数、不良等物料信息及时采集和传递处理。智能化工厂的运作模式对物流信息技术平台提出了什么新要求？（第三问）制造业模式变化倒逼物流供应链逻辑变化。从以制造为中心向以客户和消费者为中心的交付模式转变，倒逼物流信息技术平台从"存数据与查数据"向"数据驱动"转化。在智能制造环境下，尤其是全渠道产销数字化的企业，从制造到连锁经营，涵盖电商、门店、KA（重点客户）、经销商等，都在强调以客户订单与交付数据为中心，日益与互联网、云计算平台链接，其信息化必须从昔日的"存数据与查数据"转向"制造大数据/消费大数据"的数据驱动的轨道。

3. 分析总结

本案例通过第一问，首先明确了工位物流在企业物流中的基础性作用，作为智能工厂物流系统规划建设和运营维护的痛点和难点，看上去并不复杂的工位物流涉及面和涉及内容深度并不简单，组织管理也并不容易。通过对工位物流涉及面和涉及内容深度的介绍，进一步提出第二问，进一步解读其包括的内容、作业需求、对信息系统的需求等，并进一步提出第三问，从点、线角度上升到信息系统、技术平台的角度，思考物流供应链逻辑的变化及其对物流信息技术平台构建与运作的深刻影响。

案例 3　物流大数据及其应用
——坚持问题导向

【课程名称】物流管理信息系统。

【教学内容】管理信息系统的技术基础之大数据。

【案例意义】通过学习大数据相关基础知识，了解物流大数据及其应用，认识在物流运作中，只有坚持问题导向、持续改善才能获得不断进步。

教学过程

1. 问题导入

大数据技术一般运用数据挖潜、数据分析手段对信息进行整合筛选，使企业能够在合理的时间内进行传统数据库工具无法处理的海量数据的处理技术，通常具有四大优点：数据规模巨大、来源多样化、处理能力强大、数据价值密度低。物流大数据则是指物流各子环节中的海量信息资源，大数据技术借助自身四大优点，对运输、仓储、配送等物流信息分析利用，可以最大限度地节约物流成本、提高工作效率，满足客户对物流服务的需求，达到优化供应链各方的资源配置和利润等作用。

2. 讲授正文

随着现代信息及通信技术的快速发展，物流业务量不断增加。物流服务过程产生的信息流和相关数据也呈现不断增长趋势，而信息处理能力成为企业之间竞争的关键。在此背景下，以京东物流为例，研究大数据技术在物流企业中的应用。

在传统的物流决策（库存节点设置，运输方案确定）中，获得决策的基础数据的方法及其优缺点有哪些？（第一问）通过传统问卷调研或个人主观判断来进行决策的方法，其可行性已经日暮途穷。这种方式不能及时、准确、客观地了解现代消费者的物流服务需求，会使企业做出错误的经营决策，错失重大商机。以京东物流为例，其最重要的物流数据有哪些？（第二问）在哪些地区、哪些时间段，用户需求发生了较大变化？由于中国电商依然处于增长期，因此，以上问题可转化为哪些地区、哪些时间段的客户需求量有明显增长，或者增长量出于需要要对库存节点、运输方案进行重新考虑。

人们以往的生活经验认为，奢侈品在经济发达的大城市才有较高销售量，故在节口前夕只有经济发达地区做好了仓储配送等工作安排。但是京东大数据显示，2018 年七夕期间，拉萨地区的铂金、黄金销量大幅增长：七夕节前两周，销量比平时分别增长了 4.4 倍、1.9 倍；同时，鲜花销量比平时增长了 1.6 倍，钻石销量比平时增长了 2.1 倍，腕表销量比平时增长了 48%。此外，七夕节前两周，拉萨地区生活电器销量比平时增长了 44%。

而京东对信息的收集、汇总处理工作及时高效，在得到较为精准的业务数据后，分析、筛选出有利用价值的信息，以判断和预测每个地区的各种商品需求量及物流服务需求度，进而调整企业运营方案，集中精力完成高效益的业务，充分发挥大数据技术的作用为企业带来高额利润。

通过对不断增长的数据进行加工，可以在物流企业产生显著的财务价值，2017 年 8 月京东无人机、无人车总部落户凤岗，采用规范的模型"加工"数，使年产值逾400亿的年劳动生产率提高0.5%。京东大数据的质量和价值跻身中国顶级互联网公司之列。借助这些大数据，对其进行增值处理就可以为用户提供人性化服务、为业务运营提供智能化支持。因此在掌握庞大的数据信息后，提高对数据的"加工能力"、筛选出有价值的信息，实现数据的"增值"，才能体现企业的大数据战略意义。

在物流中心选址过程中，企业需要综合考虑经营环境、基础设施状况、自然环境、其他因素等。企业要达到成本最小化目标，传统的方法如重心法大多不切实际，无法采用，这就需要利用大数据分析方法使企业根据不同的需求选择合适的算法，从而获得最高效益。

在获取的商业数据中，哪些数据对物流系统构建具有较为重要的作用？（第三问）客户的购物车、浏览时间、评价信息以及收藏夹等所有与销量有关的数据，反映了客户的想法及需求，因此都是非常重要的数据。通过聚类分析确定客户群，对商品的生命周期进行预测，做好库存和运输工作的安排，科学、有效地利用现有资源。大数据技术的实时性能很好地解决传统问卷调查法延迟性高、效率低下等问题，并根据实时的调研结果安排最佳仓储量，避免错过最佳销售时间段。

京东大数据显示，三、四线城市的日平均单量增速比一、二线城市高出20%，这对京东未来的物流业务有何指导意义？（第四问）未来三、四线城市也将是京东重点布局的方向。此前，京东物流的仓储体系建设重点是以"亚洲一号"为代表的超大型单体，随着新形势的出现，其仓储系统的重心逐步转移到地区型仓库。截至2018年，京东物流在全国拥有7个物流中心、335个大型仓库，自营配送覆盖了全国99%的人口。

3. 分析总结

本案例通过第一问明确了原有获得物流决策的基础数据的方法及其优缺点，以京东物流为例，以其最重要的物流数据为基础（第二问），获得基于区域、时间段的客户需求的较大变化，进而改善物流系统的运作方案。而基于商业数据的提前形成，还可以对客户的需求提前做出预判，进一步对运作系统进行优化（第三问）。具体数据的趋势性变化，更可以成为物流节点体系构建的基础性资料（第四问）。

案例4 数据仓库
——基础数据的重要性

【课程名称】物流管理信息系统。

【教学内容】商业数据分析概论。

【案例意义】通过介绍商业数据分析中数据仓库的作用，引导学生思考库存决策支持系统的构建中，应该考虑的数据仓库主题及其进一步的要素，学会从问题出发找出管理信息构建的具体要素。

教学过程

1. 问题导入

数据仓库是库存决策支持系统和联机分析应用数据源的结构化数据环境。数据仓库研究和解决从数据库中获取信息的问题。数据仓库具有的特征包括面向主题、集成性、稳定性等。库存决策支持系统的目的是通过客户信息、销售量等数据对客户的满意度、需求进行分析，了解顾客需求及变化趋势，帮助企业从客户实际需求出发，精准制定库存决策，将库存控制在与市场发展趋势所需的水平，降低因库存过多或缺货带来的影响。企业库存决策支持系统的主题(数据库)有哪些？(第一问)

2. 讲授正文

首先和学生讨论企业库存决策支持系统的主题(数据库)问题，一般而言，包括市场、产品、营销和财务，主题对应的数据库有：市场主题数据库；产品相关主题数据库；营销主题数据库；财务主题数据库。进一步讨论各主题对应的数据库的内容及其意义是什么？(第二问)一般而言，市场主题数据库主要包括：客户基础信息及其需求情况、对产品的反馈等信息，以便对顾客的需求及时响应；目标市场结构与发展趋势信息，用于市场分析；竞争对手信息，以分析其现状和竞争力等。产品相关主题数据库主要包括产品、原料、生产描述，用于产品及其形成分析。营销主题数据库主要包括营销业务数据，用于营销数据分析。财务主题数据库主要包括销售额、销售人员业绩，用于对财务状况进行分析。

以产品相关主题数据库为例，说明应该包括哪些更细致的内容？(第三问)具体来说，产品相关主题数据库应包括：产品相关信息(产品代码、产品名称、产品库存、产品级别等)；物料相关信息(物料代码、物料名称、物料成本、供料单位号、物料级别等)；生产相关信息(生产部门代码、生产部门名、员工数量、设备价值、生产能力级别等)。

目前，企业普遍面对的最大问题是营销问题，因此营销主题数据库对企业而言是极其重要的。就市场营销而言，数据就是营销语言，也是开展数据库营销的基本资源，其数量和质量直接关系到营销项目的成败。好的营销主题数据库是营销得以持续开展、深入分析的重要资源，可以取之不尽、用之不竭。其作用不仅仅限于营销对客户行为的分析，更可以从中了解需求趋势，使得企业产品开发始终与市场需求趋势具有较高的一致性，如基于中美当前的冲突，我国纺织行业面对的营销业务数据可能发生哪些变化？(第四问)

3. 分析总结

首先和学生讨论数据仓库的基本概念及其特征，以企业库存决策支持系统为例，讨论其主题(数据库)的主要内容，并从这些主题出发，进一步从人、财、物以及营销角度讨论各主题对应的数据库的内容及其意义，并以典型的产品相关主题数据库为例，进一步讨论各主题数据库的具体内容，进而实现从管理信息系统的目标至内容较为具体的系统构建。

14

城市轨道交通设备

教学内容和思政融合设计

序号	教学内容	思政映射与融入点	编者
1	知识点：城市轨道交通设备发展	案例1：绪论——科技发展	付延冰
2	知识点：地铁及轻轨线路路基	案例2：地铁及轻轨线路路基——夯实基础	付延冰
3	知识点：城市轨道交通通信系统	案例3：城市轨道交通通信系统——有效的沟通交流	付延冰
4	知识点：道岔	案例4：道岔——坚持正确的价值观、做正确的抉择	付延冰

案例1 绪论
——科技发展

【课程名称】城市轨道交通设备。

【教学内容】城市轨道交通设备发展。

【案例意义】通过城市轨道交通设备绪论的讲解，展示我国交通运输，尤其是城市轨道交通的发展，逐步带入我国科技的迅猛发展。我国在高科技的各个领域全面学习、追赶甚至超越国际先进科学技术。

教学过程

1. 问题导入

根据 2007 年发布的《城市公共交通分类标准》(CJJ/T 114—2007)，城市轨道交通为采用轨道结构进行承重和导向的车辆运输系统，依据城市交通总体规划的要求，设置全封闭或部分封闭的专用轨道线路，以列车或单车形式，运送相当规模客流量的公共交通方式。城市轨道交通是城市公共交通的骨干，具有运量大、全天候、安全等特点。

我国城市轨道交通的发展是从大城市开始的。最早的城市有轨公共交通是 1908 年的上海有轨电车，全长 6.04 km；第一个建设城市铁路的城市也是上海；第一个建设城市地铁的城市是首都北京。因此，上海和北京是我国城市轨道交通发展的先驱。从 1949 年中华人民共和国成立到 1978 年改革开放前，我国城市轨道交通基本处于时断时续的缓慢发展期，轨道交通的结构和质量处于常规水平。1978 年前，虽初步建立起国家工业化和国防现代化的基础，但在"备战备荒"的思想指导下，城市经济和社会发展缓慢，城市基础设施投入严重不足，设施、设备简陋，不适应建设现代化城市的需要。

2. 讲授正文

改革开放以来，我国国民经济进入持续快速增长阶段，城镇化建设也得到长足发展，对城市和城际之间运输能力的需求日益增加。进入 20 世纪 90 年代后，随着经济体制改革的逐步深入，我国国民经济得到持续快速增长，城市居民收入水平不断提高，居民出行次数逐年增加。与此同时，我国城市化进程加快，城市交通需求剧增，道路交通供给能力严重不足，交通供需矛盾日益突出，已成为城市社会经济发展的一个重要制约因素。为适应城市发展的需要，缓解城市交通的紧张状况，20 世纪 90 年代，我国政府开始加大对城市交通基础设施的投入，并认识到轨道交通对解决城市交通问题和引导城市发展的重要作用，发展大容量轨道交通方式的理念开始提出，城市轨道交通开始进入能力扩张与质量提高并举的发展阶段。大力发展运能大、污染小、占地少的大容量城市轨道交通，加快建设以轨道交通为骨干的公共交通系统开始成为城市交通发展的重点，并逐步成为共识。20 世纪 90 年代末，我国城市轨道交通的发展明显加快。总的来说，我国的城市轨道交通经历了五十多年的发展历程，大致可以划分为：起步阶段、提速起跑阶段、快速发展阶段、快速发展阶段。我国于 1999 年开始陆续批准一批城市轨道交通项目开工建设。一是随着国家积极财政政策的实施，国家对城市轨道交通从建设资金上给予有力支持；二是通过引进技术、国内企业与国际先进制造企业的合作，实现了城市轨道交通车辆、设备本土化，使城市轨道交通建设造价大大降低。我国先后批准了深圳、上海、广州、重庆、武汉、南京、杭州、成都、哈尔滨等十多个城市轨道交通项目的开工建设，并投入 40 亿元国债资金予以支持，我国轨道交通建设进入高速发展期。除了线路和运营里程大幅度增加外，我国城市轨道交通也由原来的地铁单一形式向多样化发展。

3. 分析总结

交通运输事业的建设与经济发展、民生改善息息相关。党的十八大以来，中国交通运输事业建设砥砺前行。特别是在党的十九大提出建设交通强国之后，新时代交通运输发展有了明确方向。举目望去，当今神州大地路网畅通、周行八方。高铁建设高歌猛进，"四纵四横"高铁网提前建成，"八纵八横"高铁网加密成型。长江成为全球内河运输中最繁忙的黄金水道。交通服务百姓，惠及民生，方便人员流动，推动货物周转。《交通强国建设纲要》提出，到 2035 年我国要基本建成交通强国，旅客联程运输便捷顺畅，货物多式联运高效经济。科技的发展提高了人民的生活水平，促进了国家的经济发展。大学生要努力学习，融入科技发展的大潮，成为国家栋梁。

案例2　地铁及轻轨线路路基

——夯实基础

【课程名称】城市轨道交通设备。

【教学内容】地铁及轻轨线路路基。

【案例意义】通过介绍地铁及轻轨线路由上部建筑和下部基础组成以及路基，培养学生认真、踏实、打好基础的学习、工作、生活理念。

教学过程

1. 问题导入

地铁及轻轨线路一般由上部建筑和下部基础组成。上部建筑是指轨道部分，下部基础主要指路基、桥梁及隧道。路基是铺设轨道的基础，直接承受轨道和列车的荷载，并将其传递至大地，它的状态直接关系到线路的质量，并直接影响列车运行的速度和行车安全。路基必须具备足够的强度、稳定性和耐久性。

2. 讲授正文

垂直于线路中心线的路基断面，称为路基横断面。路基的主要横断面形式有路堤和路堑两种。地铁及轻轨的路基以路堤更为常见。路肩是指路基顶面两侧无道砟覆盖的部分，其作用是增强路基的稳定性，防止道砟滚落至路基面外，设置有关设备，便于人员避车，暂放维修材料和机具等。当路肩埋有设备时，路堤及路堑的路肩应保证一定的宽度。当线路通过地下水位较高或常年有地面积水的地区，路堤过低容易引起基床翻浆冒泥等病害。路肩设计高程应高出线路通过地段的最高地下水位和最高地面积水水位，还应考虑毛细水强烈上升高度和有害冻胀深度。路基顶面，即铺设轨道的工作面，按形状可分为有路拱和无路拱两种形式。路拱的作用是迅速排除道床下的积水，以保持路基顶面的干燥。路基顶面应根据基床填料的种类确定是否需要设置路拱。不易渗水的填料必须设置路拱，路拱的形状为三角形，由中心向两侧按大约4%的排水坡确定，底宽等于路基面宽度。渗水性好的填料能较快地向下渗水，故不需要设置路拱，即渗水土和岩石的路基面为平面。路基顶面宽度应根据正线数目、配线情况、线间距、轨道结构尺寸、路基面形状、路肩宽度等计算确定。路基边坡即路肩边缘外两侧的斜坡，其作用是增强路基的稳定性。路基边坡的坡度应根据填料或土质的物理力学性质、边坡高度、列车荷载和地基工程地质条件确定。地铁地面线路一般多为低路堤，其边坡坡度一般取1∶1.5。护道是指路堤坡脚与取土坑（或排水沟）之间的部分，其作用是保持路基边坡的稳定，防止雨水冲刷坡脚造成边坡塌方。地铁路堤护道宽度不小于1.0 m，并应向外做成规定坡度的排水坡。地铁全线应有完善的排水系统，并宜利用市政排水设施。排水设施应布置合理，当与桥涵、隧道、车站等排水设施衔接时，应保证排水畅通。地面线路基排水必须使降水能顺利排走，同时阻止路基范围外的地表水流入路基，确保路基干燥稳固。路堤应在护道外设置单侧或双侧排水沟。路堑应于路肩两侧设置侧沟，堑顶外应设单侧或双侧天沟。排水沟的横断面应按流量及用地情况确定，并确保边坡稳定。排水沟断面形式一般采用梯形，两侧边坡根据土质及边坡高度确定，纵向排水坡不应小于2%。对路基有危害的地下水，应根据地下水类型、含水层的埋藏深度、地层的渗透性等，设置暗沟(管)、渗沟、检查井等地下排水设施。

3.分析总结

打基础既是成长成才的奠基石，也是创业路上的压舱石，凡事打好基础才能把事情做好。"九层之台，起于累土；千里之行，始于足下"，打好基础是成功成才的必由之路。然而在许多情况下，打基础这个环节却常被一些人轻视甚至无视。不可否认，现实中有些人基础不牢，却暂时取得了成功，但是经过岁月的淘洗，这些人终究难有大成。许多时候，打基础的工作往往需要花费大量时间和精力，短期内难以见到成效，这就要求我们做好充分的心理准备，坚定久久为功的信念。根深才能叶茂，基础牢固的人，才能够在平凡的工作生活中稳步前行，谦虚谨慎、不骄不躁，即使遇到急难险重任务，亦能不慌不乱、从容应对；基础不牢的人，或是急功近利，或是一味求快，这些人学习浮于表面，工作看重形式，只想抬头看路，不想埋头干活，往往担不了大任。

案例3　城市轨道交通通信系统
——有效的沟通交流

【课程名称】城市轨道交通设备。

【教学内容】城市轨道交通通信系统。

【案例意义】通过城市轨道交通通信系统的介绍，了解在城市轨道交通运营管理过程中，快捷、有效的通信非常重要，培养学生进行有效沟通交流的意识。

教学过程

1.问题导入

城市轨道交通通信系统是指专用于组织、指挥城市轨道交通的通信系统。城市轨道交通通信系统一般由数据传输、公务电话、专用有线调度电话、无线列车调度、闭路电视监控、车站广播、时钟、旅客信息引导显示、防雷、光纤在线监测、动力环境监测和UPS不间断电源等组成。城市轨道交通通信系统是城市轨道交通运营生产的基础，是保证行车安全、提高运营效率、提升运营服务质量的重要设施。在科学技术迅速发展的时代，具有现代化特征的专业通信系统，是城市轨道交通的重要标志之一。

2.讲授正文

通信系统将信息从发信者传递给在另一个时空点的收信者，由于完成这一信息传递的通信系统的种类繁多，所以它们的具体设备和业务功能可能各不相同。整个流程由信源、发送变换器、信道(或传输介质)、接收变换器和信宿(收信者)等五部分组成。信源是信息的产生或信息的发送者，信宿是信息的接收者。信源根据所产生信号的性质不同，可分为模拟信源和离散信源。模拟信源(如电话机和电视摄像机等)输出幅度连续的模拟信号；离散信源(如电传机、计算机等)输出离散符号序列或文字。模拟信源可通过抽样和量化转换成离散信源。

发送变换器的基本功能是将信源和传输介质匹配起来,将信源产生的消息信号转换为利于传送的信号形式,送往传输介质。发送变换器为满足某些特殊需求对信源进行处理,如多路复用、保密处理和纠错编码处理等。信道是指信号的传输通道,目前有狭义信道和广义信道两种定义方法。狭义信道是指信号的传输介质,其范围包括从发送设备到接收设备之间的介质,如架空明线、电缆、光导纤维以及传输电磁波的自由空间等。广义信道指消息的传输介质。除包括上述信号的传输介质外,还有各种信号的转换设备,如发送、接收设备,调制、解调设备等。信号经过信道传送到接收变换器。传输介质既可以是有线的,也可以是无线的,二者都有多种物理传输介质。在信号传输过程中,必然会引入发送变换器、接收变换器和传输介质的热噪声及各种干扰和衰落,即信号在信道中传输时,会产生信道噪声。接收变换器的主要作用是将来自信道的带有干扰的信息信号加以处理,并从中提取原始信息,完成发送变换过程的逆变换,如解调和译码等。通信系统是实现信息传输、交换的所有通信设备连接起来的整体。通信系统由终端设备、传输设备、交换设备三大要素构成。终端设备是通信网的外围设备,一般供用户使用,其主要的功能是将用户(信源)发出的各种信息(如声音、数据、图像等)转换为适合在信道上传输的电信号,以完成发送信息的功能;或者把对方经信道送来的电信号变换为用户可识别的信息,完成接收信息的功能。终端设备的种类有很多,如普通电话机、移动电话机、电报终端、计算机终端、数据终端、传真机、可视图文终端等。传输设备是传输信息的通道,也称为通信链路。传输设备包括传输介质和延长传输距离及改善传输质量的相关设备,其功能是将携带信息的电磁波信号从发出地点传送到目的地点。传输设备将终端设备和交换设备连接起来,形成网络。按传输介质的不同,传输设备可分为有线传输设备和无线传输设备两大类。有线传输设备包括明线、电缆、光缆传输等几种类型;无线传输设备包括长波、短波、超短波和微波(地面微波、卫星通信)等几种类型。交换设备是通信网络的核心,起着组网的关键作用。交换设备的基本功能是对所接入的链路进行汇集、接续和分配。

3. 分析总结

沟通交流能力是指个体在事实、情感、价值取向和意见观点等方面采用有效且适当的方法与对方进行沟通和交流的本领。沟通对于任何一个企业来说都是极其重要的,沟通每时每刻都在影响着组织的发展,有70%的问题是由沟通不畅导致的,沟通与协调能力还是现代职业人士成功的必要条件。学会沟通与交流是处理好人际关系的首要任务,掌握其中奥秘很重要。在沟通交流过程中,善用适当的肢体语言或准确恰当的词句表达情感,借助询问、重复他人的谈话等技巧来弄明白他人的意思和鼓励他人发言,善于在沟通交流过程中,对自己、对他人、对情景有明确的认知,明确自己的沟通目标、善于体察他人的想法和感受。渴望理解和被理解,强烈希望通过沟通交流影响他人的动机,能以"双赢"为导向,建立或利用内外部的协作关系或联系,有效运用各种沟通方式同有关人员进行沟通交流,明确自己的沟通目标与沟通情境,提高沟通交流意识,注重语言能力的训练,及时评价自己的沟通交流状况。注重心理素质的训练,在沟通交流中保持良好的心理状态,多与他人交流沟通,在实践中不断总结沟通的成功和不足。

案例 4　道岔
——坚持正确的价值观、做正确的抉择

【课程名称】城市轨道交通设备。

【教学内容】道岔。

【案例意义】通过城市轨道交通道岔的介绍，培养学生在面临选择时坚持正确的价值观，做正确的抉择。

教学过程

1. 问题导入

道岔是机车车辆从一股道转入或跨越另一股道时必不可少的线路设备，是轨道的一个重要组成部分。道岔有线路连接、线路交叉及线路连接与交叉三种形式。常见的线路连接有普通的单开道岔、对称道岔及三开道岔，线路交叉有十字交叉和菱形交叉。近年来，地铁、轻轨还设计和铺设了部分专用道岔。城市轨道交通布设在城市内，基本采用双线线路，线路中间站通常不设配线，两个方向线路也很少存在交叉。在城市轨道交通线路中，道岔设备的主要作用为：设有渡线和折返线的车站，通过设置道岔来实现车辆的转线；在车场、车辆段内，股道通过道岔将停车线、检车线等与走行线连接。

2. 讲授正文

我国最常见的道岔类型是普通单开道岔，简称单开道岔，其数量占各类道岔总数的 90%以上。站在道岔前部面向尖轨尖端，凡侧线由主线左侧岔出的称为左开道岔，侧线由右侧岔出的称为右开道岔。单开道岔以其钢轨每米质量及道岔号数区分类型。标准道岔号数（用辙叉号数来表示）有 6 号、7 号、9 号、12 号、18 号、24 号等，以 9 号及 12 号最为常用。若侧线通过高速列车，则需铺设更大号数的道岔。单开道岔主要由转辙器部分、连接部分、辙叉及护轨部分组成。转辙器部分是由一对基本轨、一对尖轨、各种联结零件（拉杆、连接杆、顶铁、滑床板、轨撑、辙前垫板、辙后垫板）及转辙机械等组成，它通过将尖轨扳动在不同的位置引导机车车辆进入道岔的不同方向。基本轨位于尖轨外侧，其作用除承受车轮的垂直压力并经垫板将其传递于岔枕上外，还与尖轨共同承受车轮的横向水平推力，并保持尖轨位置的稳定。基本轨一般多用 12.5 m 或 25 m 标准钢轨制成，主股为直线，侧股按转辙器各部分的轨距在工厂事先弯折成规定的折线或曲线形。由于尖轨与基本轨密贴时会产生一个转辙角，所以转辙器部分的轨距必须加宽，以满足机车车辆固定轴距和车轮与钢轨良好接触的需要，通常道岔中不设轨底坡。为防止基本轨的横向移动，可在其外侧设置轨撑。为了增加钢轨表面硬度，提高耐磨性并保持与尖轨良好的密贴状态，基本轨轨头顶面一般还需进行淬火处理。尖轨可用普通断面钢轨或特种断面钢轨制成。用普通断面钢轨制成的尖轨，一般在尖轨前端加补强板以增加其横向刚度。用特种断面钢轨制成的尖轨，其断面粗壮、整体性强、刚度大，稳定性比普通断面钢轨好。与基本轨高度相同的称为高型特种断面，较矮者称为矮型特种断面。特种断面尖轨还有对称与不对称、设轨顶坡和不设轨顶坡之分。为便于跟部与连

接部分联结，特种断面尖轨跟部要加工成普通钢轨断面。我国已广泛使用矮型特种断面钢轨，减小了列车过岔时的垂直不平顺，有利于提高过岔速度，增加了基本轨的稳定性和道岔整体性。目前我国地铁和轻轨上铺设的道岔几乎都是 AT 形尖轨。对尖轨的要求是当一根尖轨与邻近基本轨密贴时，另一根尖轨必须与邻近的基本轨分开规定的距离，两根尖轨分别被称为密贴尖轨和斥离尖轨。通过尖轨与基本轨的密贴和分离达到引导车轮按不同线路运行的目的。尖轨按其平面状态分为直线形尖轨和曲线形尖轨两种。

3. 分析总结

同学们在未来的学习、工作和生活中将会面临更多的选择。选择就是在自己的价值观的指导下进行抉择。价值观是基于人的感官之上而做出的认知、理解、判断或抉择，也就是人认定事物、辨定是非的取向，从而体现出人、事、物一定的价值或作用。价值观就是要清楚"什么更重要"和"什么最重要"，然后盯住重要的，忽略那些不重要的。我们需要在正确的价值观指导下做出合适自己的抉择。人只有不断提高自己的能力、丰富自身生活和工作经验，才能更好地进行抉择。

15

列车运行控制系统

教学内容和思政融合设计

序号	教学内容	思政映射与融入点	编者
1	知识点：列车运行控制系统的发展概况	案例1：我国列车运行控制系统的发展——坚持自主创新	朱晓立
2	知识点：CTCS-2级列控系统地面设备	案例2：郑小燕：追求"两个100%"的列控专家——践行职业精神和职业规范的榜样	朱晓立
3	知识点：CTCS-3级列控系统地面设备	案例3：江明：从清华"刺绣博士"到高铁列控专家——将社会主义核心价值观内化为精神追求、外化为自觉行动	朱晓立
4	知识点：列控车载设备组成与原理	案例4：基于5G技术的新一代列控通信系统——科学持续发展和创新	朱晓立

案例1　我国列车运行控制系统的发展
——坚持自主创新

【课程名称】列车运行控制系统。

【教学内容】列车运行控制系统的发展概况。

【案例意义】坚持自主创新，激发学生科技报国的家国情怀和使命担当，增加课程的知识性、人文性，提升引领性、时代性和开放性。

教学过程

1. 问题导入

目前我国高速铁路和普速铁路均大量使用具有我国自主知识产权的列车运行控制系统保

障列车运行的安全和效率。我国列车运行控制系统从无到有、从框架概念到成熟产品的发展过程，充分体现了我国铁路科技立足国内、放眼国际、坚持自主创新、引领世界铁路科技前沿的发展道路。

2.讲授正文

中国列车运行控制系统(CTCS)这个概念诞生于2002年。2002年12月，在中国召开的UIC国际大会上，中华人民共和国铁道部宣布了发展中国列车运行控制系统的规划，系统包括地面子系统和车载子系统，根据系统配置按功能划分为5级。

2002年大多数线路和机车是总则中所述的CTCS-0级，车载设备采用JT-A/B通用机车信号+LKJ运行监控记录装置；地面设备为各制式自动闭塞设备(包括各制式交流计数、移频自动闭塞设备)，由通用式机车信号负责接收轨道电路信息。

CTCS-0级和CTCS-1级是采取大贮存的方式把线路数据全部贮存在车载设备中，靠逻辑推断地址调取所需的线路数据，结合列车性能计算出目标距离式制动曲线。

CTCS-2级是车载设备通过接收轨道电路信息和点式设备信息控制列车运行，与欧洲的ETCS-1级和TVM430系统不同，CTCS-2级充分利用了自主创新的ZPW-2000移频轨道电路中18个低频信息码，让轨道电路传输闭塞分区空闲个数，把线路数据这种固定的数据通过应答器进行传输，构成了点连式的列控系统，以ETCS-1级的成本实现了近乎ETCS-2级的性能。CTCS-2级首次亮相于第六次大提速，应用于既有线200~250 km/h提速区段。

1995年原铁道部高速办成立，相关单位统一了对京沪高速铁路列控系统的意见：采用基于数字编码轨道电路传输、一次制动模式的列控系统，首次提出中国铁路列车运行控制系统CTCS的概念。2003年7月京沪高速预审前，出于对数字编码轨道电路垄断性的担忧，列控主方案转向CTCS-3级(相当于ETCS-2级)方案。原铁道部决定采用基于GSM-R的无线列控系统，否定了基于数字轨道电路列控系统的技术路线，又考虑到当时基于无线的高速列控系统还没有开通应用的先例，于是提出了CTCS-2级作为兼用和备用的设计方案。2004年客专设计全面启动，设计方案延续京沪高速的思路按CTCS-2级+ETCS-2级考虑。CTCS-3级相当于欧洲的ETCS-2级列控系统，且兼容了CTCS-2级列控系统，首次运用于2009年开通的武广高铁。

CTCS-4级是车载设备通过无线通信传输的行车许可及线路数据控制列车运行，且列车通过GNSS或其他设备自主完成定位，RBC通过列车发送的位置进行占用检查，车载设备完成完整性检查。而在实际理论研究中，CTCS-4级采用了以GNSS为主提供列车定位。国铁集团研究的符合CTCS-4级技术体系的西部高原山区高速铁路列控系统CTCS-T级采用了应答器定位的方式，不依赖轨道电路(轨旁设备精简化)和GNSS(长大隧道较多的线路无法进行卫星定位)。CTCS-4级列控系统作为下一代列控系统，具有非常多的技术创新：移动闭塞、地面设备集成化(列控中心和联锁一体化设计)、轨旁设备精简化(取消轨道电路并减少应答器数量)、高可靠无线通信、基于GNSS的列车定位等。

3.分析总结

通过回顾和展望我国铁路列车运行控制系统技术发展历程和趋势，展现我国坚持自主创新的发展策略，激发学生科技报国的家国情怀和使命担当，增加课程的知识性、人文性，提升引领性、时代性和开放性。

案例 2 　郑小燕：追求"两个 100%"的列控专家
——践行职业精神和职业规范的榜样

【课程名称】列车运行控制系统。

【教学内容】CTCS-2 级列控系统地面设备。

【案例意义】深化职业理想和职业道德教育。教育、引导学生深刻理解并自觉实践各行业的职业精神和职业规范，增强职业责任感，培养学生爱岗敬业、无私奉献、诚实守信、公道办事、开拓创新的职业品格和行为习惯。

教学过程

1. 问题导入

列控系统列控中心需要与联锁系统交换数据，保证列车经由车站区域地面信息的收集，并传输至车载设备。这些数据繁多，要求准确，牵涉到联锁及列控系统硬件和软件必须准确。

2. 讲授正文

1993 年，郑小燕来到郑州电务段郑州信号车间海棠寺工区工作。从作业标准到部件原理、从图纸到实物构造、从拆卸到安装，郑小燕学得很快，技术水平也在一次次排除故障中不断提升。2002 年至 2012 年间，她 4 次获得段 6502 电气集中联锁故障排除比武第一名，1 次获得局级技术比武第一名。

2010 年，郑西高铁通车，郑小燕第一次接触到 CTCS 高铁列车运行控制系统，她的任务也从"跑电路"变成了"识数据"。2013 年，郑小燕被调至段信息技术科，负责高铁列车运行系统功能验证工作。凭着不服输的劲头，郑小燕逐渐在列控领域站稳了脚跟。此后几年，郑州至开封、焦作、新郑机场的城际铁路相继开通运营，郑小燕在新线开通中不断积累经验，逐渐成为列控领域的行家里手。

安全可靠的联锁关系是新线、新站顺利开通的前提。较真的郑小燕带领同事把 30 多万个数据先后验证了 7 遍，完成了 28 个列控中心、4 个限速服务器的试验，发现并解决问题127 个，2 次修改曹古寺线路所列控软件，5 次升级郑州东城际场列控程序，为郑徐高铁高质量开通运营打下了良好的安全基础。

2019 年，郑小燕来到了郑州高铁基础设施段。她先后主持了郑渝、郑阜、商合杭、济郑等高铁新线列控系统施工建设和联调联试工作，带着团队到北京进行仿真试验。每开通一条新线，她前后至少要在北京待半年。

郑小燕还参与了中国国家铁路集团有限公司列控中心、临时限速、无线闭塞中心规范的制定审核，发现了报文编制、数据配置、制式逻辑等隐患，成功处置高铁新线仿真运行试验和联调联试中的重大安全隐患，受到中国国家铁路集团有限公司通令嘉奖。

郑小燕参与编写的《铁路列车运行控制系统工程检测规程》《郑州铁路局城际铁路信号工程安装施工工艺标准》等书籍，不仅填补了我国高铁信号工程施工技术工艺标准和铁路列车运行控制系统工程检测技术领域的空白，而且成为很好的培训教材。这些年，不论多忙，郑小燕都会挤出时间给专业技术干部上课。除了每个月对段上所有联锁人员进行培训外，她还经常受邀为其他铁路局集团公司的联锁工程师授课。郑小燕连续6年在全路列控任职资格培训班上任教，为全国高铁列控系统培养专业技术人才1080人次。2021年，郑小燕当选中共河南省第十一次代表大会代表。

机会只留给有准备的人，从电气集中联锁到计算机联锁，郑小燕紧跟时代发展的步伐，不断更新自己的知识储备，满足铁路发展需要。在追求"两个100%"的道路上，她不仅付出了100%的努力，也彰显了一名共产党员的责任与担当。

3. 分析总结

从郑小燕的事迹能发现以下值得学习的地方：一是不断追求更高、更新的知识和技术，勇攀高峰；二是对工作认真负责的职业责任感，干一行、爱一行，认真践行职业精神和职业规范；三是在郑小燕身上所体现出的爱岗敬业、无私奉献、诚实守信、公道办事、开拓创新的职业品格和行为习惯。

案例3　江明：从清华"刺绣博士"到高铁列控专家
——将社会主义核心价值观内化为精神追求，外化为自觉行动

【课程名称】列车运行控制系统。

【教学内容】CTCS-3级列控系统地面设备。

【案例意义】引导学生把国家、社会、公民的价值要求融为一体，提高个人的爱国、敬业、诚信、友善修养，自觉把小我融入大我，不断追求国家的富强、民主、文明、和谐，将社会主义核心价值观内化为精神追求、外化为自觉行动。

教学过程

1. 问题导入

RBC是CTCS-3级列控系统核心技术之一，国内对RBC的了解还处于概念阶段。面对中国高铁宏大的发展规划，江明树立了"研发出世界一流的列控技术和顶尖的列控设备，成为世界高速铁路列控技术的引领者"的远大志向，他通过艰辛、不懈的努力，成功实现了RBC从概念到产品的研制过程，并应用到高速铁路的运营中。

2. 讲授正文

2007年从清华大学自动化系博士毕业后，江明选择了中国铁路通信信号事业，成为中国通号研究设计院集团的一名列控系统研究员。当时，国内应用于时速350公里高铁的CTCS-3级列控系统刚刚被提上日程，作为新人的江明参与到了无线闭塞中心（RBC）的自主研发项目中。

RBC是CTCS-3级列控系统核心技术之一，主要通过无线指令告知列车能向前走多远，在进路开放的情况下发送行车许可，在突发情况下发送紧急停车命令。虽然此前从未接触过铁道信号工作，但江明很快找到了RBC与刺绣辅助设计软件的相通之处：二者都是通过一套

精密的算法生成工业控制设备能够识别的指令。

当时，国内对 RBC 的了解还处于概念阶段。江明将在之前项目中获得的经验用于 RBC 功能样机的研制，不到一年时间，就按照欧洲标准独立自主完成了基于自主安全计算机平台的 RBC 功能样机研制，并顺利实现与外方车载 ATP 设备的互联互通。

京广高铁武广段建设前，中国通号组建了 CTCS-3 级列控系统攻关实施组，江明带领团队负责 RBC 的技术攻关。作为负责人，江明感到沉甸甸的压力。那段时间，他很少离开实验室，从早到晚带领团队从资料中挖掘灵感，在实验中验证假设。

通过不懈努力，江明团队先后破解了 RBC 研制、工程应用、数据测试等难题，并完成相关支撑系统和工具的研发，为我国客运专线 RBC 的快速工程实施奠定了良好基础。

2009 年 12 月 26 日，京广高铁武广段顺利开通运营。江明带领团队针对沪杭、京沪等后续高铁工程中枢纽站多、站场复杂等特点，不断完善 RBC 功能，在京沪高铁优质、高效地完成了全线 1300 多公里的 RBC 软件编制、室内测试和工程调试工作，成功将 RBC 系统应用于多个枢纽站，保障了京沪高铁全线按计划顺利开通。

作为第一起草人，江明编制了《无线闭塞中心技术规范（暂行）》并通过原铁道部组织的专家评审，统一了我国客运专线列控系统 RBC 的技术规范。目前，江明组织研制的 RBC 已应用于京沪、京广、哈大等多条高速铁路，总商业营运里程已超过 1.2 万公里。

2013 年，中国通号自主化 CTCS-3 级列控系统研发正式启动，江明作为项目负责人，全面负责系统核心装备的研发。经过 3 年努力，江明和团队成功研制了具有自主知识产权、适用于 350 公里时速高速铁路的列控系统全套装备，并顺利完成现场测试，解决了引进产品在工程建设支撑、运营维护等方面受制于人的问题，提升了中国列控装备的国际竞争力和信息安全等级，实现了安全可靠、技术先进、自主可控的目标。

2017 年，江明团队研制的核心装备通过欧盟互联互通（TSI）认证，具备出口海外的条件，成功打破列控核心技术长期被国外跨国公司垄断的局面。

在中国国家铁路集团有限公司的组织下，江明及其团队在高铁列控技术智能化创新领域继续发力，主持研制了全球首套适用于 350 公里时速的高速铁路自动驾驶系统，巩固了我国高铁列控技术在全球的领先地位。

为进一步促进中国轨道交通行业国际化发展，近年来，江明代表中国通号积极参与轨道交通信号领域国际标准化工作，作为召集人主持 IEC/TC9 和 ISO/TC269 所属的两个国际标准工作组，有效提高了中国在该领域的国际话语权。

从"跟跑"到"并跑"再到"领跑"，江明将个人理想融入铁路事业，与时代同频共振，书写精彩人生。中国高铁事业因为有无数这样锐意进取奋力拼搏的科技工作者而拥有了生生不息的力量。

3.分析总结

通过江明投身中国高铁建设过程中展现出的精神和事业追求及行动，引导学生把国家、社会、公民的价值要求融为一体，提高个人的爱国、敬业、诚信、友善修养，自觉把小我融入大我，不断追求国家的富强、民主、文明、和谐，将社会主义核心价值观内化为精神追求，外化为自觉行动。

案例 4　基于 5G 技术的新一代列控通信系统
——科学持续发展和创新

【课程名称】列车运行控制系统。

【教学内容】列控车载设备组成与原理。

【案例意义】拓展本课程的广度、深度,增加课程的知识性、人文性,提升引领性、时代性和开放性。

教学过程

1. 问题导入

当前,各国都在进行下一代列控系统的研究,我国利用北斗卫星导航系统和 5G 技术,运用大数据、互联网等现代信息技术,推进我国新一代列控系统的研究进程。

2. 讲授正文

2020 年 8 月,中国国家铁路集团颁布了《新时代交通强国铁路先行规划纲要》(以下简称《纲要》),提出到 2035 年,要率先完成现代化铁路网建设,建成智能高铁,实现智慧铁路。《纲要》特别提出,要自主研发新型智能列控系统,智能牵引供电系统,智能综合调度指挥系统以及新一代铁路移动通信系统,推进北斗卫星导航系统和 5G 应用,运用大数据、互联网等现代信息技术提升铁路现代化水平。可以预见,未来高铁列控系统将是以北斗卫星导航系统、5G 通信等新技术为基础的新一代智能控制系统。

国内列车运行控制系统根据系统配置按功能从 CTCS-0 级到 CTCS-4 级划分为 5 级。CTCS-4 级系统则是基于移动闭塞、北斗卫星导航系统、自动驾驶和 5G 通信等技术研制的新一代列车控制系统,智能化程度高,在国内高铁列控技术中具有里程碑意义。

在 2020 年前,国内铁路专网通信系统倾向从 GSM-R 演进至 LTE-R。但从技术上看,LTE-R 依然存在车地无线通信的切换稳定性、空口时延等问题。随着 5G 技术上升为国家战略,铁路通信网将从 GSM-R 时代进入 5G-R 时代,为大数据技术在铁路的应用打下基础,以提高铁路信息化、智能化水平,促进产业提质升级。

5G 作为一种新型移动通信技术,具有高带宽、高速度、大容量、低功耗、低时延、万物互联、信息可感知可调控的特征,可以满足未来虚拟现实、智能制造、自动驾驶等应用需求,是智能化时代的标志性技术和重要的基础设施,也是满足新一代列控系统无线通信需求的最佳选择。

5G-R 车载电台是适用于 5G-R 列控通信系统的车载无线接入终端,是列控系统车载设备的重要组成部分。它通过 5G-R 网络与 RBC 建立起数据传输通道来传输列控信息;通过串口与车载无线传输单元相连,进行 AT 指令交互和业务数据收发。

5G-R 的网络架构主要包括无线接入网(RAN)和核心网(5GC)。在 5G-R 网络中,RAN 被重构为 3 个功能实体:集中单元(centralized unit, CU)、分布单元(distribute unit, DU)和有源天线单元(active antenna unit, AAU)。其中,CU 由 BBU 的非实时部分分割出来,负责处理非实时协议和服务；DU 由 BBU 的剩余功能组成，负责处理物理层协议和实时服务；AAU 由 BBU 的部分物理层处理功能与原 RRU 及无源天线合并而来。这样一来，CU 就可以集中部署，并进行网元功能虚拟化（NFV），大大降低 5G-R 网络建设成本。

当 5G-RRAN 的基站通过 NR 空口收到来自车载电台的无线信号后，经过无线协议栈处理后还原成列控业务 IP 包，随后，IP 包被 RAN 使用 GTP-U 封装后通过 N3 接口送到 UPF，UPF 通过 N6 接口将 IP 包送到 DN，最后安全可靠送达 RBC，发往 ATP 的数据传输同样是该过程的一个反向过程。

车地数据通信是保障列控系统运行的关键核心业务，其传输速率、可靠性和安全性要求高，是 5G-R 的主要应用场景之一。因此，开展 5G-R 的列控车地通信技术研究，对于实现列车运行控制、列车自动驾驶，保障铁路安全、可靠、高效运营，以及促进智能铁路的发展都具有重要意义。5G-R 的车地通信系统的核心设备包括 5G-R 车载电台、接入网（基站）、核心网等。车载设备（ATP/ATO）通过车载电台接入 5G-R 网络，RBC 通过数据网络（data network，DN）接入。新研制的 5G-R 车载电台使车载设备可以无须改造硬件接口，就能实现从支持 GSM-R 通信转换到支持 5G-R 通信，既能满足未来 CTCS-4 级列控传输车地数据（包括列控信息、列车自动驾驶信息、列车安全防护预警信息等）的业务要求，也能满足车载运营维护信息的传输要求，为高铁列控智能化奠定了通信基础。

3. 分析总结

通过对新一代列控通信系统的介绍，了解以北斗卫星导航系统、5G 通信等新技术为基础的新一代智能控制系统的技术实现框架，拓展本课程的广度、深度，增加课程的知识性、人文性，提升引领性、时代性和开放性。

高速铁路装备

教学内容和思政融合设计

序号	教学内容	思政映射与融入点	编者
1	知识点：我国高速铁路建设	案例1：中国高铁——靠创新引领时代	张云丽
2	知识点：牵引供电生产网络一体化管理平台	案例2：高速铁路牵引供电系统——智能保障生产	张云丽
3	知识点：高速铁路车站布局与设计	案例3：高速铁路智慧车站——以智慧铺就可持续发展	张云丽

案例1　中国高铁
——靠创新引领时代

【课程名称】高速铁路装备。

【教学内容】我国高速铁路建设。

【案例意义】习近平总书记指出，"交通基础设施建设具有很强的先导作用""要想富，先修路""'十三五'是交通运输基础设施发展、服务水平提高和转型发展的黄金时期"。《交通强国建设纲要》中的"交通强国"，均诠释了国家层面对交通运输工作的关心和重视。从世界大国崛起的历史进程来看，国家要强盛，交通须先行，交通运输行业必须义不容辞地扛起先行的旗帜，踏上奋力从交通大国向交通强国迈进的新征程。

教学过程

1.问题导入

中国幅员辽阔，人口众多，交通基础设施建设切实关乎民生改善。中国高铁，以其安全、便捷、舒适的综合优势，成为老百姓出行的首选交通工具。2008年8月1日，随着中国第一条具有自主知识产权、世界一流水平的高速铁路京津城际铁路正式通车运营及"四纵四横"中国高铁网的形成，风驰电掣的高速列车，正悄然地改变着人们的出行方式和生活方式。近年来，中国高铁更是成为中国最新科技大幅进军海外的标杆；中国高铁在海外高歌猛进，凭借高性价比和成功的运营经验，在全球市场接连获得订单。有数据显示，中国中车的业务量在铁路装备行业、轨道交通装备行业已居全球第一位，中国高铁约占全球70%的市场份额。

2. 讲授正文

中国高速铁路，是目前世界上最大规模的高速铁路网，截至2021年底，我国高速铁路营业里程达4万km。"参天大树不是一天长的，当然，这么长的高铁线也不是一天建的。"

经济及社会发展需要高速铁路，我国未来客流三大特点及客流出行快捷化、高品质服务要求也适合发展高速铁路，客货分线为发展高速铁路创造了条件，同时修建高速铁路有利于促进铁路装备水平的提高和科技进步，因此20世纪90年代铁道部就完成了《京沪高速铁路线路方案构想报告》并提交全国人大会议讨论，这是中国大陆首次正式提出兴建高速铁路。从1990年12月铁道部完成《京沪高速铁路线路方案构想报告》至2008年1月国务院常务会议同意开工建设京沪高铁，国家科委、国家计委、国家经贸委和铁道部课题组共同对京沪高铁建设的经济性、可行性进行了长期的论证。

1994年，我国第一条时速200km的准高速铁路——广州—深圳铁路建成并投入运营，标志着我国铁路进入高速化时代。

1999年8月16日，我国第一条客运专线秦沈客运专线开工，2003年10月12日秦沈客专建成通车，为探索适合中国国情的高速铁路的技术标准、施工方法、运营管理及维护等积累了经验。

2008年8月1日，中国第一条具有完全自主知识产权、世界一流水平的高速铁路京津城际铁路通车运营，最高运行时速350km。中国正式迈入时速300km以上的高铁应用时代。京津高铁汇集了当时世界高速铁路建设的最新科技成果，标志着我国已经系统掌握了时速350km高速铁路技术，为加快建设我国综合交通运输体系奠定基础，为我国京沪高速铁路等客运专线建设提供示范和借鉴。

2009年12月26日，世界上一次性建成里程最长、工程类型最复杂的武广高速铁路开通运营，创造了时速350km隧道内会车、两列重联条件下双弓受流等一系列世界新纪录，昭示着我国能够建设工程类型齐全、大规模、长距离的世界一流高速铁路。

2010年2月6日，世界首条修建在湿陷性黄土地区、时速350km的郑西高速铁路开通运营，标志着我国能够在国外未曾预见到的特殊复杂地质条件下建设世界一流高速铁路。

2010年7月1日，沪宁城际高速铁路——在深厚软土地区建设速度最快、运行速度最高的高速铁路的开通运营，在上海、南京之间形成了一条便利快捷的铁路客运通道，有力推动了长三角地区同城化、经济一体化进程。

2011年6月30日，世界上标准最高、规模最大、一次建成里程最长的高速铁路京沪高速铁路通车运营。京沪高速铁路建设和开通运营，对中国经济和社会发展具有重大意义；通过技术创新和标准化管理，其工程技术、质量和管理等达到世界先进水平。京沪高速铁路构建了中国高铁标准体系与技术体系，支撑了中国高速铁路的快速发展，打造了技术先进、安全可靠、性价比高的中国高铁品牌。以京沪高速铁路为代表的高铁已成为中国的一张亮丽名片。

2012 年 12 月 1 日开通运营的哈大高铁是世界上第一条高寒高铁，可在 -40℃ 的气候条件下正常运行。

……

2019 年 6 月 12 日上午，历时 220 余天，被誉为中国铁路发展"集大成者"、中国首条智能高铁京张高铁实现全线轨道贯通，这是一条建设在崇山峻岭中的中国高铁。智能高铁顶层设计持续优化，覆盖智能建造、智能装备、智能运营三大领域的智能铁路成套技术体系、数据体系和标准体系成功构建并不断完善，智能铁路技术发展路线更加明确，中国铁路正在由高速发展阶段向高质量发展阶段转变。

2022 年 8 月 10 日开通运营的京雄城际铁路应用了物联网、大数据、云计算等前沿科技，智能化设计多达 71 项。它首次实现从设计、施工到运营三维数字化智能管理，树立了世界智能高铁的新标杆。

3. 分析总结

本案例向学生介绍我国高速铁路的建设历程，以典型高速铁路建设过程展示我国高速铁路的发展及新一代铁路人将智慧、拼搏、创新、坚持发挥到极致，让世界见证中国高铁，并引领全球体验中国速度。

案例 2　高速铁路牵引供电系统
——智能保障生产

【课程名称】高速铁路装备。

【教学内容】牵引供电生产网络一体化管理平台。

【案例意义】为铁路行车提供电源的铁路牵引供电系统，其供电可靠性直接影响行车安全和效率。高速铁路牵引供电系统结合大数据、GPS 定位等手段，从运、检、修等多维度对牵引供电生产网络一体化管理平台进行管理。

教学过程

1. 问题导入

面对点多、线长、面广的铁路牵引供电系统，故障判断处理、运行状态分析等需要现代化管理手段与方法。基于大数据的牵引供电生产网络一体化管理平台满足了高铁维护的发展要求，实现了现场生产全过程管控，并为牵引供电系统调度管理提供了全新的技术手段。

2. 讲授正文

为建立科学、高效、标准、规范的牵引供电管理体系提供技术支持，提升供电安全管理与设备维护水平，牵引供电生产网络一体化管理平台以科技进步为手段，全面提高牵引供电安全保障能力，推进打造现代化的、安全优质高效的铁路供电网络，提升铁路供电专业信息化支撑能力。电力供电作业生产管理子系统是一个能够准确跟踪处理铁路电力供电安全、任务、质量管理的全面信息平台系统，由一系列核心功能模块组成，包含生产计划、设备履历、缺陷问题库、工作票、检修保养、综合调度、GIS 地理信息分析、数字化决策分析、综合指挥大屏等。以履历为核心的电力供电作业生产管理子系统，轻松地在提高运输效率、扩大运输能力、优化资源配置、保障运输安全、改进供电运行品质、提升管理水平、增加经济效益等方面发挥显著作用，为铁路现代化和转型发展提供强有力的技术支撑与保障。牵引供电智能化应急处置分析子系统以生产管理平台中的大数据为依托，根据应急事件发生特征，融合"互联网+"、物联网、大数据等技术，完善了供电调度应急抢修智能化管理体系，关联应急处置管理工作相关的 OA 办公平台、SCADA、计划管理系统，增加了信息共享渠道，利用计算机技术，实现对应急值班管理、应急预案管理、应急响应研判及应急处置过程动态盯控及各处置环节全生命周期闭环管理的应急处置全过程的智能化管理，加强了非正常情况应急处置安全风险卡控力度，最大限度减少了供电设备突发事件造成的损失。铁路供电 6C 检测智能分析管理子系统，将缺陷问题导入后，平台将自动把相关数据呈现给专业工程师，分析过程时长也由原来的 1 天缩短到现在的 1 小时，大大提升了分析和指导整改问题的能力与效率，提高了复测整改效率。它能实时提供各车间、各工区缺陷的处理情况，并以饼图、柱状图直观呈现，彻底取代了原来低效率的手工汇总，提高了管理人员的分析指导能力及工作效率。电能远程采集与质量监测分析子系统，由智能电能表、电能采集终端、数据传输通道和质量检测分析系统构成，把多个电能表信息单元通过传输通信信道准确传输到集中器，然后传输到质量检测分析系统，由其实现命令下发、终端管理、运行分析、线损分析、电量统计、生产月报、超限报警、系统维护等功能，对维修工区的设备维护做到心中有数和设备故障有效防范。

3. 分析总结

本案例主要讲解了高速铁路牵引供电系统中的监测保障系统，培养学生理解智能化、数字化的交通装备以及交通装备的智能监测和运维技术。

案例 3　高速铁路智慧车站
——以智慧铺就可持续发展

【课程名称】高速铁路装备。

【教学内容】高速铁路车站布局与设计。

【案例意义】高铁强国梦是中华民族伟大复兴的重要组成部分。高速铁路车站作为国家和城市精神文明的窗口，更应推动大数据、互联网、人工智能、区块链、超级计算等新技术与高速铁路深度融合，推进数据资源赋能高速铁路车站发展。

教学过程

1. 问题导入

大家都坐过高铁，大家进入高铁站后，对高铁站的感觉怎样（问题1）？有没有同学对高铁车站提出改进意见？对比不同的高铁车站，你们认为哪个车站在哪个方面做得更好？（问题2）

2. 讲授正文

我国高速铁路车站作业单一，只办客运业务，不办货运业务，也不办理行包和邮件装卸作业，因而车站既减少了工程投资，又节约了运输成本，同时减少了旅客列车停站时间；高速铁路车站设计充分体现了功能性、系统性、先进性、文化性、经济性原则，充分体现了以人为本、方便旅客的宗旨，因此进出流体现旅客流程立体化、进出站自由化和多样化的设计；同时车站的客运和行车工作组织、客运设施也充分满足了高效率快速作业要求。那么在实际中，有没有存在不如意的地方呢？比如，私家车停车不方便；没有取票，忘记自己从哪个通道进；换乘走行时间太长；等等。高速铁路车站设计环节铁路客站功能性的核心内涵就是"以人为本、以流为主"，注重流线组织，缩小换乘距离，个别车站采用平面布置，导致换乘距离过长；同时注重与地铁、公交、出租及私家车等的立体化换乘。

随着前沿技术的快速发展及移动应用的快速普及，乘客需求也在不断变化和拓展。信息获取的便利性、多样性，导向信息的及时性、准确性，乘坐体验的丰富性和多元性，被越来越多的市民所关注。因此，应用先进的技术理念进行高速铁路车站的设计、管理与运营，是未来高铁发展的关键工作，建设智慧车站将成为提升旅客服务质量、提高运营管理能力的重要一环。

那么智慧车站的建设，体现在哪些方面呢？

基于 BIM 的车站设计能将站场设备对象化、实体化，赋予站场设备数字信息后，能够在成果数据库中记录设备的各种设计信息，为后期运营设备自动化成图及建模调用，提供更科学的依据。工程建设阶段建立的车站问题库，全面覆盖站厅、站台、出入口、附属楼、站务和设备用房，对运营接管前夕各单位及部门协调处理通信、房建结构、机电等主要模块的问题及后续类似问题的处理提供决策支持。

建设智慧车站管理系统，能够实现车站的自动化感知、智能化诊断、自动化运行、集成化展示、自主化服务、无人化作业等，提升高铁站的优质服务能力、运营管理能力和系统的智能化水平，增强用户体验感，减轻运营人员压力。

利用图像识别系统，能对逃票人员进行闸机尾随和下钻通过闸机的逃票行为进行分析、监测、报警，旨在对目前人员逃票行为报警，实时进行告警，通知安保人员对违法违规人员进行现场处理。同样，利用图像识别系统，可对场景内客流数量进行点人头统计，同时生成客流密度热度图，直观展示客流态势，能够承担高峰时间段及节假日时间段突发客流引导及疏散工作，并为客流预测、票额分配及列车开行提供决策支持，还能够精准统计站内商铺、换乘通道、出入口人数统计，实时监测、预警楼扶梯拥堵、逆行、停止等异常。

部署的智能服务设备，能够检测车站站内、站台内是否有人员进行剧烈奔跑、快速移动、打架斗殴、摔倒等异常的行为，并进行弹窗告警，通知运维管理人员关注该异常行为，提前采取相应行动和措施。

设备的自动巡检、设备管家等，实现了设备管理自动化、检修智能化及乘客服务自动化。同时，智慧车站在人性化服务方面引入智慧出行、智慧引导、智慧提醒、智慧边门、智慧卫生间等一系列"智慧"功能，使智慧车站贴心服务时刻伴乘客左右。

3. 分析总结

本案例通过高铁车站智慧化内容的讲解，采用学生代入乘客角度，引领学生理解车站从设计到管理方面等方面的智能化建设。

17

铁路通信与信号

教学内容和思政融合设计

序号	教学内容	思政映射与融入点	编者
1	知识点：铁路信号作用	案例1：铁路信号作用——科技兴路，扩能增效	张英贵
2	知识点：铁路综合数字移动通信系统（GSM-R）	案例2：GSM-R——北斗卫星导航系统，推动科技自立自强	张英贵
3	知识点：信号机的布置	案例3：信号机布置——遵循设计规范，恪守职业规范	张英贵
4	知识点：信号显示	案例4：信号显示——安全导向，与时俱进	张英贵
5	知识点：编组站调车控制系统基础设备与自动化驼峰	案例5：编组站调车控制系统基础设备与驼峰自动化介绍——熏陶探索精神，厚植家国情怀	李传耀
6	知识点：编组站调车控制系统峰尾平面调车集中联锁与编组站综合自动化	案例6：峰尾平面调车集中联锁与编组站综合自动化介绍——坚持全局思维方式，培养探索创新精神	张云丽
7	知识点：行车调度指挥自动化系统	案例7：行车调度指挥自动化系统——强化责任使命意识，聚焦发展突破自我	张云丽
8	知识点：列车运行控制系统	案例8：列车运行控制系统——强化安全责任意识，培育工匠精神	张云丽
9	知识点：铁路信号基础设备	案例9：转辙机——团队协作精神	张云丽
10	知识点：闭塞系统概述	案例10：闭塞系统的发展——科技是第一生产力	张云丽

案例1 铁路信号作用
——科技兴路，扩能增效

【课程名称】铁路通信与信号。

【教学内容】铁路信号作用。

【案例意义】结合铁路信号的作用，分析目前最新铁路信号技术及其在扩能增效方面的作用，引导学生深刻理解科技兴路的内涵，把握"交通强国，铁路先行"。

教学过程

1. 问题导入

铁路通信信号技术的相互融合，以及行车调度指挥自动化等技术，冲破了功能单一、控制分散、通信信号相对独立的传统技术理念，推动了铁路通信信号技术向系统化、信息化、智能化、网络化和通信信号一体化的方向发展。提问学生目前所知的铁路信号技术有哪些，具体成效如何（第一问）。

2. 讲授正文

首先，讲解现代铁路通信信号系统的组成，了解铁路信号系统的各个组成部分通过通信和网络等技术有机结合，实现地面控制与车上控制结合、本地控制与中央控制结合，构成了一个以安全设备为基础，集行车指挥、列车运行控制、集中监测等功能于一体的集中指挥、分散控制的综合性闭环控制系统。

其次，重点探讨铁路通信信号的作用。实践证明，铁路通信信号对保证行车安全、提高运输效率、减轻劳动强度等方面起着非常重要的作用。其间提问道路交叉口红绿灯的作用有哪些（第二问）。

铁路通信信号现代化是铁路现代化的重要标志和必要条件。在讲解各个子系统的时候，介绍自动闭塞与半自动闭塞设备装备率不断提升的过程中，区间发车的险性事故也不断减少，自动化驼峰消除了人为造成的危及调车安全的事故，集中联锁大大提高了咽喉通过能力、到发线通过能力，闭塞制式的不断优化促进运行能力的增长。通过列举数据及真实案例，凸显现代化的通信信号设备是必要的、有效的、经济合理的，充分体现未来科学技术特别是高新技术发展对综合国力、社会经济结构、人民生活和现代化进程的巨大影响。科学技术正在深刻影响着人们的生产方式和生活方式，推动着经济结构、生产组织和经营模式的变革，带来生产力质的飞跃。作为一个发展中国家，我们要想在日趋激烈的国际竞争中把握自己的命运，就必须提高科技创新能力。基于上述技术概述及我国发展现状，介绍我国铁路通信信号近年来的成就，以及通过里程、设施配置、能力提升等领域的现状，展示我国铁路通信信号近年来的成就，促进学生对"交通强国，铁路先行"的认识。

再次，提问铁路通信信号的发展趋势和特征如何（第三问）。通过研讨了解铁路向高速、高密、重载、电气化发展的需要，鼓励学生在学习、生活中关注和重视前沿科技创新，激发创新理念。

最后，以"科技兴路，扩能增效"为题与学生开展研讨、交流。

3. 分析总结

随着当代铁路的发展，铁路通信信号技术发生了重大变化，车站、区间和列车控制的一体化，铁路通信信号技术的相互融合，以及行车调度指挥自动化等技术，冲破了功能单一、控制分散、通信信号相对独立的传统技术理念，推动了铁路通信信号技术向数字化、智能化、网络化和一体化的方向发展。结合这些铁路发展初期无法想象的功能，引导学生要有敢为人先、敢冒风险、不怕失败、锲而不舍的创新精神，以及探索未知世界和客观真理的勇气。

案例2　GSM-R
——北斗卫星导航系统，推动科技自立自强

【课程名称】铁路通信与信号。

【教学内容】铁路综合数字移动通信系统(GSM-R)。

【案例意义】GSM-R是铁路专用的移动通信系统。结合我国北斗卫星导航系统建设实际，引导学生明确铁路通信发展趋势，引领创新，推动轨道交通科技自立自强。

教学过程

1. 问题导入

铁路数字移动通信系统(GSM-R)增加了调度通信功能和适合高速环境下使用的要素，提供定制的附加功能，是一种经济高效的综合数字移动通信系统。目前我国正在大力推进GSM-R的建设，使其运输能力在较短时间内不断满足国民经济和社会发展的需要，主要技术装备达到或接近国际先进水平。提问北斗卫星导航系统对我国铁路运行的重要性(第一问)。

2. 讲授正文

首先，认识GSM-R系统的三大组成部分：GSM-R陆地移动网络、固定调度通信网络、用户终端。GSM-R陆地移动系统由若干个功能实体组成，这些功能实体所实现的功能集合就是网络能够提供给用户的所有基本业务和补充业务，以及对用户数据和移动性的操作、管理；固定调度通信网络实际上是一个以调度交换机为平台的有线调度通信网络；我国GSM-R应用的用户终端类型包括移动终端和固定终端，应用于铁路运输指挥通信、铁路运输管理通信及数据传输通信。

其次，提问同学们认为组成这一个系统所需要的技术有哪些方面(第二问)。它主要包括时分多址技术——支撑多名移动用户同时使用，话音编码、信道编码、交织技术和窄带数字调制技术——支撑话语质量，空间分集和时间色散、均衡技术——保证通信质量，同时还需做好基站与移动台间的时间调整和保密措施。随着我国铁路建设事业的快速发展，铁路综合数字移动通信系统提出了更高的要求，其中列车定位系统扮演着重要角色。GPS可以提供全天候的、覆盖全球的标准授时与导航定位服务，随着我国自主搭建的北斗卫星导航系统建设的发展和服务能力的提升，相关产品已广泛应用于交通运输行业。铁路行业是国民经济、社会发展和人民生活的重要组成部分，而北斗卫星导航系统是助力实现交通运输信息化和现代

化的重要手段，对建立畅通、高效、安全、绿色的现代交通运输体系具有十分重要的意义；能满足国家安全与经济社会发展需求，为全球用户提供连续、稳定、可靠的服务；有利于发展北斗产业，服务经济社会发展和民生改善；有利于深化国际合作，共享卫星导航发展成果，提高全球卫星导航系统的综合应用效益。

最后，了解 GSM-R 在铁路中的应用。GSM-R 在调度通信方面作为调度系统的组成部分，为列车提供调度通信，同时传送车次号与列车停稳信息、调度命令、列尾装置信息，传输调车机车信号和监控信息系统、机车同步控制系统、列车运行控制系统数据，提供区间移动公(工)务通信、应急指挥通信话音和数据业务以及旅客列车移动信息服务通道。结合北斗和GSM-R，探讨和交流现代通信在铁路运输的作用及地位，明确将关键技术掌握在自己手中对铁路运输的重要性，同时强调大力发展具有自主知识产权的高新技术对维护产业发展、社会稳定及国家安全具有重要意义，强化国家战略科技力量，加强关键核心技术攻关，不断推动铁路行业发展。

3. 分析总结

随着当代铁路的发展，中国高铁是我国一张亮丽名片。应充分认识 GSM-R 系统的明显优势，不断完善创新铁路通信系统，加强铁路通信领域关键技术自主创新，满足国家安全与经济社会发展需求，为全球用户提供连续、稳定、可靠的服务。

案例3　信号机布置
——遵循设计规范，恪守职业规范

【课程名称】铁路通信与信号。

【教学内容】信号机的布置。

【案例意义】重点讨论各种固定信号机的用途和有关位置等问题，引导学生遵循设计规范，恪守职业规范。

教学过程

1. 问题导入

列车在铁路上行驶，需要及时了解前方信息，需要根据铁路信号控制行驶速度。信号机向机车司机传达驾驶信息，信号机的用途、位置设置需与我国的行车制相互配合；提问学生有哪些因素需要考虑(第一问)；明确信号机的布置具有较为严谨和固定的原则。

2. 讲授正文

本节课讲述的铁路信号指的是狭义的铁路信号，而且是指狭义铁路信号中的固定信号。我国铁路采用左侧行车制，机车司机在驾驶室内的位置统一设在左侧。为了便于司机瞭望信号，因此规定原则上所有固定信号机均应设在线路的列车运行方向的左侧。提问学生信号机设置是否一定需设置在列车运行方向的左侧；若是，考虑的基本原则是什么(第二问)。

随后介绍信号机及表示器的命名方式。铁路信号是指示列车运行和调车作业的命令，有关行车工作人员必须绝对地立即执行命令。这就必须使有关行车工作人员能正确及时地接收到色灯信号显示所发出的指示。为了达到这个目的,对学生提问固定信号的显示制定有哪些基本技术要求(第三问)。

在线路旁设置的信号机,均不得侵入建筑接近限界,但在不同情况下有些细微的区别。在确定信号机装设地点时,应全面考虑各项因素。车站内信号机接续引导列车在进路上运行,同时存在安全约束关系,与区间协调完成站内作业,是一个复杂的系统,它的正确布置为信号显示奠定了基础。分别简单总结进站信号机、出站信号机、进路信号机、通过信号机、遮断信号机、预告信号机、调车信号机、驼峰信号机、复示信号机的设置原则。不同用途的信号机给出的信号显示,有时需要附加一种特殊的含义。我国常用表示器来提示司机及时、正确地进行作业。如果信号显示方式和方法不同,则行车安全无法保证,乘客的生命安全也受到威胁。铁路作业必须严格谨慎、遵守作业规则,才能确保整个系统运作安全。

3. 分析总结

随着当代铁路的发展,铁路通信信号技术发生了重大变化,在车站内信号、道岔和进路之间必须建立一定的制约关系(或条件),而且必须按照一定的程序才能动作和建立,只有遵循这种关系和程序才能保证行车安全。而对于整个行业来说,遵章守纪、按标作业尤为重要,关系到全国运输系统的运输效率。这也要求同学们走上岗位之后认真学习作业要求,恪守职业道德规范,安全作业。

案例4　信号显示
——安全导向,与时俱进

【课程名称】铁路通信与信号。

【教学内容】信号显示。

【案例意义】介绍信号显示原则及显示要求,了解信号机如何具体反映运行条件,同时指出在我国铁路发展进程中也因提速等要求调整信号显示要求;鼓励学生结合实际情况,坚持实事求是,与时俱进,确保铁路行车安全。

教学过程

1. 问题导入

铁路信号是指示列车运行和调车作业的命令。有关行车工作人员必须绝对地立即执行命令。这就必须使有关行车工作人员能正确、及时地接收到色灯信号显示所发出的指示。提问学生若行车工作人员不按信号显示作业,会导致何种后果(第一问)。

2. 讲授正文

首先,同学们思考一下信号显示需要满足什么要求(第二问)。信号显示不能太复杂,要便于辨认,能够确保运行安全,也要确保足够的信号灯的数量和显示距离并能迅速显示,使得行车工作人员及时辨认及判断操作要求;除了信号显示内容,信号机的定位、关闭时机都有一定的设置原则。铁路上所采用的信号的显示制度,各个国家有所不同,但总的来看,是由进路制向速差制发展。向同学们提问信号显示是否一成不变(第三问)。铁路运输的特征决定了铁路信号的技术特征。据此铁路信号确定了相应的标准、规范、制式和设备的技术原则，例如提速就对我国信号显示的制度产生了影响。引导学生研究提速后信号机间距离与制动距离的关系、信号显示制度的变化及机车信号显示的原则。从铁路信号方面来看，关于提速的理论和技术准备最终必然反映在对技术标准和规范等的修改上，如增加了四显示自动闭塞的信号显示内容和强化了信号显示速度的意义；增加黄闪、黄信号显示以满足侧线迂回通过的要求；扩大了进路表示器的使用范围；允许出站信号机装设进路表示器予以区分双自动闭塞区段的反向运行；等等。这些修改基本上适应提速需求，但提速仍在继续，铁路创新改革进程仍在推进，一些新课题不断出现，这些系统设计与运行的基础理论研究也对铁路系统的整体发展提出一定的要求。为推动整个系统的发展，就应该与时俱进、协同创新。

接着，我们来了解信号的显示方式与方法。我国铁路的色灯信号机主要采用颜色特征和数目特征(部分采用闪光特征，如驼峰信号机)来显示，在此将介绍始、终端两种速度和三个速度级组合起来形成的色灯信号机的显示方式和方法。此外，固定信号机与机车信号结合运用，由车载信号和地面信号设备共同构成的机车信号系统，必须具有高可靠性、高安全性，符合故障-安全原则。

最后，我们来思考一下，铁路信号的设置需要满足多重要求和原则，那么信号显示距离主要依靠什么来确定呢？(第四问)列车从开始制动到完全停住这一段时间内所行驶的距离，叫作制动距离。在普通速度(120 km/h)情况下，我国铁路上规定制动距离为800 m。这就是说信号的显示距离一般应大于800 m。铁路技术管理规程中具体规定了各种信号机及表示器在正常情况下的显示距离。

3. 分析总结

本节课我们对铁路信号显示的基本技术要求、显示制度、显示方式和方法、机车信号机显示及信号显示距离进行介绍，了解到实际作业中信号机的运用方法，同时也应该认识到随着铁路行业的发展，信号机的显示也会不断适应铁路系统的发展，与时俱进，实事求是，保证不同条件下铁路运行的安全。

案例5 编组站调车控制系统基础设备与驼峰自动化介绍
——熏陶探索精神，厚植家国情怀

【课程名称】铁路通信与信号。

【教学内容】编组站调车控制系统基础设备与自动化驼峰。

【案例意义】通过介绍编组站调车控制系统的基础设备和自动化驼峰，培养学生爱岗敬业的职业素养、严谨认真的科学态度和锲而不舍的探索精神，激发学生的民族自豪感、家国情怀和使命担当意识。

教学过程

1. 问题导入

编组站是铁路基本生产单位，主要用于办理大量的列车解体和编组作业。其工作质量和改编作业的效率对整个路网的通过能力、改编能力、作业安全等起着至关重要的作用。基于对编组站的基本认识，引出编组站一般设在哪些地方的提问(第一问)。

2. 讲授正文

首先和学生讨论编组站的主要任务和作用。编组站的核心工作是改编货物列车作业，对货物列车进行解体和编组的调车作业，不但考验工作人员的技术水平和工作责任心，而且对所采用的调车设备和技术设施有严格的要求。通过介绍路网性编组站、区域性编组站、地方性编组站引出编组站在路网上和枢纽中的主要任务与作用，引导学生认识到编组站的重要性。随后，通过介绍编组站的实际工作，让学生对编组站工作人员面对巨大的工作强度时认真负责的态度肃然起敬，也为学生之后走上工作岗位打下坚实基础。

接下来继续向学生提问：编组站的车场配置是相同的吗？(第二问)通过图片、视频等辅助资料和学生一起讨论，发现车场配置并不是相同的。编组站按作业需要设置若干各异的车场，主要有到达场、调车场、出发场，此外还有车辆段、机务段等。按车场数量和配置方式划分，编组站一般可分为单向横列式配置、单向纵列式配置、单向混合式配置、双向横列式配置、双向纵列式配置、双向混合式配置等多种站型。在这个过程中培养学生多角度思考，建立严谨的治学态度，发扬求真务实的精神。

紧接着，基于编组站作业过程的货车信息管理和作业过程控制两大部分，分别向学生讲述货物信息管理和作业过程控制的主要内容，介绍整个环节中最重要的是解编作业。通过带队实习经历讲解编组站现场作业环境，引出关于调车驼峰的介绍。以幽默的口吻向学生提问：为什么取名为调车驼峰？(第三问)通过观看视频照片，得知驼峰得名的原因、驼峰的工作原理、驼峰的重要性等，进而诱发学生的好奇心和求知欲，激发学生的探索兴趣，正所谓"知之者不如好之者，好之者不如乐之者"。

最后，和学生一起学习编组站信号设备的组成，并且了解自动化驼峰。授课即将结束时，邀请学生畅谈自动化驼峰与半自动化驼峰的不同特点。通过对比编组站过去和现在不同的系统设备、操纵方法等，引导学生深入了解编组站从半自动化到自动化的科技创新，激发学生的民族自豪感，增强学生的民族认同感和凝聚力，对自己的国家感到自信并为她自豪。

3. 分析总结

首先本案例通过第一问明确课程的主题和对象，进而通过讨论编组站的车场配置是否相同、调车驼峰得名的原因引导学生深入了解编组站的主要作业过程和基础设备，充分学习铁路现场基本知识，为未来走上工作岗位打下坚实的基础，培养新时代的铁路人，同时启发学生的探索精神和严谨认真的科学态度。并且通过对比式问答激发学生的民族自豪感，从内心深处为我国交通事业的飞速发展感到自豪，想要为中国高铁这一亮丽的名片做出自己的贡献，让青春在交通事业中发出更耀眼的光芒。

案例6　峰尾平面调车集中联锁与编组站综合自动化介绍
——坚持全局思维方式，培养探索创新精神

【课程名称】铁路通信与信号。

【教学内容】编组站调车控制系统峰尾平面调车集中联锁与编组站综合自动化。

【案例意义】通过介绍编组站调车控制系统峰尾平面调车集中联锁的技术原则与技术方法，让学生深刻体会信号、道岔与进路之间相互联系又相互制约的关系，培养学生的全局思维方式，对事情全面思考与统筹考虑，而不孤立地看待问题；介绍编组站综合自动化，让学生了解信息时代铁路通信与信号的发展前景，以激发学生勇攀高峰的创新精神与锲而不舍的探索精神。

教学过程

1.问题导入

结合前面介绍的自动化驼峰的相关知识，引出峰尾平面调车集中联锁。列车进站、出站和站内调车，通常是根据防护每一条进路的显示状态进行的，而被防护的进路又是靠操纵道岔来安排的。因此，在信号机和道岔之间、信号机和信号机之间建起的相互联系又互相制约的关系叫联锁。基于对联锁的基本介绍，引出联锁一般包括哪些基本内容的提问(第一问)。

2.讲授正文

峰尾平面调车需要进行大量的溜放作业，因此保证溜放过程的效率与安全是至关重要的。首先邀请学生讨论其对溜放作业的理解——它是简单的还是复杂的？(第二问)接着讲述峰尾平面调车作业的技术原则：溜放与一般调车作业的关系、溜放车组间隔距离、中途折返道岔的解锁和转换时机、溜放进路分路道岔的控制方式、溜放作业指挥方式等。通过讲述让学生了解到溜放作业并不像看起来那么简单，它包含许多操作细节，所有操作必须严格按照规定执行。通过对技术原则的讲解，培养学生敬畏规章、敬畏规则、令行禁止、团结协作的意识。

接着详细介绍溜放作业的技术和方法。首先介绍联锁的基本内容，以及构建一条进路时对信号、道岔分别需执行什么操作。再邀请同学回答溜放进路应如何构建，并给予指正。其次通过播放峰尾平面调车计算机联锁系统的操作视频，让学生从全局的角度体会在构建溜放进路的过程中，信号、道岔与进路是如何相互协同与制约的，从而培养学生的全局思维与系统思维方式，对事情全面思考与统筹考虑，而不孤立地看待问题。

到这里编组站调车作业的基本流程基本讲解完毕。适当引入"火车编组站里的'拉风人'"案例，培养学生耐心、专注、坚守、淡然、精细、执着等具有东方色彩的工匠精神。引导学生爱岗敬业、甘于奉献，让平凡拥有梦想的温度，用执着追上灵魂的脚步；立足岗位、胸怀匠心、努力躬耕、追求卓越，为幸福生活奋斗、为祖国献身，把最美好的青春献给祖国和人民。

最后，和学生一起学习编组站综合自动化，通过对比编组站过去和现在不同的系统的设

备、操纵方法等，引导学生关注本专业先进的技术和应用，激发学生的爱国情怀，培养学生自信自强、创新协作意识。而中国高铁在新时代跑出新速度，实现了由"追赶者"到"领跑者"的角色转换。在没有国外技术可以借鉴的情况下，需要向全新领域发起挑战。引导学生把握时代大势，勇做走在时代前列的奋进者、开拓者，自觉担当起新时代赋予的使命和责任，在"交通强国铁路先行"的新征程中展现出勇敢奔跑的英姿，让中国铁路成为世界铁路发展的重要推动者和全球铁路规则制定的重要参与者。

3. 分析总结

本案例通过第一问明确该堂课所需掌握的联锁相关理论知识，进而引导学生独立思考；基于理论知识分析溜放进路的构建方法，从而培养学生知行合一、独立解决问题的能力。通过理论讲授与视频教学结合的方式，让学生更加充分、直观地学习峰尾平面调车集中联锁的作业方法，为未来走向工作岗位打下坚实的基础，培养新时代的铁路人，同时启发学生的全局思维与系统思维方式。并且通过介绍信息化时代编组站综合自动化系统，引导学生关注本学科先进的技术和应用，激发学生的爱国情怀，培养学生自信自强、创新协作的意识。

案例 7　行车调度指挥自动化系统
——强化责任使命意识，聚焦发展突破自我

【课程名称】铁路通信与信号。

【教学内容】行车调度指挥自动化系统。

【案例意义】通过本次实践活动，让学生了解行车调度指挥系统发展进程，学习列车调度指挥系统 TDCS、新一代分散自律调度集中系统 CTC、高速铁路运营调度指挥系统的基本功能，真正做到业务娴熟，服从命令，深化责任感和使命感。要把国家利益深系心中，为铁路调度关键技术的持续发展而不懈奋斗。

教学过程

1. 问题导入

请学生思考什么是铁路运输调度，首先介绍铁路运输调度是铁路日常运输组织的指挥中枢，凡与行车组织有关的日常生产活动都必须服从运输调度的统一组织指挥。并以此为切入点，请学生思考铁路运输中调度指挥的重要性。

2. 讲授正文

从 20 世纪 90 年代初到如今，我国的铁路调度指挥系统发展十分迅猛。从传统调度监督和调度集中引入，介绍行车调度指挥系统的发展历程。调度监督和调度集中通过对车站信号设备状态的集中表示和控制，可以使调度员直观地掌握所辖区段列车的运行状况，从而起到提高运输效率、减轻劳动负荷及改善劳动条件的目的。因而自诞生之日起，调度监督和调度集中就受到了调度指挥人员欢迎，在全世界铁路得到了广泛的应用。

然后，请学生思考：在传统的铁路调度指挥系统的实操中，哪里存在不合理的地方？随后指出说明，错误往往是由工作人员作业意识不强导致的，因此必须将遵章守纪、责任意识

深植学生观念中。同时为提升课堂的吸引力和感染力，使学生在学习如何运用列车调度指挥系统基本功能的过程中，共鸣铁路人的责任和担当，要始终明确铁路调度指挥"集中统一"，服从国家指挥，国家的利益至高无上，国家和人民的安全至上的原则，升华热爱祖国、热爱铁路的情感。

最后，具体说明列车调度指挥系统 TDCS、新一代分散自律调度集中系统 CTC、高速铁路运营调度指挥系统的结构和功能。在以上的几种调度指挥系统中，目前我国的铁路运输仍然使用的主要包括两种制式，即 TDCS 系统与 CTC 系统。它们已广泛应用在我国既有铁路、高速铁路运输中，为提高运输组织效率、减轻调度及车务人员工作量、保证运输安全发挥了重要作用。

并请学生思考从发展中能获得哪些启示？设置最后的开放性讨论题目"行车调度指挥自动化系统的发展方向"，并通过论述我国行车调度指挥自动化系统在世界上的领先地位，引导学生自主讨论，并明确关键核心技术发展趋势。

通过整体掌握铁路调度系统的发展历程，将铁路历史、技术发展史融入教学内容，突出行车调度指挥自动化系统在确保列车运行安全中的核心地位、落实国家政策方面的基础性作用，并引导学生将个人发展和国家命运相结合。对于未来强调聚焦国家重大战略需求、加快自主创新、鼓励关键核心技术攻关的创新探索实践。引导学生勇于突破自己、突破当下，为国家和民族核心技术的发展拼搏奉献。

3. 分析总结

随着中国铁路的发展，铁路的各项重要指标都实现了巨大的飞跃。在这种形势下，作为整个铁路运输系统管理中心的行车调度指挥自动化系统重要性也日益提升，对我国铁路的运输生产意义重大，但是目前我国在系统的使用上依然有着很多不足，从而对未来发展趋势做出了展望。在理论概念讲解的基础上，嵌入相应思政元素，两者紧密结合，层层递进与深入，从学生的实际课堂反应来看，达到了立德树人的根本任务，培养了学生的责任感和使命感，鼓励创新思维、聚焦发展，达到了为未来铁路事业发展并培养合格接班人的教育根本目的。

案例 8　列车运行控制系统
——强化安全责任意识，培育工匠精神

【课程名称】铁路通信与信号。

【教学内容】列车运行控制系统。

【案例意义】通过本次授课，让学生了解列车运行控制系统的概念及发展历程，并在此基础上进一步了解 CTCS 系统的结构和应用等级，促使学生了解"中国智造"，培养其精益求精、行稳致远的工匠精神，提高其专业素养和职业认同感，同时讲述"7·23"甬温线特别重大铁路交通事故，使学生吸取教训，牢固树立安全意识和责任意识。

教学过程

1. 问题导入

近年来，我国高速铁路发展迅猛，这一轨道交通方式深刻地改变了国民的出行模式。随着其进一步发展，越来越多的人开始关注这项"新四大发明"。高速铁路与普通铁路相比，最重要的特点就是它的速度。从实验室到实际线路，中国高速铁路的上限速度正不断被刷新。那么，当我们所乘坐的高速铁路的速度快到一定程度时，依靠什么来保证行车组织的安全呢？答案就是中国列车运行控制系统(CTCS)。

2. 讲授正文

列车运行控制系统是以技术手段保证行车安全，并以最佳运行速度控制列车运行的设备，由地面设备、车载设备构成。其中，地面设备负责提供线路信息、目标距离和进路状态，车载设备负责生成目标距离连续速度控制模式曲线。

接着，阐述列车运行控制系统的基本分类，即按地车信息传输方式、人机关系、闭塞方式、控制模式、功能和自动化程度分类，增进学生对于列控系统的了解程度。

而后讲解 CTCS 列控系统，首先请学生阅读并概括 CTCS 列控系统的应用等级分级情况。通过对 CTCS 列控系统的发展历程的讲述，使学生感受到科技进步及工匠精神在保障列车运输安全方面的重要意义，从而培育学生的工匠精神。在分析了 CTCS 应用等级及对应特征后，请学生推测 CTCS 的基本功能有哪些(第一问)。通过对其安全防护、人机界面、检测功能及可靠性、安全性等的介绍，强化学生的安全意识，使之树立安全底线，理解科技进步服务于运输安全的道理。

然后，对 CTCS-2 级进行具体介绍。由上文的分级情况可知，CTCS-2 是基于轨道电路和应答器传输列车行车许可信息，并采用目标距离连续速度控制模式监控列车安全运行的列控系统。其闭塞方式为准移动闭塞。其系统结构主要包括轨道电路、应答器、列控中心等。依据铁路信号知识，请学生思考轨道电路、应答器、列控中心与车载设备在 CTCS-2 中的功能。轨道电路可以实现列车的区间占用检查，提供列车运行前方空闲闭塞分区数量及连续的行车许可。而应答器可分为有源应答器和无源应答器，其中有源应答器提供临时限速和进路状态信息，无源应答器提供线路允许速度和闭塞分区长度等信息。而车载设备能根据轨道电路和应答器提供的信息，结合列车自身参数，自动生成目标距离连续速度控制模式曲线，实时监控列车安全运行。列控中心可以实现轨道电路编码、对应答器的实时报文编制和发送、列车运行方向控制等。

最后，提问学生是否知晓"7·23"甬温线特别重大铁路交通事故以及事故发生的原因(第二问)。"7·23"甬温线特别重大铁路交通事故，指 2011 年 7 月 23 日 20 时 30 分 5 秒，甬温线浙江省温州市境内，由北京南站开往福州站的 D301 次列车与杭州站开往福州南站的 D3115 次列车发生动车组列车追尾事故。此次事故已确认共有六节车厢脱轨，即 D301 次列车第 1 至第 4 车厢，D3115 次列车第 15、16 车厢。造成 40 人死亡、172 人受伤，中断行车 32 小时 35 分，直接经济损失 19371.65 万元。"7·23"甬温线特别重大铁路交通事故是一起由列控中心设备存在严重设计缺陷、上道使用审查把关不严、雷击导致设备故障后应急处置不力等造成的责任事故。通过对事故的介绍及事故原因的分析，强化学生的责任意识和安全意识。

3. 分析总结

本案例首先通过第一问明确该堂课所授内容的中心，引发学生对于 CTCS 列控系统的思考，培养其勤学善思的学习和工作能力。其次通过理论讲授与视频学习相结合的授课方式，让学生直观感受 CTCS 的发展历程，培育其工匠精神，培养其未来通过科技进步保障运输安全的责任意识的职业素养。最后通过对"7·23"甬温线特别重大铁路交通事故的介绍及分析，强化学生的安全意识和责任意识。本次授课层层深入，并嵌入思政要素，从学生的授课反应来看，达到了立德树人的根本任务，达到了为铁路事业未来发展培育有责任意识、有创新精神的合格接班人的目的。

案例 9 转辙机
——团队协作精神

【课程名称】铁路通信与信号。

【教学内容】铁路信号基础设备。

【案例意义】通过向学生播放并讲解列车因为转辙机表示错误，导致列车追尾事故案例（荣家湾案例），引导学生更好地理解转辙机作用、组成及现场的应用，树立学生团队协作、各司其职的团队精神。

教学过程

1. 问题导入

1997 年 4 月 29 日 10 时 48 分，昆明开往郑州的 324 次旅客列车行至京广线荣家湾站，与停在站内 4 道的 818 次旅客列车尾部冲突，造成 126 人死亡、230 人受伤。事故原因为长沙电务段荣家湾信号工区信号工郝任重将 12 号道岔 XB 变压器箱内 1 号端子电缆线甩开，致使 12 号道岔在反位时不向定位转动；又擅自使用二极管封连线，将 1、3 号端子封连，造成 12 号道岔定位假表示，导致本应从 2 道通过的 324 次旅客列车进入 4 道，与停在该道的 818 次旅客列车尾部相撞。

2. 讲授正文

道岔转换装置故障在现场时有发生，因此，研究道岔转换装置原理及结构对改进道岔转换装置、选用合适转换装置、预防道岔故障、保障行车安全起着重要作用。转辙机是道岔的转换装置，用来实现转换道岔、锁闭道岔及反映道岔尖轨所处的位置，是实现车站信号等自动控制及远距离控制必不可少的设备。其主要作用是转换尖轨或者心轨，在转换到位后安全锁闭尖轨或心轨，并对尖轨心轨的位置进行监测。

道岔转换装置分为电动转辙机、电空转辙机和电液转辙机。无论是哪种转换设备，都直接关系到铁路运输的安全。因此，道岔转辙机作为转换器，应具有足够大的拉力，以带动尖轨作直线往返运动；当尖轨受阻不能转换到底时，应随时通过操作使尖轨回复原位。它作为锁闭器，当尖轨和基本轨不密贴时，不应进行锁闭；一旦锁闭，不因机车车辆通过道岔时的振动而错误解锁。它作为监督器，应能正确反映道岔的状态；道岔被挤后，应有挤岔表示在未修复前不应再使道岔转换。荣家湾事故是道岔转辙机作为监督器时，由于信号工的错误操作，没能正确反映道岔的状态。为满足上述要求，ZD6 型道岔转辙机由以下部分组成：①电动机，要求足够大功率，以获得必要的转矩和转速。通过电动机换向器改变线圈中的电流方向，实现电动机正向旋转或反向旋转。②减速器：为两级减速，作用是降低电动机转速，获得驱动尖轨所需的转矩。③自动开闭器：用来反映道岔位置并接通或断开电机控制电路及表示电路的机构。④摩擦联结器：连接主轴和减速器的装置，具有保护电机机械传动部分和保护电机不被烧毁的作用。⑤表示杆：在自动开闭器的配合下，检查和监督尖轨的密贴状态。⑥主轴：有防止锁闭结束后锁闭齿轮继续转动的作用。⑦挤岔保护装置：在正常情况下，动作齿条完成道岔的转换；挤岔时，挤切销被切断，使动作杆和齿条块移位，且把移位接触器顶起，切断表示电路，从而保护其他机械部位。统计资料表明，道岔转换装置不良典型故障一般分为两类：一是道岔转换不良，二是道岔表示不良。其主要原因是断相保护器不良、室内断线、调整不当、机内异物卡阻等。针对上述不良，作业人员可通过微机监测系统的道岔监测得到，通过道岔故障报警及观察道岔动作曲线异常，初步判断道岔故障原因，并通过现场实际检查及测试、电路分析，判断故障出处并进行处理。

3. 分析总结

本案例通过现场事故案例，首先让学生理解道岔转化装置的作用及其重要性，通过道岔转辙机的作用，引导学生理解现场对道岔转辙机的要求，进而为达到这些要求，以铁路使用最为基础、广泛的 ZD6 转辙机为例介绍其结构组成及内部各组成部件的关系及作用，最后介绍现场科学管理道岔转换装置的微机监测系统的作用。转辙机各组成部分各司其职、互相配合，不可或缺，确保了道岔转辙系统可靠、稳定地运行，类似于团队合作，建立团队精神。

案例 10　闭塞系统的发展
——科技是第一生产力

【课程名称】铁路通信与信号。

【教学内容】闭塞系统概述。

【案例意义】通过阐述闭塞系统的概念、分类及发展，重点突出移频自动闭塞，让学生体会区间闭塞系统与通过能力的关系，理解科技是第一生产力，激发学生的学习热情和求知欲望。

教学过程

1. 问题导入

为了确保列车在区间的运行安全，列车由车站向区间发车时，必须确认区间（分区）内没有列车，并须遵循一定的规律组织行车，以免发生列车正面冲突或追尾等事故。这种按照一定规律组织列车在区间内运行的方法，一般叫作行车闭塞法，或简称闭塞。行车闭塞由人工闭塞发展为半自动闭塞、自动闭塞，并向移动闭塞方向发展。

2. 讲授正文

继电半自动闭塞是以继电电路的逻辑关系来完成两站间闭塞作用的闭塞方式。因为区间没有轨道电路，为了保证安全，两站间在同一时刻只能有一列列车占用，因而适用于单线通过能力要求不高的线路。半自动闭塞由于区间没有列车占用检查设备，不能检查区间是否空闲，列车的完整到达需靠车站值班员人为确认，既影响行车安全，又影响运输效率，特别严重的是，在区间有车占用的情况下还能用事故复原解除闭塞，造成"双发"的可能性。甚至列车在区间丢车或车辆溜逸至区间时，都不能及时发现，严重影响行车安全和运输效率。因此，为了保证行车安全及提高区间通过能力，在半自动闭塞设备基础上，在区间增加计轴设备或长轨道电路等区间空闲检查设备，实现发车站办理发车进路时，区间自动构成闭塞状态及列车到达后的自动复原，形成自动站间闭塞。这种站间自动闭塞由于两站间还是只能有一列列车占用，因此，虽然保障了两站之间的安全，但是区间通过能力提高有限，在半自动闭塞基础上平行运行图能力只能提高4%左右。半自动闭塞和自动站间闭塞区间不论长短，只允许运行一列列车，因而它的效能受到很大的限制，当运量增长而不能满足需要时，就只能采用增加中间站的办法来提高区间通过能力。自动闭塞是根据列车运行及有关闭塞分区状态，自动变换通过信号机显示，而司机凭通过信号机显示行车的闭塞方法。自动闭塞是在列车运行过程中自动完成闭塞工作的。采用自动闭塞的区段，是将站间区间划分为若干小区间（即闭塞分区），在每个闭塞分区的入口处装设通过信号机，通过信号机用以防护该闭塞分区，指示列车能否占用运行前方的闭塞分区。在整个自动闭塞区段，每个闭塞分区内都装设轨道电路(或计轴器等列车检测设备)，通过轨道电路(或计轴器等列车检测设备)将列车运行和通过信号机的显示联系起来，根据列车运行及有关闭塞分区的状态自动变换通过信号机的显示。因为闭塞作用是在列车运行过程中自动完成，无须人工参与，故称为自动闭塞。自动闭塞由于两站间的区间允许续行列车追踪运行，大幅度地提高了行车密度，显著地提高了区间通过能力。单线自动闭塞追踪系数为 0.5 时，其平行运行图能力比半自动闭塞可增长13.8%~19.0%。若为双线自动闭塞，受追踪间隔时间影响，当追踪间隔时分为 8 min 时，其运行图能力为 180 对/d，若追踪间隔时分为 3 min 时，其运行图能力可达到 480 对/d。它由于不需要办理闭塞手续，简化了办理接发列车的程序，因此大大减轻了车站值班员的劳动强度；由于通过信号机的显示能直接反映运行列车所在位置以及线路状态，从而确保了列车在区间运行的安全。自动闭塞种类较多，其中移频自动闭塞以移频轨道电路为基础，用钢轨传递移频信息。它是一种选用频率参数作为信息的制式，利用调制方法把规定的调制信号（低频信息）搬移到载频段并形成振荡，由上下边频构成交替变化的移频波形。其交替变化的速率就是调制信号频率。移频自动闭塞是目前我国也是今后自动闭塞的发展方向，ZPW－2000 系列移频自动闭塞是我国应用最为广泛的自动闭塞主流制式，也是今后自动闭塞发展方向。准移动闭塞在控制列车的安全间隔上比固定闭塞有明显进步。它通过采用报文式轨道电路辅之环线或应答器来判断分区占用并传输信息，信息量大，可以告知后续列车继续前行的距离，后续列车可根据这一距离合理地采取减速或制动措施，列车制动的起点可延伸至保证其安全制动的地点，从而可改善列车速度控制，缩小列车安全间隔，提高线路利用效率。但准移动闭塞中后续列车的最大目标制动点仍必须在先行列车占用分区的外方，因此它并没有完全突破轨道电路的限制。移动闭塞线路取消了物理层次上的分区划分，而是利用先进的卫星定位技术、通信技术和自动控制技术，使前后列车自动保持一定的(合适)间隔，这使列车能以较高的速度和较小的间隔运行,从而提高运营效率。移动闭塞系统中列车和轨旁设备必须保持连续的双向通信。移动闭塞是国际铁路公认的提升安全指标和提高运输效率的最佳控制系统。移动闭塞技术在重载铁路朔黄铁路开通使用,实现了一列货车平均发车间隔由原来 11 min 缩短至 7.3 min,改造后年运量可增加 4000 万 t,并降低信号系统设备综合维修成本约 20%,对减轻行车人员安全压力、降低维护人员劳动强度等也具有积极作用。

3. 分析总结

本案例通过讲解闭塞系统,了解我国区间信号系统的发展及成就,认识到"科技是第一生产力"和科学技术对社会发展的重要影响,锻炼学生收集、分析、探究的能力,培养其努力学习、积极进取的精神,努力提高自身素质。

18

交通数学建模与算法

教学内容和思政融合设计

序号	教学内容	思政映射与融入点	编者
1	知识点：MATLAB 课程学习	案例 1：MATLAB 课程学习——眼见千遍，不如手过一遍	徐光明
2	知识点：交通数据调查概述、交通调查抽样的方法以及交通预测方法介绍	案例 2：交通调查与预测——坚持尊重客观规律和发挥主观能动性	郑 亮
3	知识点：最短路算法	案例 3：最短路算法——推动绿色科技创新，促进绿色发展	徐光明
4	知识点：铁路余额分配管理	案例 4：铁路票额分配管理——凡事预则立，不预则废	徐光明
5	知识点：交通流理论概述与宏、微观交通变量和交通流模型介绍	案例 5：宏、微观交通参数——坚持两点论和重点论相统一	郑 亮
6	知识点：交通流理论的跟车模型特点介绍、交通流理论的元胞自动机介绍、交通流理论的 CA 模型算法演示	案例 6：元胞自动机建模——树立从生活实践看问题的思想	郑 亮
7	知识点：Gipps 模型介绍、交通流理论中的车辆变道模型介绍、交通流理论中的运动波理论学习	案例 7：宏、微观交通流建模——加强交通强国建设的责任担当意识	郑 亮

案例1　MATLAB 课程学习
——眼见千遍，不如手过一遍

【课程名称】交通数学建模与算法。

【教学内容】MATLAB 课程学习。

【案例意义】针对 MATLAB 课程学习实践性、应用性强的特点，以及学生学习主动性差、动手能力弱的现状，本次课程坚持以学生自主练习为主，以 MATLAB 使用讲解为辅，在课堂中展开思想政治教育。通过本次教学活动，引导学生在熟练掌握相关学习技能的同时，深刻理解"贵在实践"的内涵，体会无论看多少遍，都不如自己动手做一遍印象深刻的观点。

教学过程

1. 问题导入

提问学生 MATLAB 的应用有哪些以了解他们对 MATLAB 的了解程度。

MATLAB 是一门编程语言，同时也是一种强有力的科学计算软件，主要适用于矩阵运算及数据分析，在工学专业中有着非常广泛的应用，如数值计算、人工智能、机器学习、算法仿真、科学绘图等。

2. 讲授正文

本次课程首先概述需要学生掌握的五部分知识，接着采取两种不同的教学方式展开教学，用两个实际案例让学生深刻体会"眼见千遍，不如手过一遍"的观点，最后总结学习MATLAB 的有效方法，并将其扩展到其他所有方面的学习之中，让学生领悟"贵在实践"的内涵。两种不同的教学方法：第一种教学方法是先讲述 MATLAB 教程，随后让学生展开练习；第二种教学方法是让学生通过课本、浏览器搜索等自主展开练习，随后进行教程讲述，教学完毕后再通过提问了解学生知识掌握程度。

所需掌握的知识包括：MATLAB 各个窗口及其含义；脚本文件的创建方法；利用MATLAB 绘制图形步骤；利用 MATLAB 编写函数和调用函数步骤；MATLAB 矩阵合并、debug 设置断点查找错误、while 函数使用等常见操作。

最后总结关于 MATLAB 的学习，不能简单地、一味地从课本里照搬，要意识到"实践才是检验真理的唯一标准"。理论知识学习得再多，也需要动手实践，只要真正地操作一遍，才能深刻地掌握。当遇到困难或者希望自学有关新知识时，可以采取以下几个措施：

①用关键词描述遇到的问题或希望学习的新知识；

②根据关键词运用浏览器找寻答案；

③在 MATLAB 中使用 help 命令学习相关操作；

④遇到一些复杂的命令，可以通过所示案例进行理解学习。

3. 分析总结

本次课程主要学习了 MATLAB 的基本命令，数据类型，基本的程序结构（条件语句、循环语句、嵌套）等基本操作。因为这是任何一个程序的基础，掌握好这些基本操作才能为后续编程工作奠定基础，提高效率。此外，本次课程将老师讲授专业知识与学生开展实际操作相结合，采取两种教学方式，将"眼见千遍，不如手过一遍"这一观点融入专业教学中，在课堂中展开思政教育，用实际例子讲述了许多知识点需要实际操作、反复巩固，才能深入理解。

案例2　交通调查与预测
——坚持尊重客观规律和发挥主观能动性

【课程名称】交通数学建模与算法。

【教学内容】交通数据调查概述、交通调查抽样的方法以及交通预测方法介绍。

【案例意义】了解交通数据调查、交通调查抽样的方法，掌握交通预测方法与分类以及一些前沿的预测技术，培养学生的专业思维模式以及坚持尊重客观规律和发挥主观能动性的思想。

教学过程

1. 问题导入

观看一段视频，之后提问学生交通调查的主要内容是什么（第一问），为什么要进行交通预测呢（第二问）。通过引导学生思考上述问题来导入正文的内容。

2. 讲授正文

首先，提问学生交通调查的目的和作用（第三问），教师做出总结：交通调查的主要目的是为交通预测提供全面、系统又真实可靠的实际参考资料和基础数据。然后依据这些数据准确分析出区域交通现状，对交通规划涉及的经济、运输、交通量等做出准确可靠的预测，并制定合乎发展规律且与交通需求相适应的交通规划方案。交通调查可以为交通需求预测提供基础数据：基于对规划区域社会经济系统、交通运输历史和现状的调查，建立交通需求预测模型，或采用客观的定性方法对规划区域的社会经济、交通运输的发展趋势做出科学预测，为制定中、长期交通规划提供直接依据。

然后，提问学生对抽样调查的了解（第四问），可以做简单介绍。之后观看一段视频：在长沙市某路段车流量抽样调查的实际案例。教师介绍抽样调查在交通领域的应用背景：在进行交通调查时，对规划区域内所有的调查对象进行全面调查在绝大多数情况下是很困难或者不可能的，例如在进行居民出行调查时，如果对规划区内所有的家庭成员——几十万甚至上千万的人口进行调查，将花费大量的人力、财力和时间；在进行道路断面交通调查时，此总体为无限总体，其本身的性质决定了不能对其全面调查而又要全面了解情况。因此，在进行交通调查时，有必要依据统计学原理进行抽样调查。

接着，介绍交通预测的分类。交通预测通常根据预测的内容可以分为交通需求预测，交通系统行为特征预测（包括表征系统行为的速度、密度、流量、延误等参数的预测及事故预测），交通对人类活动系统影响预测；根据预测的期限长短可以分为长期交通预测、短期交通预测；根据待预测的道路可以分为路段交通状态预测、路网交通预测、高速公路预测、城市主干道预测；根据预测使用的模型可以分为：基于数学模型的预测、基于数据驱动的预测、动态交通仿真预测、组合预测。最后，教师给学生讲解交通预测的原则和基本原理，其中交通预测的原则包括连续性原则、相关性原则、类推性原则、惯性原理、类推原理等。

3. 分析总结

本次思政课堂总体效果良好，学生能够跟着老师的引导去思考、讨论。交通预测是学生将来在接触到交通领域的专业课或研究中的非常重要且非常基础的数据处理方法和技术，对国家智能交通系统的发展具有非常重大的意义。尊重客观规律，按客观规律办事，离不开发挥主观能动性；发挥主观能动性必须以尊重客观规律为基础，必须把尊重客观规律和发挥主观能动性结合起来。因此既要尊重客观规律，又要发挥主观能动性，把尊重客观规律和发挥主观能动性结合起来，坚持解放思想，实事求是，做到主观和客观具体的历史的统一。反对只强调规律的客观性、否认人的主观能动性的形而上学观点，也反对片面夸大人的主观能动性、否认规律客观性的唯心主义。

案例3　最短路算法
——推动绿色科技创新，促进绿色发展

【课程名称】交通数学建模与算法。

【教学内容】最短路算法。

【案例意义】最短路算法在生产实践中具有重要意义，许多实际场景需要借助最短路算法进行最短路径的搜索，同时，最短路算法也是交通流分配问题中的关键步骤和重要模块。在交通运输领域，车辆排放问题是需要我们解决的关键难题之一，在愈发需要开展绿色科技创新、促进绿色发展的当代社会，如何寻求更好的汽车减排方法迫在眉睫，而最短路算法可以为车辆提供最短行驶路径，有效降低车辆的燃油排放，对环境保护意义重大。本课程通过专业知识与绿色发展相融合，以最短路算法为核心，在课题中开展思想政治教育。

教学过程

1. 问题导入

向学生提问，最短路算法的思想内涵是什么？

最短路径问题是图论研究中的一个经典算法问题，旨在寻找图（由节点和路径组成）中两节点之间的最短路径。算法具体的形式包括：①确定起点的最短路径问题，即已知起始节点，求最短路径的问题。适合使用 Dijkstra 算法。②确定终点的最短路径问题，与确定起点的问题相反，该问题是已知终点节点，求最短路径的问题。在无向图中该问题与确定起点的问题完全等同，在有向图中该问题等同于把所有路径方向反转的确定起点的问题。③确定起点、终点的最短路径问题，即已知起点和终点，求两节点之间的最短路径。④全局最短路径问题，求图中所有的最短路径。适合使用 Floyd-Warshall 算法。

2. 讲授正文

本次讲授的内容：最短路算法相关基本概念，Dijkstra 算法和 Floyd-Warshall 算法。

（1）基本概念

①路段：交通网络上相邻两个节点之间的交通线路称作路段。

②路径：交通网络上任意 O—D 点对之间，从发生点到吸引点一串连通的路段的有序排列叫作这一 O—D 点对之间的路径。一个 O—D 点对之间可以有多条路径。

③最短路：一个 O—D 点对之间的路径中总阻抗最小的路径叫最短路。

（2）Dijkstra 算法

Dijkstra 算法的基本思想：依据 Bellman 原理，即最短路中的任何一段都是最短路。Dijkstra 算法过程可以通过在各点上不断标号来实现：T 标号、P 标号。T 为临时标号，表示从起点到该点的当前最短路长。P 为固定标号，表示从起点到该点的最短路长。Dijkstra 算法的过程是不断扩大固定标号的过程。

（3）Floyd-Warshall 算法

Floyd-Warshall 算法的基本思想：重复执行三角运算。算法用于求解任意两点间的最短距离，时间复杂度为 $O(n^3)$。

进一步向学生介绍 Floyd-Warshall 算法最短路回溯及记录方法。

3. 分析总结

本次课程主要学习了最短路相关概念以及 Dijkstra 算法和 Floyd-Warshall 算法。将交通运输规划领域专业知识与绿色创新、绿色发展的时代发展主题相结合，以最短路算法为依托，在课堂中开展思政教育，阐述最短路算法对汽车节能减排、保护环境、促进绿色发展的重要意义。

案例4　铁路票额分配管理
——凡事预则立，不预则废

【课程名称】交通数学建模与算法。

【教学内容】铁路票额分配管理。

【案例意义】铁路票额分配管理属于收益管理容量控制理论的研究范畴。它以收益最大化为目标，在一定席位能力条件下以客流需求为基础，合理配置各 OD 票额数量，以有效解决列车席位能力供给与旅客需求之间不相匹配的矛盾。本课程深度挖掘交通数学建模专业知识点中蕴含的思政元素，以马克思主义基本原理指导本课程的教与学，以辩证唯物主义方法阐释铁路票额分配管理的理论知识与优化方法，借助思政元素化解教学难点，提升学生对专业知识的理解能力，实现对学生的思想引领和价值引导。

教学过程

1. 问题导入

提问学生对收益管理理论的发展与应用的了解程度以及铁路票额分配管理的意义是什么。

铁路客运产品符合收益管理的特点，因此铁路票额分配属于容量控制理论研究的范畴。

铁路票额分配以铁路客运收益最大化为目标，对有限的票额资源进行合理分配，以有效解决供需矛盾。在实际的铁路网中，由于铁路车站和区间众多，票额分配方案更是错综复杂，一个好的票额分配方案能大幅度提高铁路企业收益。正所谓"凡事预则立，不预则废"，我们需要提前做好铁路票额分配计划，合理配置铁路运输能力，更好地满足客运需求并提高铁路企业收益。

2. 讲授正文

本次课程的主要内容包括基于确定需求的票额分配模型和基于随机需求的票额分配模型。

首先通过一个具体的例子，对比分析不同票额分配方案下的售票收入，从而说明票额分配方案的内容及其研究意义。接着向学生介绍不同应用场景下的票额分配模型，包括：(1)基于确定需求的单列车票额分配模型和多列车票额分配模型；(2)基于随机需求的票额分配模型。通过详细介绍和实例讲解使学生对各数学模型中的目标函数、约束条件以及求解方法充分理解。

3. 分析总结

本次课程主要学习了确定需求和随机需求两种需求形式下的铁路票额分配方法，将专业知识与思政元素融合，深度挖掘铁路票额分配管理知识体系中的思政元素。在实施过程中，结合收益管理理论的发展历程，以铁路票额分配管理的意义为引导，培养学生树立"凡事预则立，不预则废"这一因果辩证思维；培养学生理论联系实际、理论应用于实践的科学精神。

案例5 宏、微观交通参数
——坚持两点论和重点论相统一

【课程名称】交通数学建模与算法。

【教学内容】交通流理论概述与宏、微观交通变量和交通流模型介绍。

【案例意义】通过介绍交通流理论的概念和宏、微观交通变量的定义，让学生学习了车辆跟驰模型、车辆换道模型和元胞自动机模型这三种交通流模型的结构和意义，培养他们的职业技能以及坚持两点论和重点论相统一的思想。

教学过程

1. 问题导入

提问学生从字面意思谈一谈对交通流理论的理解(第一问)。"交通"：车辆、船舶、人员等在一个地区，沿着街道、通过空中通道、在水路上的移动。"流"：在流中前进，研究在交通流中前进的车辆。"理论"：一系列的原则、定理从而产生一个数学理论。

2. 讲授正文

首先由教师讲述交通流理论的概念和主要的研究方法。交通流理论是分析研究道路上行人和机动车辆(主要是汽车)在个别或成列行动中的规律，探讨车流流量、流速和密度之间的关系，以求减少交通时间的延误、事故的发生和提高道路交通设施使用效率的理论。它是交通工程理论的基础和其新发展的领域之一。研究的主要方法有概率论方法、流体力学方法和动力学方法。

然后教师介绍描述交通流宏观特征的三个指标：交通量 Q、速度 v、密度 K。假设在长度为 L 的路段上有连续行进的 n 辆车，其速度为 v。如果区间平均车速与密度均相同，则会有如下的相关关系：

L 路段上的车流密度：$K=n/L$；

n 号车通过 L 路段所用的时间：$t=L/v$；

n 号车通过 A 断面的交通量：$Q=n/t$；

提问学生交通量 Q、速度 v 和密度 K 这三个宏观交通量之间的关系（第二问）。

最后教师分别进行车辆跟驰模型、车辆换道模型和元胞自动机模型的动画演示，让学生对这三种模型有一个直观的了解。然后教师分别对这三种模型深入讲解：①车辆跟驰模型。它是描述车辆如何在道路上移动的数学模型，从严格意义上讲，车辆跟驰模型只描述司机在与其他车辆互动的情况下的行为，而自由交通流则由一个单独的模型描述；从更普遍的意义上讲，车辆跟驰模型包括所有的交通情况。②车辆换道模型。真正的交通是多车道的交通。变道是必不可少的。③元胞自动机模型。它是在 20 世纪 50 年代初由计算机之父冯·诺依曼为了模拟生命系统所提出的仿真模型，随着对元胞自动机研究的不断深入，逐渐确定了元胞自动机的五个关键要素：元胞空间、元胞状态、元胞邻居、演化过程及状态更新规则。

3. 分析总结

本次思政课堂总体效果良好，学生能够跟着老师的引导去思考、讨论。交通流理论是分析研究道路上行人和机动车辆（主要是汽车）在个别或成列行动中的规律，探讨车流流量、流速和密度之间的关系，以求减少交通时间的延误、事故的发生和提高道路交通设施使用效率的理论。因此它对于交通运输工程专业的学生来说是非常重要的一个知识点，不仅需要学生将这些知识点熟练掌握，更要学会运用到实际的研究工作中，去创造更大的价值，为祖国的交通事业贡献出自己的智慧与勤劳！主要矛盾和矛盾的主要方面相互联系的原理，要求我们坚持两点论和重点论的统一。两点是有重点的两点，重点是两点中的重点，离开两点谈重点或离开重点谈两点，都是错误的。因此我们应该把两点论和重点论统一起来，看问题、办事情，既要全面，又要善于抓住重点和主流。

案例 6　元胞自动机建模
——树立从生活实践看问题的思想

【课程名称】交通数学建模与算法。

【教学内容】交通流理论的跟车模型特点介绍、交通流理论的元胞自动机介绍、交通流理论的 CA 模型算法演示。

【案例意义】通过交通流理论中跟车模型的讲解，掌握不同跟车模型的框架，最后通过算法演示，让学生系统地了解交通流理论的发展历史、知识体系和未来研究方向。让学生学习交通流新知识，学习解决实际应用问题的编程技术，使他们学会在生活中去发现问题，提升学生对于生活中交通问题的理解能力，培养学生在生活实践中提炼交通问题的意识。

教学过程

1. 问题导入

以课程提问的方式引入课程教学内容,课程问题:"同学们的生活中有遇到堵车吗?(第一问)在开车或者坐车时一般会怎么选择跟车行驶呢?(第二问)",通过学生的回答内容进行互动,并且引出"什么是交通流理论中的跟车模型"。从学生所遇到的生活实际问题入手,带动学生思考,激发学生的学习兴趣,提升课堂学习效率。

2. 讲授正文

首先介绍跟车模型的概念。跟车模型指的是描述车辆如何在道路上行驶的数学模型。严格意义上讲,跟车模型仅描述驾驶员在与其他车辆交互时的行为,而自由交通由单独的模型描述。从更普遍的意义上讲,跟车模型包括所有的交通状况,如跟车状况、自由交通状况。最后通过一个课前准备的视频,向学生展示生活中的跟车现象。同时引入 CF 模型的一般公式,介绍了连续时间 CF 模型和离散时间 CF 模型,并对公式进行推导讲解。

接下来继续提问:元胞自动机与交通流理论发展密切相关,是由冯·诺伊曼首次提出,同学们肯定知道冯·诺伊曼,有人了解元胞自动机吗?(第三问)和他们一起分析元胞自动机的发展历史和 NaSch 模型[介绍 NaSch 模型由四个步骤组成,每个步骤必须同时应用于所有车辆(并联或同步动力学)]。

在介绍完 CA 模型后,提问:一般模型的求解都是通过算法来实现,那么遇到实际问题后该如何建立模型和求解模型呢?(第四问)结合 MATLAB 向学生展示算法编写过程(①首先介绍算法结构;②详细介绍算法流程图;③讲解每个代码的逻辑结构),从问题的引入、建模、求解三个方面进行详细讲解,让学生对交通流建模知识有更加深入的理解与体会。

3. 分析总结

本案例通过第一问和第二问引出讲授内容,对交通流理论做了系统的介绍(包括基础概念、背景知识、最新研究进展等),再讲述交通流理论的发展(第三问),介绍了元胞自动机和 NaSch 模型的四个步骤,最后从引入问题、建立模型、求解模型三方面完整地讲解了如何解决跟车问题(第四问)。善于从生活实践中总结地发现问题,能够促进社会更快地进步,可以很好地将理论和实际问题相结合。交通流理论在生活中很常见,也包含着很多值得研究的问题,因此需要学生从自身出发,树立起从生活实践看问题的思想,以存在的实际问题为研究落脚点,研究出能够解决实际问题、能够应用在实际生活中的可落地研究方案,为加强我国交通基础建设和智能交通体系发展做出贡献。同时注重以教为辅、以操作为主的观念,加强学生实践创新能力的培养,从而培养适应未来交通系统发展方向的智能交通运输工程专业人才。

案例7 宏、微观交通流建模
——加强交通强国建设的责任担当意识

【课程名称】交通数学建模与算法。

【教学内容】Gipps 模型介绍、交通流理论中的车辆变道模型介绍、交通流理论中的运动波理论学习。

【案例意义】通过交通流知识体系的拓展介绍，同时对国家交通战略方向和更多前沿知识进行讲解，让学生形成完整的交通流理论体系，并培养学生交通强国的思想、"为国家交通发展做贡献"的意识。

教学过程

1. 问题导入

课程开始，以小组为单位，组织学生进行交通强国文件的学习，并且写出总结体会（课前任务），提出自己的看法和思考。并在课程开始时提问：同学们对交通强国这个概念有什么想法？（第一问）

2. 讲授正文

Gipps 模型起源于一篇文章，简单来说是一个基于反应时间的跟车模型，即车辆的速度和位置在每个反应时间 τ 内更新。为了实现 Gipps 模式，需要 Runge-Kutta 方案，然后讲解 Gipps 模型的结构，给出速度公式和解决思路，最后重点讲解模型参数设置，给出实验结论：从微观和宏观的角度来看，模型的性能与现实相符，例如在模拟或分析推导中，对车流轨迹的时间、空间稳定性进行分析，因此，提出 CF 模型通常需要大量工作。

接着介绍交通流理论中的车辆变道模型。继续提问：换道模型可以理解为车辆变道，那导致车辆换道的原因有哪些呢？（第二问）根据学生的回答引出以下内容：实际交通是多车道交通，交通情况复杂多变，因此车辆行驶过程中的变道操作是必不可少的。它大致包括以下两个关键驾驶行为：①自主变道决策，获得速度优势或更好的驾驶环境，更快到达计划目的地；②客观条件执行变道，如转向和加速，以及对周围交通的影响，必须改变驾驶方向或者车道。

最后介绍交通流理论中的运动波理论。继续提问：生活中有很多波的传播现象，比如声波、水波等，同学们如何理解运动波呢？（第三问）然后介绍动态宏观模型（连续模型）和运动波理论（LWR 模型），紧接着通过公式推演和图片展示的混合形式，介绍交通流理论中车流运动波理论的分类，以及不同分类所具备的性质。介绍完基础概念后，结合实际研究过程所遇见的问题，引出交通流变道模型的特殊案例（平流方程），然后通过公式推导，总结出平流方程的特征。

3. 分析总结

本案例设置了课前任务，让学生自主学习交通强国文件，并通过第一问进一步解释交通强国的重要性，然后介绍 Gipps 模型和换道模型（第二问），分析并总结了 Gipps 跟车模型和一般换道模型的特点，再进行深入介绍（第三问），通过类比介绍了交通流理论中运动波的知识，并且以平流方程为例进行推导总结。交通强国思想是社会未来发展主要思想之一，坚持学习交通强国思想就是紧跟党的领导。交通流理论中涉及很多待解决问题，知识难度大，在讲述交通流理论时要坚持以发展交通、建设国家为主，不惧怕知识复杂难懂，从基础知识到深入分析。在课程中也向学生介绍当前交通的发展方向，为学生指出未来交通发展的趋势，培养学生对于交通强国建设的使命感和责任担当意识。

19

交通大数据分析

教学内容和思政融合设计

序号	教学内容	思政映射与融入点	编者
1	知识点：交通大数据融合技术	案例1：大数据分析的手段——尊重事实，实事求是	陈 群
2	知识点：交通网络建模与分析技术	案例2：建立并分析城市轨道交通网络模型——能力培养与价值塑造相统一	陈 群
3	知识点：交通大数据融合技术	案例3：基于大数据融合的交通拥堵源分析技术及其应用——培育职业素养与使命担当意识	陈 群
4	知识点：各类交通大数据的数据特性、优缺点及交通大数据融合技术与案例	案例4：交通大数据融合技术——坚持辩证思维	王 璞
5	知识点：一些交通大数据实际应用案例的介绍	案例5：交通大数据案例介绍——树立以人为本的理念	王 璞
6	知识点：机器学习技术在交通大数据分析中的应用	案例6：机器学习技术在交通大数据分析中的应用——实践出真知	王 璞
7	知识点：交通大数据的数据结构与特征和交通大数据的技术分析与应用技术	案例7：大数据分析技术——坚持理论联系实际	郑 亮
8	知识点：机器学习的基础概念讲解、机器学习的种类介绍、机器学习技术的实际操作案例介绍	案例8：机器学习技术——培养先进、正确的未来发展意识	郑 亮
9	知识点：基于复杂网络和信息论方法融合的人群聚集预警和交通拥堵溯源	案例9：人群预警和拥堵溯源——坚持现象和本质的辩证关系	郑 亮

案例 1   大数据分析的手段
——尊重事实，实事求是

【课程名称】交通大数据分析。

【教学内容】交通大数据融合技术。

【案例意义】在大数据分析过程中，要养成尊重事实、实事求是的态度。

教学过程

1.问题导入

大数据分析的手段有统计分析、网络分析等方法，看看你会几种？

2.讲授正文

课程要点：大数据分析流程，就是数据收集、数据清洗、数据管理、数据分析和数据呈现等五个环节。而数据、平台和算法是大数据处理的三大关键要素。其中数据是分析的对象，比如案例中球员的各项指标数据；平台是加工这些指标数据的载体和工具；算法是对这些指标数据进行分析的具体方法。

大数据分析一定要以真实数据为基础，以问题为导向，以隐私保护与安全为中心，选择合适的数据分析技术，最终获得真实可靠的结果，以供决策。

思政要点：不管通过何种方法收集数据，都要注重原始数据的真实性，实事求是，才能得出客观的分析结果。比如在做问卷调查时，是否为了达到预想的结果，而在收集阶段就刻意剔除，以偏概全，有时甚至伪造或刻意制造虚假数据，得出自己想要的结论。这是我们要警惕且不可取的，只有尊重事实，才能得出客观、准确的分析结果，才能对我们的决策产生积极有效的作用。

3.分析总结

在大数据分析过程中，要养成尊重事实、实事求是的态度，这样才能得到真实可靠的数据，从而做出科学合理的有价值的决策。

案例 2   建立并分析城市轨道交通网络模型
——能力培养与价值塑造相统一

【课程名称】交通大数据分析。

【教学内容】交通网络建模与分析技术。

【案例意义】随着计算机技术和大数据技术的快速发展，我国广袤地区的海量道路交通领域数据可用于建立有效可靠的交通网络模型。

教学过程

1. 问题导入

某个地区的道路交通网络、轨道交通网络结构是如何构建的？如何分析和评价交通网络中节点的聚集程度？

2. 讲授正文

（1）URT（城市轨道交通）网络的构建

交通运输对经济和社会发展的重要性不言而喻，研究交通运输网络，认识其拓扑结构特性，能够为交通运输网络的规划、设计和维护提供重要的参考依据。以城市轨道交通为例，其交通网络的构建主要有以下几个方面：百度地图 API 坐标采集、城市轨道交通车站的经纬度信息、车站按线路方向排序、添加线路信息、构建站间区间（路段）、运营信息采集、添加列车运行时间信息、URT 网络创建。

（2）交通网络分析

①交通网络分析基础。当下，我们在从交通大国向交通强国迈进的过程中，城市及区域综合交通体系的运输效率、服务质量还有待提升；交通系统产生的运输成本、污染物排放还有待降低；亟须发展高质量综合交通体系。综合交通体系的建设，需要用数学模型建立一个数字化网络，分析交通系统运行状态，进一步优化交通网络结构。交通网络基础结构可以从以下几个方面分析：聚类系数、介数中心性、凝聚中心性、网络流中心性、鲁棒性、渗流理论、渗流理论案例。

②复杂交通网络分析。复杂网络是研究交通运输网络的一个有力工具。结构和功能是复杂网络理论研究的两个核心问题，复杂网络研究的最终目的是通过研究结构来了解和解释基于这些网络的系统运作方式，进而预测和控制网络系统的行为。复杂交通网络分析包含以下几个方面：交通二分网络的构建、基于二分网络的车源预测、个体移动网络建模方法、个体出行可预测性、物理学中的熵、个体移动网络的熵、区域间出租车路径的熵、区域间出租车路径的可预测性、群体移动网络建模方法、异常移动网络、异常出行的界定。

（3）能力培养与价值塑造相统一

以专业知识为主线，以反思感悟为辅线，在教学过程中潜移默化融入思政元素，通过专业学习带动思政教育，理解交通网络构建与分析的价值与意义，具备探索创新精神，以知识为背景，讲授交通网络模型构建对道路交通系统乃至整个社会经济可持续发展的重要性和影响。引导学生体会到岗位责任的重要性，培养职业素养，树立责任意识，激发学生自主创新、追求卓越的探索创新精神；潜移默化中提升学生的道德情操、社会责任感和家国情怀。

3. 分析总结

建设国家综合立体交通网络，是加快建设交通强国的关键举措。建设现代化高质量综合立体交通网络是交通强国建设纲要明确的重点任务，是加快建设交通强国的骨干支撑。而建设现代化高质量综合立体交通网络的第一步是构建基础交通网络。随着计算机技术和大数据技术的快速发展，我国广袤地区的海量道路交通领域数据可用于建立有效可靠的交通网络模型。

人工社会主要由人工人口系统和人工环境系统组成，而交通网络模型是人工环境系统的重要组成部分。路网模型是交通模型的基础,它是对真实世界中道路网络的拓扑、形状及特征等方面的抽象描述。

奋进正当时!我们要深刻认识构建交通网络模型对于建设国家综合立体交通网络的重大意义,切实增强责任感、使命感、紧迫感,奋力为全面建设社会主义现代化国家当好"先行官"!

案例3 基于大数据融合的交通拥堵源分析技术及其应用
——培育职业素养与使命担当意识

【课程名称】交通大数据分析。

【教学内容】交通大数据融合技术。

【案例意义】随着我国汽车保有量在近年来急剧增加,交通拥堵、交通污染日益严重,交通事故频繁发生,智能交通成为改善城市交通的关键所在。准确获取交通数据并构建交通数据分析模型是建设智能交通的前提。

教学过程

1.问题引入

交通大数据融合思维理念

针对城市交通决策,将信息融合、证据理论融为一体,展现出一个富有魅力的技术架构。构建新技术架构的首要原因在于城市交通决策的严谨性要求。作为城市骨架和血脉的交通系统,其主要决策所产生的影响面广且往往不具备可逆性,因此其决策判断必须慎重并经得起推敲,从数据中提取的证据的客观性和关联性则成为科学决策的基础。

2.讲授正文

(1)针对区域交通拥堵的交通拥堵溯源及应用

大数据技术在城市交通拥堵治理中的运用,可以显著改善交通拥堵局面,是推进交通现代化、智能化治理的重要措施,是进而实现城市交通智慧化运转的前提。本案例基于大数据技术在城市交通拥堵治理中的运用展开探析,以供广大城市交通管理者参考。

①数据来源:南京市中心城区路网数据、RFID数据和道路流量数据;方法:基于交通流分配方法分析;应用:基于交通拥堵源信息的路径诱导策略。②融合RFID数据和车流量数据的交通出行需求估计方法。③针对区域交通拥堵的交通拥堵溯源方法。④不同时间窗交通拥堵源的动态变化。

(2)针对关键路段拥堵的交通拥堵溯源及应用

①数据来源:深圳市手机GPS数据、出租车GPS数据、RFID数据和道路流量数据;方法:采用基于交通仿真的路径分析;应用:基于交通拥堵源信息的信号控制策略。②融合出租车GPS数据和手机数据的交通需求估计方法。

(3)针对人群聚集的交通拥堵溯源及应用

①数据来源:深圳市地铁数据、手机GPS数据、出租车GPS数据、志愿者标签数据;方

法：基于交通需求和复杂网络理论分析，基于轨迹聚类的主要路径分析；应用：基于交通拥堵源和主要路径信息发布。②融合 GPS 数据和标签数据的交通方式划分方法。③构建交通出行有向加权网络分析交通拥堵源。④针对人群聚集的主要路径分析。

（4）培育职业素养与使命担当意识

通过案例引导学生具有突破传统交通学科的创新思维，培养跨学科视野和勇于探索精神，感悟交通强国建设者的责任使命，引导学生理论联系实际，培育求真务实、脚踏实地、坚定信念的职业素养。

强化"双一流"建设背景下工程科技人才价值观塑造，将学术道德教育、创新思维教育和理想信念教育作为与课程教学并重的培养环节。加强对学生自主创新意识的引导，使其在学习专业知识的同时，形成"数据赋能交通强国"的探索精神和"心怀使命、科技报国"的担当精神。

3. 分析总结

我国作为人口大国，城市交通问题一直处于比较紧迫的状态，加之汽车产品的普及，导致城市交通拥堵情况愈发严重，严重影响了人们出行便利与社会运作效率，因此必须对当前城市交通拥堵进行治理。但交通拥堵涉及范围十分广泛，其中存在的信息量庞大，同时各信息之间还有复杂的连接关系，人工几乎不可能直接处理这些信息，治理工作作用有限。

大数据技术是互联网、物联网等信息技术发展的产物，类属于互联网集成技术。随着我国国民生活质量及经济能力的提升，城市车辆运行数量持续增多，对交通通行的需求也愈发提升。借助大数据技术开展交通拥堵治理工作，不仅可以提升交通通行的质量，还可以兼顾交通的物理属性及社会属性，体现出交通治理工作的公平性、法治性、民主性，符合社会的发展及人们的需求。这就要求交通管理部门不断提升大数据运用理念及方式，发挥大数据技术在城市交通拥堵治理中的最高运用价值，提高城市交通拥堵治理水平及社会服务水平。

案例4　交通大数据融合技术
——坚持辩证思维

【课程名称】交通大数据分析。

【教学内容】各类交通大数据的数据特性、优缺点及交通大数据融合技术与案例。

【案例意义】通过让学生认识到不同交通大数据具有不同数据结构和数据特性这一客观事实，引导学生发掘各类交通大数据的优缺点，学会辩证看待事物；同时，讲解大数据融合技术与案例，使学生在了解各类交通大数据的优缺点基础上，运用辩证思维，学会取长补短，批判地继承事物，理解交通大数据融合思路，学习如何运用交通大数据融合技术。

教学过程

1. 问题导入

介绍不同交通大数据，如交通地理信息数据、车辆 GPS 数据、射频识别数据、手机 GPS 数据、视频监控数据、手机数据、公交智能卡刷卡数据和 Wi-Fi 数据等的数据特性及其常用场景。了解了不同交通大数据的特点，那么这些数据各自的优点和缺点是什么呢？（第一

问)可不可以组合不同的数据,充分发挥数据的优点,而回避数据的缺点呢?(第二问)

2.讲授正文

首先,从不同交通大数据的数据结构、数据特性及其常用场景着手,引导学生讨论、发掘这些数据各自的优缺点。例如,由交通视频监控设备采集的车牌识别数据,有着精度高、可记录各种车辆的优点;但是,车牌识别数据的空间覆盖范围有限,且数据质量容易受到恶劣天气和光线不足的影响。又如,公交智能卡刷卡数据有效收集了乘客的上车时间、乘坐的公交车等信息,但缺乏乘客的下车记录,无法获取乘客的出行终点信息。

然后,引导学生列举、对比不同交通大数据的优缺点,分析一种数据的缺点是否能由另一种数据的优点弥补。例如,车牌识别数据的空间覆盖范围有限,那么是否存在某种空间覆盖范围广的数据能够弥补车牌识别数据这方面的不足呢?又如,无法从公交智能卡刷卡数据中获取乘客的下车站点信息,那么是否存在某种数据能够协助估计乘客的下车站点呢?

接下来向学生介绍交通大数据融合的思维和具体技术方法,提问学生并一起分析之前讨论的不同数据的互补是否符合数据融合思维、是否具有可行性(第三问),引导学生思考交通大数据融合在实际应用中的价值。

最后,向学生介绍现有的交通大数据融合案例,帮助学生系统地理解如何基于数据融合思维理念发掘不同交通大数据的互补关系、怎样对这些数据进行互补,并帮助学生了解交通大数据融合在交通需求分析、交通状态感知、交通流预测、智能交通应用等方面的实际应用价值。

3.分析总结

本案例通过第一问首先明确了不同交通大数据各自的优缺点,再通过第二问明确了交通大数据融合的可能性。然后,基于数据融合的思维和技术方法,进一步明确了交通大数据融合的可行性和实用性(第三问)。最后通过几个现实案例,系统地梳理了交通大数据融合流程和实际应用过程。辩证思维是反映符合客观事物辩证发展过程及其规律性的思维。辩证思维的特点是从对象的内在矛盾的运动变化中、从其各个方面的相互联系中进行考察,以便从整体上、本质上完整地认识对象。交通大数据的数据结构、数据特性是内在的客观规律,我们需要把握这个客观规律,客观对待不同的交通大数据,辩证分析其各自的优缺点。同时,坚持辩证思维,在数据融合领域运用批判继承的思想,明确交通大数据的互补关系,并分析数据融合的实用价值。

案例 5　交通大数据案例介绍
——树立以人为本的理念

【课程名称】交通大数据分析。

【教学内容】一些交通大数据实际应用案例的介绍。

【案例意义】通过分析一些交通大数据实际应用案例的应用背景、目的及意义,让学生领悟要从什么角度寻找交通问题,以及解决交通问题的重要性和必要性,帮助学生树立以人为本的理念;同时,通过分析这些案例的实施思路、方法及流程,帮助学生形成使用交通大数据辅助解决交通问题的思维方式,使学生掌握利用交通大数据解决交通问题的先进方法。

教学过程

1. 问题导入

研究者们为了解决各类交通问题提出了各种技术方案。为什么研究者们能够想到并去解决这些不同的交通问题呢？（第一问）研究者们是用什么样的思维方式、什么样的技术路线实现了交通大数据的应用呢？（第二问）

2. 讲授正文

为学生介绍一些交通大数据实际应用案例，包括基于多元数据融合的列车晚点预测、基于社交媒体数据的交通信息感知、基于复杂网络和信息论的人群聚集预警和交通拥堵溯源四个案例。

在每个案例的讲述过程中，首先从案例的应用背景、目的及意义着手，重点引导学生发现案例所针对的交通问题，并思考研究者们是如何发现交通问题和解决交通问题的。例如，在研究交通拥堵溯源技术之初，研究者们通过生活见闻、实际调查、数据分析，提出了不仅要分析路段交通流，还需要分析导致交通拥堵的车辆来源的思路，从而基于拥堵车源信息提升交通拥堵缓解效果，节约能源、保护环境、方便人民出行。

然后从案例的实施思路、方法及流程着手，帮学生梳理利用交通大数据辅助解决交通问题的思路和技术。例如，在交通拥堵溯源案例中，研究者是如何从手机数据中提取居民出行信息的？又是如何通过数据融合方法估计驾驶小汽车的出行需求的？以及怎样提出量化道路拥堵车源分布特性的方法、技术的？

最后鼓励学生结合上述内容，发掘自己身边的交通问题，并提出一套合理的技术流程解决交通问题。

3. 分析总结

本案例首先通过第一问使学生明确交通研究者们研究问题的价值导向，再通过第二问梳理利用交通大数据解决交通问题的思路和技术。最后通过鼓励学生进行理论模拟，帮助学生掌握利用交通大数据解决交通问题的思路和方法。以人为本，就是要把人民的利益作为一切工作的出发点和落脚点，不断满足人的多方面需要和实现人的全面发展。作为新时代交通事业接班人，必须树立以人为本的理念，从人民生活中发现交通问题，以有利于人民为导向，积极解决交通问题；必须坚持交通理论应用于实际是为了服务人民和奉献社会。

案例 6　机器学习技术在交通大数据分析中的应用
——实践出真知

【课程名称】交通大数据分析。

【教学内容】机器学习技术在交通大数据分析中的应用。

【案例意义】通过介绍一些典型的机器学习算法模型，使学生对机器学习技术有一定的了解，并引导学生编写计算机程序调用机器学习算法模型，完成交通大数据分析或预测任务。实践出真知，教学过程不仅可以培养学生将机器学习技术应用于交通数据分析的能力，还可以培养学生通过动手实践获取知识的能力。

教学过程

1. 问题导入

近年来，机器学习技术发展迅速，各类机器学习算法模型已经广泛地应用于交通研究与实践。机器学习算法模型可以被归为几种类型，各自的功能是什么呢？（第一问）如何利用机器学习技术分析交通数据呢？（第二问）同类算法间有什么差异呢？（第三问）

2. 讲授正文

首先向学生介绍机器学习的基本概念，以及机器学习算法模型的分类和功能。例如，根据训练数据样本是否具有标签，机器学习可以分为监督学习和无监督学习；又如，根据输出变量类型的不同，机器学习模型可以分为分类模型和回归模型。通过上述基础知识的介绍，使学生对机器学习技术有一个总体认识。

接下来向学生介绍将机器学习应用于数据分析的思路和步骤。例如，在使用机器学习算法完成某项交通指标预测时，第一步是收集相关数据，第二步是进行数据预处理，包括删除重复数据、异常数据等，第三步是把数据划分为训练数据集、测试数据集和验证数据集，第四步是训练机器学习算法模型，并对模型参数进行调优。上述教学过程，不仅可以使学生了解机器学习技术的基本应用步骤，还可以使学生理解数据本身对于机器学习的重要性。

然后向学生介绍一些典型的机器学习算法模型，重点介绍各类算法模型的基本原理和技术，鼓励学生编写计算机程序调用这些机器学习算法模型，完成交通数据分析或预测任务，通过编程实践使学生认识到各类机器学习算法模型的特点和优点。例如，学生分别使用SVM、XGBoost、随机森林等模型预测城市轨道交通站点客流，并分析各种模型的训练时间、预测准确度等。

3. 分析总结

本案例首先通过第一问使学生对机器学习算法模型有一个总体认识，再通过第二问梳理机器学习技术在交通数据分析中的应用过程，最后鼓励学生进行计算机编程实践，使学生认识到不同算法模型的优缺点（第三问）。实践出真知，在学习任何理论和知识时，只有多尝试、多实践，才能够更加深入地理解、掌握理论和知识。我们必须坚定不移地相信实践出真知，对理论知识的深刻掌握，需要以熟练使用理论知识解决实际问题为导向。

案例 7　大数据分析技术
——坚持理论联系实际

【课程名称】交通大数据分析。

【教学内容】交通大数据的数据结构与特征和交通大数据的技术分析与应用技术。

【案例意义】通过介绍交通大数据的数据结构与特征，让学生学习了交通大数据的分析和应用技术，了解了交通大数据在实际应用中的典型案例和未来的发展趋势。通过介绍交通大数据中的分析方法和各种应用技术，锻炼学生对大数据处理过程中数理知识的理解能力，培养他们坚持理论联系实际的思想。

教学过程

1. 问题导入

同学们的生活中有哪些交通大数据，交通大数据的产生给我们的生活带来了什么影响?(第一问)比如说想要搭建湖南省的高速公路网，我们需要用到哪些交通大数据?（第二问)从学生的生活实际问题入手，带动学生思考，激发学生的学习兴趣。并通过引入《交通运输部关于印发〈推进综合交通运输大数据发展行动纲要(2020—2025 年)〉的通知》，详细阐述国家对于推进综合交通运输大数据发展的总体思路、主要目标、主要任务，以此让学生对交通行业的最新发展动态更加了解，引导学生关注国家大事、关注交通大事，提升学生的专业自信，坚定交通强国的决心。

2. 讲授正文

首先以滴滴出行网约车为实际案例，介绍交通大数据的数据结构与特征。对出租车 GPS 数据，公交车 GPS 数据、公交智能卡数据、地铁智能卡数据，视频监控数据，射频识别数据，手机通话详单数据，移动通信数据，手机信令数据和 Wi-Fi 数据等数据的数据结构，数据特征，应用场景进行分小组讨论，教师评价与补充，引导学生认识不同的交通大数据，并总结其数据结构和数据特征。

然后观看一个从提取数据、分析数据到建立模型的教学视频，提问学生知道哪些数据预处理的方法(第三问)，为什么要进行数据预处理以及数据与模型之间的关系(第四问)。然后用烹饪食物的过程去类比此过程，原始数据好似"原始食材"，数据预处理是在"洗菜、切菜"，数据分析与建模是"炒菜、上菜"，让学生形象地理解数据预处理的作用与意义。之后对交通大数据预处理的技术进行讲解，包括数据清洗、数据集成、数据变换、数据规约等，并给出案例，让学生利用 Python 对案例数据进行预处理并建出模型，老师进行讲解。

最后让学生简单了解大数据处理过程中所要掌握的数理知识和计算机网络技术。其中数理知识部分包括 OD 矩阵、泊松分布、指数分布、幂律分布、负二项分布等。计算机网络技术包括交通大数据融合技术(信息融合、数据融合、数据资源互补等)，机器学习技术，决策树、支持向量机，神经网络算法，径向基函数网络等多种技术与算法，并进行应用举例与分析计算。

3. 分析总结

本次思政课程总体效果良好，系统地介绍了交通大数据的产生、种类、数据分析处理方法、所涉及的数理知识、计算机网络知识等，培养了学生能够初步进行大数据处理、分析和应用探索的实践能力。并通过小组讨论、撰写案例分析报告的形式加强了学生对交通大数据的理解与体会，学生的学习热情高、学习效果好、学习表现佳，拓宽了学生视野，让其在学习之余能够发现生活中的交通知识。理论联系实际是要坚持将理论与实际结合，用理论分析实际，用实际验证理论；是要做到知其言更知其义、知其然更知其所以然，全面提升运用知识解决实际问题的能力。

案例 8　机器学习技术
——培养先进、正确的未来发展意识

【课程名称】交通大数据分析。

【教学内容】机器学习的基础概念讲解、机器学习的种类介绍、机器学习技术的实际操作案例介绍。

【案例意义】本案例让学生掌握了机器学习的基础概念，清楚认识机器学习技术对交通大数据领域的重要性，能够学习到机器学习方法的分类和使用，了解到当前一些研究前沿知识，让学生明确社会未来发展的方向，锻炼学生独立处理交通问题的能力。

教学过程

1.问题导入

首先通过课前小互动，主动提问：现在是信息时代，很多行业都在向信息化靠拢，请同学们先想一想，在当前大数据环境下，在交通大数据领域存在什么问题，有没有一些可采取的解决方案？（第一问）

2.讲授正文

首先以学生的回答为切入点，通过课前准备，向学生介绍机器学习的基础概念：①机器学习是人工智能的一个分支。②人工智能的研究历史有着一条从以"推理"为重点，到以"知识"为重点，再到以"学习"为重点的自然、清晰的脉络。③机器学习是实现人工智能的一个途径，即以机器学习为手段解决人工智能中的问题。

接下来继续提问：通过对机器学习基础知识的介绍，同学们知道有哪些机器学习方法？（第二问）根据学生给出的答案引出机器学习分类，通过教学课件给学生展示每一个类型的特点。本案例主要介绍监督学习和无监督学习的概念和优缺点。监督学习特点总结：监督学习，简单来说，就是我们给算法一个数据集，并且给定正确答案，机器通过数据来学习正确答案的计算方法。无监督学习特点总结：无监督学习中，给定的数据集没有"正确答案"，所有的数据都是一样的。同学们应该了解过"猫狗识别"，你们觉得它属于监督学习还是无监督学习呢？（第三问）

基于前面介绍的背景知识，请学生说出自己了解或者实践过的机器学习算法案例（第四问）。通过交通问题展示、三种算法展示（K-means 聚类算法、DBSCAN 聚类分析算法、决策树分类回归算法）、结果展示以及算法优缺点总结，一步一步分析总结，向学生讲解交通大数据中所用到的机器学习方法。

3.分析总结

本案例通过第一问首先指出大数据在交通领域的应用，然后通过师生互动的形式介绍了机器学习的方法和分类（第二问），以及监督学习和无监督学习的特点（第三问）。在介绍完基础知识后，通过展示三种实际应用算法，说明了机器学习在交通行业的高效性（第四问）。社会未来发展意识是否先进、正确，主要看学生所接触的知识是否属于前沿知识。学习当前

领域的研究热点有助于学生树立先进、正确的发展意识。交通大数据作为近几年的热点词语，主要受到大数据技术的影响。众多的研究成果也充分体现了机器学习能够高效地解决交通问题。本课程结合不同算法案例增强了学生理论知识联系实际交通问题的能力，并且拓宽了其专业视野，丰富了其知识体系，使其尽早关注领域前沿知识，培养了学生探究能力与学习能力，让学生树立一种先进、正确的未来发展意识。

案例9 人群预警和拥堵溯源
——坚持现象和本质的辩证关系

【课程名称】交通大数据分析。

【教学内容】基于复杂网络和信息论方法融合的人群聚集预警和交通拥堵溯源。

【案例意义】通过介绍交通大数据实际应用领域的两个案例，帮助学生从实际问题应用的角度去更好地理解交通大数据中的各项理论知识，引导学生从该案例中学习科研问题的研究步骤以及实际问题的解决方法。培养学生的创新意识，引导学生追求卓越的工匠精神，提高民族自信、文化自信，以及坚持现象和本质的辩证关系。

教学过程

1. 问题导入

教师提问学生：大家知道我们生活中有哪些交通大数据技术的实际应用吗？（第一问）从学生的生活实际问题入手，带动学生思考，激发学生的学习兴趣。学生发言，教师举例。

2. 讲授正文

首先教师介绍该案例的研究背景：近年来，全世界已有超过 3000 人在踩踏事故中丧生，大规模人群聚集引发的拥堵甚至踩踏事故是国内外城市公共安全的重大威胁。教师介绍本案例的数据来源：因为深圳市有超过 2000 万的常住人口，经济活动活跃，人口增长快，因此，选取 2014 年 10 月—12 月的地铁和公交车的智能卡刷卡数据，以及出租车和公交车的 GPS 定位数据等。①地铁智能卡数据。用 $N\_sub(i, j, t)$ 表示在第 t 个时间窗内从交通小区 i 乘坐地铁到达交通小区 j 的乘客人数。刷卡数据显示深圳市地铁平均日出行人数为 162 万人次。深圳市交通运输委员会在 2014 年所发布的深圳地铁平均日出行人数为 284 万人次。②出租车 GPS 数据。使用 $N\_taxi(i, j, t)$ 表示在第 t 个时间窗内从交通小区 i 到交通小区 j 的出租车出行数量，深圳市出租车平均日出行量为 43 万次。而深圳市交通运输委员会在 2014 年所发布的出租车平均日出行量为 120 万次。

然后教师介绍对以上数据源进行交通出行数据提取的方法：①交通出行时间分布；②人群密集度估计；③宏观出行特征分析。教师介绍异常出行网络的构建方法：①构建出行网络（MN）；②构建异常出行网络；③选取合适的异常阈值；④构建聚集人群的核心输送通道。

最后教师介绍交通拥堵溯源案例的研究动机，教师提问，学生根据案例的研究方法，讨论案例的研究方法框架，教师做出总结。教师依次按照 PPT 展示的内容介绍交通流估计、道路主要车源、拥堵车源定位与交通需求控制、基于车源预测的道路网络优化和城市轨道交通网络客源预测的内容。

3.分析总结

本次思政课程总体效果良好，系统地介绍了交通大数据的两个实际应用案例，本次课程让教师对课程教学设计理念有了更加深刻的认识：改变了以往专业教育和思政教育"两张皮"状况，充分发挥了课堂教学主渠道作用，探索专业教学与思政教育融合过程中实现全员育人、全程育人、全方位育人的开展。基于当前的大数据环境和国务院提出的实施国家大数据战略和网络强国战略，建设产学研网络生态圈，形成大数据分析并应用于实践的产教融合教学模式。无论是哪个领域的事物，无论是简单的事物还是复杂的事物，都有自己的现象体现出来，也都有自己的本质。现象和本质是密切联系、不可分割的。一方面，本质离不开现象，本质总要表现为现象。另一方面，现象也离不开本质，现象是本质的表现，现象的根据在于本质。因此要求学生既不能脱离现象凭空地去认识事物的本质，也不能使认识停留在表面现象上，而是要透过现象把握本质。

参考文献

［1］李牧原.构建高效的多式联运服务系统［N］.中国交通报，2015-07-23（006）.

［2］王秀春.抢抓机遇深化合作携手推进多式联运高质量发展［J］.大陆桥视野，2019（8）：41-42.

［3］刘小花."三大纪律八项注意"的由来［N］.解放军报，2022-06-26

［4］亨利·法约尔.工业管理与一般管理［M］.张扬，译.北京：北京理工大学出版社，2014.

［5］吴晓波，徐光国，张武杰.激活组织——华为奋进的密码［M］.北京：中信出版社，2021.

［6］顾武，韦毅，宋超，等.南宁站高铁快运发展策略研究［J］.铁道货运，2018，36（2）：15-19.

［7］史有春.大道至简——互联网创新评述（四）：三生万物［J］.发现，2018（3）：46-47.

［8］王道平，李建立.物流项目管理［M］.北京：北京大学出版社，2018.

［9］周立新.物流项目管理［M］.上海：同济大学出版社，2014.

［10］费奇，陈学广，王红卫，等.综合集成研讨厅在大型工程物流中的应用：三峡工程散装水泥/粉煤灰实时调运指挥系统［J］.系统工程理论与实践，2011，31（A1）：171-180.

［11］曹希绅，陈黎琴，冯天天，等.管理学课程思政建设的探索与实践［J/OL］.北京警察学院学报，2022（05）：107-111，https：//doi.org/10.16478/j.cnki.jbjpc.20220905.001.

［12］孙晖.物流项目管理课程教学探索与改革［J］.教育研究，2020（7）：46-47.

［13］杜志琴，张明勇.物流与供应链管理课程思政教学改革实践探索［J］.课程教学，2022，21（5）：80-86.

［14］邱伏生，宋海萍.智能工厂物流信息平台构建方法——"智能工厂物流构建"系列连载之三［J］.物流技术与应用，2022，27（8）：162-168.

［15］张政治.利用北斗的物流信息监管系统设计研究［J］.现代导航，2021，12（6）：420-423.

［16］江宏.国控广州物流中心的智能化升级改造［J］.物流技术与应用，2021，26（11）：72-77.

［17］明家琪，何庭发，蔡明锋，等.关于推进赣州市蔬菜田头冷库建设的建议［J］.长江蔬菜，2022（15）：1-3.

［18］叶红梅.新零售时代的物流中心建设［I］.物流技术与应用，2020，25（3）：98-100.

［19］张颖川.安得智联：一盘货统仓统配助力制造业降本增效——访安得智联运营中心副总经理刘程［J］.物流技术与应用，2021，26（5）：118-122.

［20］王炜.交通规划［M］.北京：人民交通出版社，2007.

［21］邵春福.交通规划原理［M］.北京：中国铁道出版社，2004.

［22］陆化普.交通规划理论与方法［M］.2版.北京：清华大学出版社，2006.

［23］陆化普，石京.交通规划理论与方法习题集［M］.北京：清华大学出版社，2009.

［24］ORTUZAR J D，WILLUMSEN L G. Modelling Transport［M］. Wiley，1994.

［25］DOMENCICH T A，MCFADDEN D. Urban Travel Demand：A Bahavioral Analysis. 1975. http：//elsa. berkeley. edu/~mcfadden/travel. html

［26］MEYER M D，MILLER E. Urban Transportation Planning——A Decision-Oriented Approach，2013.

[27] 陆锡明. 综合交通规划[M]. 上海：同济大学出版社，2003.

[28] CEDER A. 公共交通规划与运营——理论、建模及应用[M]. 关伟，译. 北京：清华大学出版社，2010.

[29] 焦健. 习近平总书记强调的六大思维方法[EB/OL]. （2014-09-12）https://www.12371.cn/2014/09/12/ARTI1410492636062549.shtml.

[30] 刘石泉. 系统观念是重要思想和工作方法[N]. 学习时报，2021-08-18.

[31] 韩庆祥. 系统观念是具有基础性的思想和工作方法[N]. 光明日报，2022-04-18.

[32] 百度百科. 世界著名科学家、两弹一星功勋奖章获得者：钱学森[EB/OL] 2021-10-10：https://baike.baidu.com/item/%E9%92%B1%E5%AD%A6%E6%A3%AE/26105？fr=kg_general.

[33] 马克思主义哲学编写组. 马克思主义哲学[M]. 北京：高等教育出版社，2022.

[34] 高醒，李夏苗，彭鹏. 铁路货运量预测过程中的关键技术分析[J]. 科技和产业，2018，18（5）：1-8，62.

[35] 中共中央，国务院. 交通强国建设纲要[R]. 2019.

[36] 中共中央，国务院. 国家综合立体交通网规划纲要[R]. 2021.

[37] 国家发展改革委. "十四五"现代流通体系发展规划[R]. 2021.

[38] 中共中央，国务院. "十四五"现代综合交通运输体系发展规划[R]. 2021.

[39] 交通运输部. 中国可持续交通发展报告[R]. 2021.

[40] 交通运输部，科技部. "十四五"交通领域科技创新规划[R]. 2022.

[41] 交通运输部. 绿色交通"十四五"发展规划[R]. 2021.

[42] 交通运输部. 综合运输服务"十四五"发展规划[R]. 2021.

[43] 交通运输部，国家铁路局，中国民用航空局，等. 现代综合交通枢纽体系"十四五"发展规划[R]. 2021.

[44] 国家铁路局. 国家铁路局关于印发《"十四五"铁路科技创新规划》的通知：国铁科法〔2021〕45号[R]. 2021.

[45] 交通运输部. 数字交通"十四五"发展规划[R]. 2021.

[46] 毛保华. 城市轨道交通规划与设计[M]. 北京：人民交通出版社，2006.

[47] 王炜，过秀成，等. 交通工程学[M]. 南京：东南大学出版社，2011.

[48] 周商吾，等. 交通工程[M]. 上海：同济大学出版社，1987.

[49] 沈志云，邓学钧. 交通运输工程学[M]. 2版. 北京：人民交通出版社，2003.

[50] 人民日报海外版. 京张高铁开通进入倒计时[N/OL]. （2019-10-10）2019-12-24. www.gov.cn/xinwen/2019-10/10/content_37763.htm

[51] 人民网. 京张高铁+北斗，新时代智慧铁路. 北斗卫星导航系统[EB/OL]. （2019-06-20）2020-12-31. www.beidou.gov.cn/yw/xydt/201906/t 20190621_18481.htm

[52] 新华网. 大批科技成果助力北京冬奥会[EB/OL]. 2021-11-19. www.gov.cn/xinwen/2021-11/19/content_5651817.htm

[53] 新华社. 京张高铁：穿越历史驶向冬奥[EB/OL]. （2020-10-08）2020-12-31. www.gov.cn/xinwen/2022-10/08/content_5549753.htm#1

[54] 新华社. 京张高铁智能动车组上线联调联试. 中国政府网[EB/OL]. （2019-11-07）2019-12-25. www.goven/xinwen/2019-11/07/content_5449902.htm

[55] 新华社. 百年跨越，逐梦京张——写在京张高铁开通暨中国高铁突破3.5万公里之际. 中国政府网[EB/OL]. （2019-12-30）[2020-01-12]www.gov.cn/xinwen/2019/12/30/content. 5465215.htm

[56] 北京日报. 京张高铁设计八大亮点首揭秘八达岭站创四项"全国之最"[N/OL]. （2016-04-21）[2020-01-12]. https://new.cctv.com/2016/04/21/ARTIWD NYx41Njmg3D6bukfoL160421. s. html

[57] 新华社. 探访京张高铁调度台[EB/OL]. （2020-01-17）[2020-12-31]. www.gov.cn/xinwen/2020-01/

11/content_5470335. htm#1

[58] 宋瑞.铁路运输设备[M].北京.中国铁道出版社,2016.

[59] 叶峻青,何勋隆.城市轨道交通与铁路枢纽规划[J].交通运输工程学报,2003,3(4):2003(04):58-62.

[60] 张子昊.中国轨道交通动力发展史简述[J].中国设备工程,2020(4):239-241.

[61] 拉巴次仁.世界上海拔最高的线路是青藏铁路[n/OL].光明日报,2008,04,22. https://www. gmw. cn/01gmrb/2008-04/22/content_764640. htm

[62] 百度百科. 7. 23 甬温线特别重大铁路交通事故. https://baike. baidu. com/item/7% C2% B723% E7% 94%AC%E6%B8%A9%E7%BA%BF%E7%89%B9%E5%88%AB%E9%87%8D%E5%A4%A7%E9%93% 81%E8%B7%AF%E4%BA%A4%E9%80%9A%E4%BA%8B%E6%95%85/10805173? fr=aladdin

[63] 李海鹰,张超.铁路站场及枢纽[M].北京:中国铁道出版社,2013.

[64] 陈维亚,杨伟婷,石晓琪.铁路车站咽喉区道岔自动分组方法研究[J].铁道学报(已录用),2023 即将刊发.

[65] 朱逸云.第四代高铁枢纽综合体开发与运营实践[M].北京:人民邮电出版社,2018.

[66] 城市公共交通分类标准:CJJ/T114—2007[S].

[67] 中华人民共和国建设部.城市交通分类标准.北京:中国建筑工业出版社,2007:18-19.

[68] 闫海峰.城市轨道交通设备[M].北京:科学出版社,2016.

[69] 中共中央马克思恩格斯列宁斯大林著作编译局.马克思恩格斯全集[M].北京:人民出版社出版,2006.

[70] 袁建华,赵永进.我国道路交通信号控制的发展与变迁[J].道路交通管理,2022,451(3):10-12.

[71] 李瑞敏,章立辉.城市交通信号控制[M].2 版.北京:清华大学出版社,2021.

[72] 王健,马灿,苏阳平,等.基于 SAM 系统缩短株洲北站北发线行车间隔的研究[J].铁道通信信号,2021,57(6):50-53.

[73] 朱广劼.编组站综合自动化系统研究[J].铁路计算机应用,2007(6):16-18.

[74] 中关村在线.17 亿次下载中国铁路 12306App 每秒可售 1500 张车票[EB/OL].2022-10-09.

[75] https://baike. baidu. com/item/%E4%BA%AC%E5%BC%A0%E9%AB%98%E9%80%9F%E9%93%81% E8%B7%AF? fromModule=lemma_search-box,京张高速铁路,百度百科

[76] https://baike. baidu. com/item/4% C2% B728% E8% 83% B6% E6% B5% 8E% E9% 93% 81% E8% B7% AF% E7%89%B9%E5%88%AB%E9%87%8D%E5%A4%A7%E4%BA%A4%E9%80%9A%E4%BA%8B% E6%95%85/5209613? fr=Aladdin. 4·28 胶济铁路特别重大交通事故.百度词条

[77] 王曦光,胡春龙,刘丽娟.浅议交通量数据采集的几种方法[J].北方交通,2009(10):76-78.

[78] 李宝玲,孙淑娟.浅谈交通量调查的方法[J].黑龙江交通科技,2004(2):80-82.

[79] 中国高速铁路 https://baike. baidu. com/item/% E4% B8% AD% E5% 9B% BD% E9% AB% 98% E9% 80% 9F%E9%93%81%E8%B7%AF/5923925? fromtitle=% E4% B8% AD% E5% 9B% BD% E9% AB% 98% E9% 93%81&fromid=23415742&fr=aladdin,百度百科词条

[80] 张刚毅.高速铁路牵引供电[M].成都:西南交通大学出版社,2017.

[81] 靳俊.高速铁路列车运行控制技术——调度集中系统[M].北京:中国铁道出版社,2020.

[82] 盖宇仙.铁路货运组织[M].北京:中国铁道出版社,2011.

[83] 刘作义.铁路货物运输[M].北京:中国铁道出版社,2015.

[84] 王甦男,贾俊芳.旅客运输[M].3 版.北京:中国铁道出版社,2008.

[85] 贾俊芳,铁路旅客运输[M].北京:中国铁道出版社,2016.

[86] 林枫,廉文彬,刘峰,等.运输组织基于固定区段轮乘制的列车乘务交路计划编制方法研究[J].铁道运输与经济,2017,39(12):27-31.

［87］中国铁路总公司.铁路客车运用维修规程：铁总运〔2015〕22号［R］.中国铁道出版社，2015.

［88］秦进，魏堂建，黎新华.交通运输安全管理［M］.北京：高等教育出版社，2021.

［89］秦进，高桂凤.城市轨道交通安全管理［M］.北京：人民交通出版社，2012.

［90］交通运输部.高速铁路安全防护管理办法.2020-07-29.

［91］肖贵平.交通运输安全工程［M］.2版.北京：中国铁道出版社，2016.

［92］马士华.供应链管理［M］.北京：机械工业出版社，2005.

［93］中国军事百科全书编审室.中国大百科全书·军事［M］.北京：中国大百科出版社，2007.

［94］巴曙松，闫昕，董月英.人民币跨境支付系统与SWIFT的协同发展［J］.国际金融，2022（8）：3-9.

［95］陈维亚.城市轨道交通运营与服务管理［M］.长沙：中南大学出版社，2023.

［96］毛保华，等.城市轨道交通系统运营管理［M］.北京：人民交通出版社，2006.

［97］黎茂盛，等.城市轨道交通运营管理［M］.长沙：中南大学出版社，2014.

［98］毛保华，四兵锋，刘智丽.城市轨道交通网络管理及收入分配理论与方法［M］.北京：科学出版社，2007.

［99］教育部.关于印发《高等学校课程思政建设指导纲要》的通知［A/OL］.http://www.gov.cn/zhengce/zhengceku/2020-06/06/content_5517606.htm.

［100］中共中央，国务院.交通强国建设纲要［R/OL］.http://www.gov.cn/zhengce/2019-09/19/content_5431432.htm

［101］国务院关于印发"十四五"现代综合交通运输体系发展规划的通知：国发〔2021〕27号）［A/OL］.2021.12.9.http://www.gov.cn/zhengce/content/2022-01/18/content_5669049.htm.

［102］中国国家铁路集团有限公司.新时代交通强国铁路先行规划纲要［Z］.2020.8.13.

［103］国家铁路局.2021年铁道统计公报［R/OL］.https://zwfw.nra.gov.cn/art/2022/4/28/art_62_6493.html.

［104］国民用航空局.2021年民航行业发展统计公报［R/OL］.http://www.caac.gov.cn/XXGK/XXGK/TJSJ/202205/P020220518569126412044.pdf.

［105］中华人民共和国交通运输部.2021年全国收费公路统计公报［R/OL］.https://xxgk.mot.gov.cn/2020/jigou/glj/202211/t20221111_3707993.html.

［106］彭其渊，王慈光，何华武.铁路行车组织［M］.2版.北京：中国铁道出版社，2019.

［107］肖前，李秀林，汪永祥.辩证唯物主义原理［M］.修订本.北京：人民出版社，1981.

［108］彭其渊，文超.客运专线运输组织基础［M］.2版.成都：西南交通大学出版社，2014.

［109］徐行方.高铁运营组织与管理［M］.上海：上海科学技术文献出版社，2019.

［110］张琦.高速铁路智能调度技术［M］.北京：中国铁道出版社，2021.

［111］施卫忠.我国编组站自动化技术现状与发展［J］.铁道通信信号，2018，53（3）：58-61.

［112］https://zhidao.baidu.com/question/2077460124136747228.html

［113］中国铁路总公司.铁路货运检查管理规则［M］.北京：中国铁道出版社，2016.

［114］彭其渊.铁路行车组织［M］.北京：中国铁道出版社，2015.

［115］https://zhidao.baidu.com/question/313084960443807644.html

［116］https://baike.baidu.com/item/%E5%88%97%E8%BD%A6%E8%BF%90%E8%A1%8C%E5%9B%BE?fromModule=lemma_search-box

［117］贺清.驼峰自动化系统技术原理及应用［M］.成都：西南交通大学出版社，2016.

［118］中华人民共和国铁道部运输局.铁路客运运价规则：铁运〔1997〕102号）［Z］.1997.12.1.

［119］中华人民共和国国家计划委员会.关于公布部分旅客列车票价实行政府指导价执行方案的通知：计价格〔2002〕2870号［R/OL］.2002.12.30.

［120］中共中央，国务院.关于推进价格机制改革的若干意见：中发〔2015〕28号［A/OL］.2015.10.12.http://www.gov.cn/xinwen/2015-10/15/content_2947548.htm

[121] 国家发展改革委. 关于改革完善高铁动车组旅客票价政策的通知：发改价格〔2015〕3070 号）〔A/OL〕. 2015. 12. 23. http://www. nra. gov. cn/jglz/fgzd/gfwj/zt/qt/202104/t20210401_135062. shtml.

[122] 国家发展改革委. 关于完善铁路普通旅客列车软座、软卧票价形成机制有关问题的通知：发改价格〔2016〕1191 号〔A/OL〕. 2016. 6. 5.

[123] 中华人民共和国第八届全国人民代表大会常务委员会. 中华人民共和国价格法〔Z〕. 1997. 12. 29. http://www. gov. cn/govweb/fwxx/bw/gjdljgwyh/content_2263012. htm

[124] 全国人民代表大会常务委员会. 中华人民共和国铁路法〔Z〕. 北京：中国民主法制出版社. 2008.

[125] 中华人民共和国国家发展和改革委员会. 中央定价目录〔EB/OL〕. 2020. 3. 13. http://www. gov. cn/gongbao/content/2020/content_5515277. htm.

[126] 国家发改委. 铁路普通旅客列车运输定价成本监审办法（试行）：发改价格规〔2017〕371〔A/OL〕. 2017. 2. 28. https://www. ndrc. gov. cn/xxgk/zcfb/ghxwj/201703/t20170317_960914. html？code = &state = 123

[127] 李蕊. 浅析如何利用客运信息化系统提高铁路客运服务质量[J]. 中外企业家，2019，638（12）：60.

[128] 廉文彬. 铁路客运管理信息系统的研究与应用[J]. 铁道运输与经济，2016，38（11）：56-60. DOI：10. 16668/j. cnki. issn. 1003-1421. 2016. 11. 12.

[129] 陆娅楠. 电子客票覆盖全国普速铁路四种火车票见证新中国铁路史[J]. 城市轨道交通研究，2020，23（7）：11.

[130] 吴春波，崔虎，费振豪. 基于 TDCS/CTC 的车站接发车作业流程控制研究[J]. 铁道通信信号，2013，49（6）：6-8. DOI：10. 13879/j. issn1000-7458. 2013. 06. 008.

[131] 赵琪，赵楠楠. 列车调度指挥与调度集中系统[M]. 北京：中国铁道出版社，2019.

[132] 唐雪芹，董凤翔. 基于 BIM 技术的铁路数字化设计与应用[J]. 铁路技术创新，2021（1）：50-55.

[133] 刘裱頜. 铁路站场 BIM 设计系统关键技术研究[J]. 铁道工程学报，2022，6（6）：84-89

[134] 黄登. 铁路站场计算机辅助设计系统 CASD[J]. 科技创业，2006（8）：180-181.

[135] 国家铁路局. 铁路接发列车作业：TB/T1500. 1-4.〔S〕.

图书在版编目(CIP)数据

交通运输专业设备规划类课程思政教学案例／叶峻青
等主编. —长沙：中南大学出版社，2023.6
ISBN 978-7-5487-5403-9

Ⅰ. ①交… Ⅱ. ①叶… Ⅲ. ①高等学校－思想政治教
育－教案(教育)－中国 Ⅳ. ①G641

中国国家版本馆 CIP 数据核字(2023)第 102441 号

交通运输专业设备规划类课程思政教学案例

叶峻青　张云丽　张英贵　唐进君　主编

□ 出 版 人	吴湘华
□ 责任编辑	刘颖维
□ 封面设计	李芳丽
□ 责任印制	李月腾
□ 出版发行	中南大学出版社

　　　　　社址：长沙市麓山南路　　　　邮编：410083
　　　　　发行科电话：0731-88876770　　传真：0731-88710482

□ 印　　装　长沙印通印刷有限公司

□ 开　　本　787 mm×1092 mm 1/16　□ 印张 12　□ 字数 304 千字
□ 版　　次　2023 年 6 月第 1 版　　　□ 印次 2023 年 6 月第 1 次印刷
□ 书　　号　ISBN 978-7-5487-5403-9
□ 定　　价　68.00 元

图书出现印装问题，请与经销商调换